Reihe Film 30 · Rosa von Praunheim

Die Reihe Film stellt das Werk von Regisseuren, bestimmte Genres oder andere übergreifende Themen des internationalen Films in Monografien vor. Dabei werden die einzelnen Bände unter wechselnden Perspektiven und verschiedenen Aspekten erarbeitet. Eine umfangreiche Filmobibliografie gehört zu jedem Band.
Rosa von Praunheim, 1942 in Riga als Holger Mischwitzky geboren, aufgewachsen in Berlin und im Frankfurter Stadtteil Praunheim, ist eine einzigartige Erscheinung im deutschen Film. Analogien lassen sich allenfalls im New American Cinema finden sowie in den Anfängen des Undergroundfilms in der Bundesrepublik Deutschland, zu dessen Begründern Rosa von Praunheim gehört (VON ROSA VON PRAUNHEIM. 1967) und dem er auch in seinen späteren Produktionen (zum Beispiel UNSERE LEICHEN LEBEN NOCH. 1981) nahe geblieben ist. Einer größeren Öffentlichkeit bekannt wurde er mit dem Spielfilm DIE BETTWURST (1970) und vor allem mit der semidokumentarischen Fernsehproduktion NICHT DER HOMOSEXUELLE IST PERVERS, SONDERN DIE SITUATION, IN DER ER LEBT, die ebenfalls 1970 entstand, aber von den Anstalten der ARD (außer Bayern) erst mit großer Verzögerung ausgestrahlt wurde. Die heftigen Kontroversen um diesen Film, mit dem offenes Bekenntnis und Solidarität in der Schwulenbewegung eingefordert wurden, haben Anfang der siebziger Jahre dazu beigetragen, die vor allem gesellschaftlichen Probleme der Homosexuellen einem breiteren Publikum nahezubringen. Thema und Gestaltung lassen sich in den Filmen Rosa von Praunheims nicht trennen. Wie sie, ob »fiktiv« oder »dokumentarisch«, stets Minderheiten (Homosexuelle, Frauen, Ausländer) oder exzentrische Figuren (alternde Stars wie Evelyn Künneke) in den Mittelpunkt stellen, verweigern sie sich auch den mehrheitlichen Übereinkünften in Fragen des Geschmacks, des Stils, der Filmsprache. Der bewußte Dilettantismus und das Pathos des Kitsches in seinen Filmen sind immer auch die Revolte des Rosa von Praunheim gegen die herrschende bürgerliche Konvention und ihren Anteil an der Unterdrückung des Menschen.

Die Autoren

Wolfgang Jacobsen (1953, Lübeck). Studium Germanistik, Theaterwissenschaft, Kunstgeschichte. Magisterarbeit über Alexander Kluge und Rainer Werner Fassbinder. Seit 1981 freier Mitarbeiter der Stiftung Deutsche Kinemathek, Berlin; journalistische Arbeiten für Rundfunk und Presse. Lebt in Berlin.

Klaus Kreimeier (1938, Hannover). Studium Theaterwissenschaft, Germanistik und Kunstgeschichte. Promotion 1964. 1964-68 Fernsehdramaturg beim Hessischen Rundfunk. 1968/69 Redakteur beim »Spiegel«. 1971-76 Dozent an der Deutschen Film- und Fernsehakademie Berlin. 1975, nach der Berufung zum Professor an der Universität Oldenburg, Berufsverbot wegen Betätigung in der Vietnam-Bewegung. Freier Mitarbeiter für Rundfunk und Fernsehen. Lebt in Bergheim/Erft.

Dietrich Kuhlbrodt (1932, Hamburg). Studium Rechtswissenschaft. Dr. jur. 1954/55 Besucher der Cinémathèque Française. 1957-72 Mitarbeiter der »Filmkritik«. Beiträge für »Frankfurter Rundschau«, »Ästhetik und Kommunikation«, Westdeutsches Fernsehen u.a. Zusammenarbeit mit der Musik- und Performance-Gruppe »Die tödliche Doris« (»Hamburg-Film«). 1983/84 Lehrauftrag an der Hochschule für bildende Künste in Hamburg. Lebt in Hamburg.

Christa Maerker (1941, Berlin). Kulturredaktion »Spandauer Volksblatt«. Seit 1966 Mitarbeiterin für Zeitungen, Hörfunk, Fernsehen. Fernsehfilme u.a. über John Wayne, James Cagney, Irmgard Keun, Stadtporträt Warschau. Drehbuchautorin (»Die Schweizermacher«). Lebt in Berlin.

Wilhelm Roth (1937, Regensburg). Studium Germanistik und Geschichte. Freiberuflicher Journalist. 1968-72 Redakteur der »Filmkritik«. 1973-79 Mitarbeiter der Freunde der Deutschen Kinemathek Berlin. 1981-83 verantwortlicher Redakteur von »Kirche und Film«. Seit 1984 verantwortlicher Redakteur von »epd Film«. Lebt in Berlin und Frankfurt.

Rosa von Praunheim

Reihe Film 30

Mit Beiträgen von
Wolfgang Jacobsen
Klaus Kreimeier
Dietrich Kuhlbrodt
Christa Maerker/Wilhelm Roth

Carl Hanser Verlag

Die Reihe Film wird herausgegeben
in Zusammenarbeit mit der
Stiftung Deutsche Kinemathek
von Peter W. Jansen und Wolfram Schütte

Redaktionsschluß: 31. Dezember 1983

Reihe Film 30
ISSN 0172-8267
ISBN 3-446-13967-2

Reproduktionen: Repro Knopp, Inning
Gesamtherstellung: Appl, Wemding
Printed in Germany

Inhalt

Das große hermaphroditische Tableau-Theater

Von Klaus Kreimeier

I Im Traumkitsch-Dschungel oder: Das Spiel mit dem verbotenen Geschmack

ROSA ARBEITER AUF GOLDENER STRASSE: schon der Titel verkündet lauthals, daß hier Unvereinbares erstaunlich kopulieren wird. Die Farben sind Symbole; sie sind wie Banner in dem Bild, das der Titel beschreibt. Was sie signalisieren, ist Dissonanz. 1968, im Jahr der Studentenrevolte, der systemsprengenden Programme und der roten Fahnen auf den Straßen Westberlins, pflanzt das Bild ROSA ARBEITER AUF GOLDENER STRASSE ein Anti-Panier auf, formuliert es ein Gegen-Programm, verheißt es eine verquere, nicht ganz astreine, irritierend flackernde Sinnlichkeit: das schwule Rosa gegen das proletarisch-revolutionäre Rot! Es provoziert die Köpfe, die sich gewöhnt haben, die Begriffe gewaltsam auf eine Kongruenz mit normativen Realitätsinterpretationen festzulegen – und es provoziert die bürgerlichen Kategorien des guten Geschmacks, die unangetastet und unausgelüftet in den tieferen Seelenschichten der intellektuellen Revolte wohnen. Zu den festverwurzelten bürgerlichen Geschmacksvorschriften gehören: dezente Farben, gedämpftes Licht, die unauffällige Eleganz der Linie. Gegen diesen Kodex der vornehmen Verlogenheit und mausgrau-sandfarbenen Heuchelei setzt das Bild ROSA ARBEITER AUF GOLDENER STRASSE das Grelle und Schräge, das Bunte und Laute; das, »was nicht zusammenpaßt«; Farben, die »man nicht trägt« – und was dahinter zum Vorschein kommen mag, können nur Gedanken sein, die man nicht denkt; Bilder, bei denen man wegguckt.

»Die Geschmacklosigkeit der Massen wurzelt tiefer in der Wirklichkeit als der Geschmack der Intellektuellen«, sagt Bertolt Brecht im *Dreigroschenprozeß.*[1] Die Geschmacklosigkeit der Massen verstößt gegen Zensur – vordergründig gegen das Kitsch-Verbot in den besseren Kreisen der bürgerlichen Gesellschaft. Nur scheinbar setzt sich intellektuelles Schwelgen im Kitsch über diese Verbotsschranke hinweg: es weiß sehr wohl, daß es sich auf vermintem Gelände bewegt, und behält sich Ironie als Rückzugsmöglichkeit vor. Die Geschmacklosigkeit der Massen hingegen ist nicht ironisch, sondern tiefernst: in den guten Stuben des Kleinbürgertums errichtet sie dem, was in den Kreisen der stromlinienförmigen Aufgeklärtheit als ästhetische Verirrung gilt, geweihte Altäre. Die Verehrung, die hier stattfindet, ist ohne Doppelbödigkeit; die Liebe aufrichtig. Offensichtlich sind die Massen so geschmacklos, im Kitsch ein Glücksgefühl, vielleicht auch nur die Sehnsucht nach einem Glück festzuhalten, dessen Vernichtung in der Praxis der bürgerlichen Gesellschaft abgeschlossen und dessen Unwiederbringlichkeit unter den Gebildeten längst stillschweigende Übereinkunft ist. Vordergründig zensiert die ästhetische Zensur das kitschige Gebilde; substantiell richtet sie sich gegen das unstatthafte Verlangen nach Glück, das in ihm überdauert.

Kunst – oder was man so nennt – »beginnt erst zwei Meter vom Körper entfernt«, schrieb Walter Benjamin. »Nun aber rückt im Kitsch die Dingwelt auf den Menschen zu; sie ergibt sich seinem tastenden Griff und bildet schließlich in seinem Innern ihre Figuren.«[2] Die verbotene Liebe zum Kitsch wäre somit die zu einer Nähe, die in der bürgerlichen Kunstrezeption nicht zugelassen ist: Hingabe an eine Sinnlichkeit, die sich nicht über die Distanz der Reflexion mitteilt, sondern innerhalb des Körper-Radius, dicht an der Haut, in der Zone der Leiblichkeit. Und die nicht gesellschaftsfähige Glückssuche, die sich im Umgang mit Kitsch verbirgt, wäre dann der Wunsch nach einer »tastenden«, haptischen Vereinigung mit den Dingen, die vor aller bürgerlichen Besitzergreifung liegt und etwas ganz anderes evoziert: Identität.

Rosa von Praunheim spielt mit dieser verbotenen Liebe zum Kitsch. Sein Spiel ist ganz ernst. Es bewegt sich am Rande der Verzweiflung und sucht konsequent die Übertreibung, den Exzeß, die monströse Fülle der Zeichen, weil maßvolle Beschränkung ja schon Kapitulation vor der ästhetischen Zensur, vor den Geschmacksdiktaten einer repressiven Kultur wäre. Praunheims Filme zertrümmern ein Sacrum der bürgerlichen Gesellschaft: das Diskretions-Gebot. Sie sind indiskret, schrill, konvulsivisch und maßlos. Sie sind auch manieristisch. Doch bei diesem Begriff ist Vorsicht geboten – er eignet sich dazu, abgehakt zu werden. Manieristisch sind die Filme in dem Maße, wie sie die Naivität eines verlorenen, in der Moderne nicht mehr erlaubten Glücksverlangens für sich nur reklamieren, nicht aber mit ihr eins werden können. Der »möblierte Mensch« (Benjamin), eingekreist von Kulturgütern, vermag jene vorbürgerliche Identität mit den Dingen noch als Ahnung in den ästhetisch geächteten Zeichen und Gebilden wiederzufinden, die der Markt für ihn bereithält – wiederherstellen kann er sie nicht.

Der Markt des ästhetisch Geächteten ist das Kaufhaus. Wir sprechen von »Kaufhauskunst«. Es ist von ironischer Sinnfälligkeit, daß das Bürgertum den Freiraum für das Verbotene in seinen Umsatz-Tempeln eingerichtet hat: mit dem Vorwurf der »Vermarktung« indizieren die gebildeten Hüter des guten Geschmacks die Gefühle der Massen noch einmal und schirmen gleichzeitig – Gipfel der Heuchelei – das Terrain der »wahren Kunst« gegen den Verdacht ab, längst in die Warenzirkulation geraten zu sein. Diese Mechanismen wurzeln tief im 19. Jahrhundert, wiewohl sie noch heute latent sind. Doch soweit sich Rosa von Praunheims Filme auf die Symbole, auf die kulturellen Codes der kleinbürgerlich-proletarischen Liebe zum Kitsch einlassen, sind sie altmodisch im Vergleich etwa zur Pop-Art. Diese stellt – jenseits alles Metaphysischen – die Oberflächengestalt unserer Dingwelt, die Produkte des Marktes als ästhetische Werte aus, unbekümmert um die unsichtbare Last verratener, verschütteter, zensierter Wünsche, die an den Dingen hängt. In Rosa von Praunheims Filmen aber geht es um eben diese Wünsche: um Emotionen – und um nichts anderes.

Ein antiquierter, aber treffender Begriff für jene vorbürgerliche Identität mit den Dingen ist: Inbrunst. In ihm schwingt eine religiöse Ergriffenheit mit, die auch noch dem Kitsch der Kaufhauskunst seine eigentümlich sakrale Aura leiht und ihn mit den Devotionalienbildchen des Katholizismus verbindet – die Verramschung des Heiligen wurzelt ja nicht im Kapitalismus, sondern in der Missionsarbeit der Kirchen. Mit einer robusten Liebe zum Extrem stürzt sich Rosa von Praunheim auf solche Embleme inbrünstiger Adoration, die der gleichermaßen aufgeklärte wie ästhetisch sensibilisierte Bildungsbür-

Dekoration Axel von Auersperg

ger ein für allemal aus seinem Gesichtskreis verbannt zu haben glaubt, stellen sie doch für ihn schieren Atavismus dar. Zu diesen Emblemen gehört das Herz: das blutende und blutig rote, strahlenumkränzte, »von innen glühende« Herz – pars pro toto im Sinne des gemarterten Corpus Christi und Signum für himmlische Liebe (und für das Himmlische an der irdischen Liebe): kulturhistorisch längst ein Symbol seiner eigenen Verramschung und Inbegriff hartnäckigster Leugnung des guten Geschmacks. Wenn in ROSA VON PRAUNHEIM ZEIGT der Transvestit Peter Schneider Evelyn Künneke mit englischen und französischen Chansons (»Smooth Road«, »La vie en rose«) ansingt – hinter einem Rosenbukett in einer blaßrosa Vase; die Bühne ist tiefdunkel, das Kostüm von Peter Schneider schwarz, Gesicht und Brustausschnitt kalkig weiß, seine Lippen knallrot geschminkt; Evelyn Künneke im roten, »viel zu engen« Glitzerkleid – und schließlich, zu seinem Lied »Bitte, geh nicht fort«, ein überdimensionales rosenrotes Herz sich vor schwarzem Hintergrund vom Schnürboden herabsenkt, attackiert Rosa von Praunheim zielbewußt das Nervensystem ästhetischer Wohlanständigkeit: ihr gilt sein Abscheu. Aber das Herz aus dem Schnürboden ist auch – wie das gemalte Sonnen-Herz im Hintergrund der Körper-Orgien in ROSA ARBEITER AUF GOLDENER STRASSE (1) oder das Herz aus Rosen in PORTRÄT MARIANNE ROSENBERG, wenn die Sängerin »Wir lieben denselben Mann« singt – dramatisch-lyrische Apotheose einer einstmals echten Inbrunst, die sich im Showgeschäft gegen das Diskretions-Gebot der Gebildeten noch einmal schamlos veräußert. Kitsch ist die kommerzielle Gestalt der exhibitionistischen Elemente, die religiöser wie irdischer Verzückung nicht etwa fremd, sondern ihr inhärent sind. Diese exhibitionistischen Elemente sind das Spielmaterial Rosa von Praunheims. Mit ihnen verhöhnt er die Maßhalteappelle der bürgerlichen Ästhetik ebenso wie die elitären Verinnerlichungen der bürgerlichen Avantgarde – anarchisch und ungehemmt.

Was gemeinhin »schlechter Geschmack« heißt, kennt keine anderen Gesetze als die Einflüsterungen der Wünsche. Gemessen an den Stilvorschriften einer aufgeklärten Wohnkultur ist etwa die Wohnung Luzi Kryns in DIE BETTWURST reine Anarchie: sie lebt in einem Traumkitsch-Dschungel der kleinbürgerlich-proletarischen Devotionalienkultur – exotisch in

Die Bettwurst

seiner Fülle von Verstößen gegen den guten Geschmack. Die Wolkenstores, die prangende Künstlichkeit der Blumen, der Toilettenspiegel, das von Glühbirnen eingerahmte Madonnenbild an der Wand, Luzis blaues Seidenkleid und ihre blauschwarze Frisur – alles Gegenständliche ist verschlungen zu einem Vexierspiel der Wünsche, die in einer Frage zusammenfließen: wo ist das Glück? Das Glück, das nie endende und durch nichts getrübte, im Gepränge und in der zweckfreien Häufung der Dinge herbeizwingen zu wollen: dies ist das Geheimnis der Nippeskultur.

In der Liebesgeschichte, die Rosa von Praunheim seine beiden Protagonisten Luzi Kryn und Dietmar Kracht nahezu ungesteuert spielen läßt, zeichnet sich der Weg ab, der die Liebenden – wenn sie nur ganz fest den Klischees vertrauen und auf die Ideologie bauen, die für sie gefertigt wurde – unaufhaltsam in den Hafen ewiger Glückseligkeit führen wird. In der BETTWURST wird uns ein Märchen erzählt: wie wäre es, wenn die Werbung »recht hätte«? Luzi und Dietmar nehmen die Verheißungen der Fernsehreklame beim Wort und setzen gläubig der Perfektion der schönen Bilder ihren Dilettantismus, der Verlogenheit der konsumistischen Glückspropaganda die Ehrlichkeit ihrer Wünsche entgegen. Dieses Mißverhältnis ist lächerlich, und wir sollen auch lachen – aber die Annahme, Rosa von Praunheim gebe hier die Inbrunst kleinbürgerlicher Sehnsüchte zynisch dem Gelächter der Besserwissenden preis, geht in die Irre. Gerade im Dilettantismus dieser beiden Selbstdarsteller – in dem ihres Spiels wie dem ihrer Suche nach dem Glück – überdauert eine unzerstörbare Aufrichtigkeit: Hoffnung auf die Realisierbarkeit einer Utopie, in der die erfüllte Liebe und das bewohnbare Heim sich zur Einheit des gelungenen Lebens verbinden: »Diese Utopie entspringt eben der Bewährung der Liebes-Imago, und immer ist ihre Poesie eine der Prosa, allerdings der hintergrundreichsten: des Hauses. Das Haus ist selber ein Symbol, und zwar bei aller Geschlossenheit ein offenes; es hat als Hintergrund die Zielhoffnung des Heimatsymbols, das sich durch die meisten Wunschträume durcherhält und am Ende aller steht.« (Ernst Bloch)[3]

II Farbenglut oder: Exzentrische Reisen in die Tiefe der Tapeten

»Die Übertretung ist keine Negation des Verbotes«, sagt Georges Bataille, »sondern geht über das Verbot hinaus und vervollständigt es.«[4] Verbotsübertretung ist Grenzüberschreitung; sie markiert die Grenze noch einmal, hebt das Verbot sehr häufig erst ins Bewußtsein und interpretiert seinen gesellschaftlichen (ästhetischen, pädagogischen) Sinn. Im gewalttätig-rauschhaften Umgang Rosa von Praunheims mit Farben und ins Auge »stechenden« Farbkombinationen findet unablässig solche Grenzüberschreitung statt. Ja, sie macht erst bewußt, daß das Diskretions-Gebot der bürgerlichen Geschmackskultur sich nicht zuletzt in Farbvorschriften äußert und daß unserem Auge im Laufe seiner Sozialisation eine Sittsamkeit in farblichen Dingen oktroyiert wurde, die offensichtlich mit den sexuellen Tabus des Bürgertums zusammenhängen. Das Rosa der Schwulenbewegung ist ja auch eine optische Provokation – nicht nur weil Rosa in der volkstümlichen Farbsymbolik in der Regel dem weiblichen Geschlecht zugeordnet wird. Mit dieser Farbe assoziieren wir auch: Weiches, Zartes, Haut, Fleisch, die Genitalien – also alles, was die

Mode, wie raffiniert auch immer, den Blicken verbergen soll.
Rosa von Praunheims bevorzugte Kardinalfarben sind Rot und Blau (deren Zusammenstellung zumindest in der bürgerlichen Mode gleichfalls lange Zeit diskriminiert war). In leuchtendes Rot und leuchtendes Blau ist das Interieur getaucht, in dem sich das homophile Paar in der ersten Sequenz von NICHT DER HOMOSEXUELLE IST PERVERS ... bewegt; diese Farben beherrschen auch die Tapeten und das Inventar in den Salons der schwulen Oberschicht. Das Schwulen-Gruppenbild im letzten Teil des Films – hell kontrastierend gegen die Nachtbilder aus der berliner Lederszene, gegen die Brutalität und Tristesse der Homosexualität rund um die Pissoirs – ist wie ein platonisches Gastmahl inszeniert, in sanftem Lila und Himmelblau, von dem sich die nackten Männerkörper weich abheben. Ein Bild, das in seiner Architektur und seiner Farbmusikalität in krassem Gegensatz zu dem steht, was in dieser Gruppe (im off-Ton) verhandelt wird: die Frage der Integration in eine feindlich eingestellte Umwelt.
Axel und Sarah (AXEL VON AUERSPERG) begegnen sich in der Farbenglut eines orientalischen Rosengartens; Axel liegt in einer roten Hängematte mit goldfarbenem Kissen: ein Prunk, der die Augen überfüttert und die Grenzlinie überflutet, die der Sprachgebrauch der Ästheten zwischen »farbig« und »bunt« gezogen hat. Der Film MONOLOG EINES STARS zerfällt farbdramaturgisch in zwei Teile. Im ersten Teil dominieren die warmen, leuchtenden Farben: ein konvulsivischer Liebesakt ereignet sich in rosa-tomatenroter Kulisse; Milli Molton in Blau und Evelyn Künneke in Rosarot sitzen während ihres Dialogs vor einem blaßlila Vorhang, ein Spiegel im Goldrahmen und seine Reflexe krönen die Komposition. Im zweiten Teil setzen sich die kalten, nächtigen Töne durch: im Silberkleid, mit Silberfrisur bricht Milli auf schwarzer Bühne zusammen; wie ein Todesbote nähert sich Rosa von Praunheim in schneeweißem Anzug, um mit Milli langsam zu tanzen; während ihres großen »Monologs« liegt sie in einem langen, engen schwarzen Kleid vor einer stahlblauen Draperie.
Der Schauplatz solcher Farbfeste ist bei Rosa von Praunheim vorzugsweise das Interieur, und seine Grenzüberschreitungen verlaufen oft als exzentrische Reisen zwischen überladenem Mobiliar hindurch in die ungeahnte Tiefe blumiger, figuren-

reicher, fantastisch dekorierter Tapeten. Im Speisezimmer der alternden Damen in UNSERE LEICHEN LEBEN NOCH verrankt sich die Schnörkelsprache der Requisiten, der Kerzenleuchter und Ziermöbel mit den exotischen Pflanzen, dem Muster der Sofadecken, mit Lichtspiralen und bunten Wassersäulen, schließlich mit den Wandbildern und der Blumentapete zu einem artifiziellen Urwald, in dem Geheimnisse und Gefahren lauern – Esmeralda, die rattenfressende Schlange, ist ja nicht weit. In solchen Interieurs vermischen sich die Kulturen und Stilepochen, werden Gründerzeit, Jugendstil und beider Wiederkehr in der Kaufhauskunst zu schwülen Konglomeraten verrührt. Scharf hingegen die Stil-Konfrontation in AXEL VON AUERSPERG: der orientalisch-»barocken« Überfülle der Farbfilmteile geht die klösterlich-strenge »Gotik« der in Schwarzweiß gedrehten Szenen voraus. (Der Film spiegelt allerdings eher die Rezeption des Orientalischen und der Gotik im 19. Jahrhundert, vor allem in den Romanen und Erzählungen des zu Unrecht vergessenen Exzentrikers Comte Villiers de l'Isle-Adam, von dem die Vorlage stammt – nach Vita und Werk zu urteilen ein früher geistiger Bruder Rosa von Praunheims.) Schließlich Wolodjas Haus in ROTE LIEBE: eine übergenaue, detailbesessene, wie für das Museum hergestellte Kopie der frühsowjetisch-konstruktivistischen Innenarchitektur – bis zum Rautenmuster des Fußbodens, bis zu den extravaganten Formen der Teller und Servietten auf dem Eßtisch, alles in einem kalten, fahlen, grünstichig-wächsernen Licht.

Rosa von Praunheim geht es natürlich nicht ernsthaft um Stilrekonstruktion im Sinne kulturhistorischer Akribie. Am Historischen wie an der Moderne interessiert ihn allemal das Exaltierte, Skurrile, Anti-Klassische, der Norm Widersprechende – jene Elemente, die eine der Klassizität verpflichtete Kunstbetrachtung als obszön aus der Kulturgeschichte auszusieben pflegt. Zur Kultur der Herrschenden hat Rosa von Praunheim anders als Werner Schroeter – der vor ihr gelegentlich in hysterischer Anbetung versinkt – ein eher proletarisch-praktisches Verhältnis: er benutzt ihre Bausteine für eine Verunsicherungsstrategie, die er gegen die ideologischen Inhalte dieser Kultur – Sittsamkeit, Regelmaß, Einheit des Ethischen

mit dem Schönen – wendet: also gegen ihr Unterdrückungspotential. Als Praktiker ist er Eklektizist; ein Verrühr-Künstler, der einer grenzenlosen Promiskuität der Stile huldigt; er setzt auf den Mischmasch – gegen das Reinheitspostulat der Geschmacksjustiz. Im Dekor einiger seiner Filme, im verkrampft-»steilen« Pathos der Gesten, im cholerisch-überhitzten Crescendo der Sprache begatten sich die ästhetischen Edelgezüchte, die einmal den Eliten und ihrer Nachhut, den Parvenus, so heilig waren, in zügellos-geilen Verschlingungen – und was dabei herauskommt, sind jene Promenadenmischungen, die der Sammler gleichermaßen wie der Subversive zu schätzen weiß. Das Amalgam, der Stil-Wulst ist ihm gerade recht, um jenem horror vacui zu entrinnen, der möglicherweise die entscheidende Treibkraft seiner Produktivität darstellt: seine Bilder sind oft so vollgestopft, weil der Leere alles Grauen dieser Welt entsteigen könnte. Und nicht nur im übertragenen Sinne ist sein Umgang mit Kultur eine exzentrische Reise: als Eskapade rund um die Welt hat er sie mit Super-8 in LEIDENSCHAFTEN in die Tat umgesetzt. Ein regelwidriger, »schmutziger« Kaleidoskop-Film, der sich zu einem konventionellen Reisefilm etwa wie die farbverschmierte Palette zum Gemälde verhält. In knapp 75 Minuten eilen wir mit dem sonderbaren Heiligen Frietz Mikesch von Glasgow bis New York, von Kalkutta bis Hongkong, von Bali bis Innsbruck durch die Welt wie durch ein explodierendes Warenhaus. Was uns um die Ohren fliegt, sind, in oft abgegriffenen Bildsymbolen und verschliffenem Sound, die Fetzen einer Weltkultur, in der wie in den überladenen Interieurs alles und nichts zusammenpaßt, weil alles unstimmig, buntscheckig – und gleichermaßen neurotisch ist. Mikesch – Ahasver, Melmoth und Peer Gynt in einer Person – ist ein umgetriebenes Nicht-Ich, das in jede Rolle zu schlüpfen vermag, ohne mit einer identisch zu werden: das Endprodukt einer Kulturgeschichte, die sich in Tourismus aufgelöst hat und nur noch Entfremdung produziert. Alle Metamorphosen gipfeln in einem Tableau der Verklärung, wenn Mikesch, splitternackt wie Adam im Paradies, durch die grünen Täler Balis eilt und sein Körper schließlich eine pathetische Silhouette vor der Abendsonnenglut des Südseehimmels formt: eine Synthese aus Christus und Siegfried, umbraust von den Klängen chinesischer Triumphalmusik. Da eine weitere Steigerung in der Tat nicht möglich ist, erlaubt

Leidenschaften

Rosa von Praunheim seinem Helden die Rückkehr ins einfache Leben.

III Hermaphroditische Alchemie oder: Kleine Stilkunde des Schmachtens

»Dieses Verlangen nach einem Doppelgänger im anderen Geschlecht ist uralt«, läßt Robert Musil seinen »Mann ohne Eigenschaften« grübeln. »Es will Liebe eines Wesens, das uns völlig gleichen, aber doch ein anderes als wir sein soll, eine Zaubergestalt, die wir sind, die aber doch eben auch eine Zaubergestalt bleibt und vor allem, was wir uns bloß ausdenken, den Atem der Selbständigkeit und Unabhängigkeit voraus hat.«[5] Nach Platon waren die Menschen ursprünglich androgyn und wurden gerade als doppelgeschlechtige Wesen den Göttern gefährlich, die sie daher in Mann und Weib trennten. Literatur und Kunst umschreiben in ihren vielen Hermaphroditengestalten nichts anderes als diese vorgeschichtliche Tragödie, gerade in ihren verschlüsselten Figuren: Leonardos Gioconda und Shakespeares Hamlet können als Embleme für menschliches »Suchen nach der Einheit in schicksalhafter

Gespaltenheit« (Gustav René Hocke) gelesen werden. Erst im Rokoko wird dieser Mythos abstrakt und intellektuell: »Die Hermaphrodite sinken aus ihrem mythischen Reich in die schlüpfrig-geistreichen ›Labyrinthe‹ des Pansexualismus, sie werden zu ›Cœurs doubles‹, zu faszinierend-fragwürdigen ›Doppelherzen‹, zu intellektuellen Vamps.«[6]

Offensichtlich spielt heute die erotische Kultur des Underground, vor allem des amerikanischen, mit dem längst säkularisierten, intellektualisierten Material dieses androgynen Traums. Die Tunten und Transvestiten – nach Rosa von Praunheim »schon immer die radikalsten und provozierendsten Schwulen«[7] – sind die »Cœurs doubles« einer Epoche, die ihrer permissiven Ideologie zum Trotz ihre sexuellen Dissidenten noch immer diskriminiert und sie unter geeigneten politischen Bedingungen ohne weiteres noch einmal, wie im Faschismus geschehen, in die Vernichtung treiben würde. Tunten und Transvestiten artikulieren gleichermaßen die Radikalität und das Elend isolierten Protests in einer Gesellschaft waffenstarrender Normalität: dies macht sie zu Hermaphroditen von dämonisch-trauriger Gestalt, in der das androgyne Urbild nur als Karikatur noch erkennbar ist.

Und doch scheint es Freiräume zu geben, in denen zwar nicht mehr der Mythos, wohl aber die »schlüpfrig-geistreichen Labyrinthe des Pansexualismus« Heimat finden und hermaphroditische Bewußtseins- und Lebensformen ein Recht auf Dasein beanspruchen. Rosa von Praunheim gibt uns in seinen New York-Filmen UNDERGROUND AND EMIGRANTS, TALLY BROWN, NEW YORK – einen Einblick in das intellektuell-laszive Fluidum einer Subkultur, die sich erotisch nicht festgelegt zu haben scheint, die weder eindeutig homophil noch eindeutig lesbisch definiert ist, die pansexualistisch flimmert und vibriert – einer Subkultur von labyrinthischem Flair und voller Zaubergestalten, die (um mit Musils Ulrich zu sprechen) der Normalität »den Atem der Selbständigkeit und Unabhängigkeit voraus(haben)«. In UNDERGROUND AND EMIGRANTS lädt Rosa von Praunheim seine Freunde aus der new yorker Szene ein; die Kamera empfängt sie an der Eingangstür, und er stellt jeden einzeln vor: ein Aufmarsch skurriler, faunischer, amphibischer Außenseiter und ihrer schmachtenden Trabanten – Mystik und Talmi, Weltschmerz und Selbstverliebtheit, Lebenshunger und Todessehnsucht einer Kommune von Ver-

sprengten, die einer längst versunkenen oder aber noch sehr fernen androgynen Kultur anzugehören scheinen.
Doch wenn das Geheimnis des hermaphroditischen Bildes jenes »Fluidum der Liebe« ist, das – wie es Musil ausdrückt – »in zwei gleichverschiedenen Gestalten« gleichsam körperlich wird, dann sind Rosa von Praunheims Filme überhaupt auf der Suche nach der Wirklichkeit dieses Bildes und schaffen ihm dort ekstatischen Ausdruck, wo der »Kitsch« seine größten Triumphe feiert und die »Geschmacklosigkeit« die Grenze des noch Erträglichen definitiv überschreitet: in der Geste des Schmachtens. Sie wurde in der erotischen Kultur des Abendlandes zu einem Versatzstück der amourösen Phraseologie verschliffen – gerade hier gilt das bürgerliche Diskretions-Gebot strikt; die Freiheit, es zu durchbrechen, besteht nur in der Oper. Die Auffassung, der »diskrete Charme«, also die Sublimierung der Gefühle sei »natürlich«, ihre ungehemmte Veräußerung hingegen »opernhaft«, gilt unangefochten. Indem Rosa von Praunheim die große Geste des Schmachtens, die Gefühlskaskaden der Oper aus dem Kunsthimmel des Bürgertums in die dilettantischen, vulgären, faunischen Niederungen der Subkultur herunterholt, arbeitet er zielstrebig an der Demontage einer großen Lüge. In der Entweihung der stilisierten Sprache geht er jedoch noch einen Schritt weiter, indem er sie in das rückübersetzt, was sie im Kern immer war: Körper-Sprache. Die Adorations-Distanz der Hochkultur (»Kunst beginnt erst zwei Meter vom Körper entfernt«) gilt nicht mehr; die Körper schmachten danach, sich zu berühren – und sie tun es bei ihm sozusagen auf offener Bühne und in einer Weise, die alle sorgfältig inszenierten Umarmungen der Filmgeschichte vergessen läßt.
In ROSA VON PRAUNHEIM ZEIGT zelebriert Evelyn Künneke mit Dietmar Kracht als Talmi-Chansonnier, Mr. Frankfurt als ölglänzendem Body-building-man und dem Transvestiten Peter Schneider ein Ritual des Liebeswerbens, das obszön nennen mag, wer verkennt, daß die Sehnsucht der Körper nach Einssein – als »Verlangen nach einem Doppelgänger im anderen Geschlecht« – im Gewaltakt der sexuellen »Vereinigung« nicht unbedingt aufgeht (im Gegenteil: in ihm nicht selten betrogen wird). Schon in ROSA ARBEITER AUF GOLDENER STRASSE (1) sehen wir die Körper eines Mannes und einer Frau anders als nach den Regeln der kinoüblichen Kopula-

tions-Dramaturgie: wie aus Fremdheit, ja Verkrampfung kommend – nach einer Einheit strebend, die nicht möglich ist. Offenbar wird hier etwas anderes wirksam: eine Sehnsucht der Körper nach einem hermaphroditischen Urzustand – ein Schmachten, das seinen zärtlichsten, authentischsten Ausdruck nicht in der Okkupation des andern, sondern in der Hautberührung findet: etwa wenn Evelyn Künneke in ICH BIN EIN ANTISTAR als Malerin lange den Rücken ihres Modells, des nackten Rosa von Praunheim, streichelt.

Wassilissa und Wolodja, Luzi und Dietmar, Rosa von Praunheim und Tally Brown, Rosa von Praunheim und Evelyn Künneke – wer schmachtet nach wem? Die arme Wassilissa ist ganz allein; ihre Sehnsucht findet am allerwenigsten Erfüllung, wenn Wolodja besitzergreiferisch über sie herfällt. Sucht die Luzi der BETTWURST in Dietmar ihre eigene »männliche« Resolutheit – oder Dietmar in Luzi seine eigene Weichheit, seinen Hang zu »weiblich«-geschwätziger Triviallyrik? Sicher trifft beides zu. Und Rosa von Praunheim verhehlt nicht, daß er die großen, dicken, alternden Heroinen des Showbusiness anhimmelt, aber er ist kokett, nein: ehrlich genug, um durchblicken zu lassen, daß auch er – der ephebische Priester der Vitalität mit dem energischen Kinn und der schwarzen Leder-

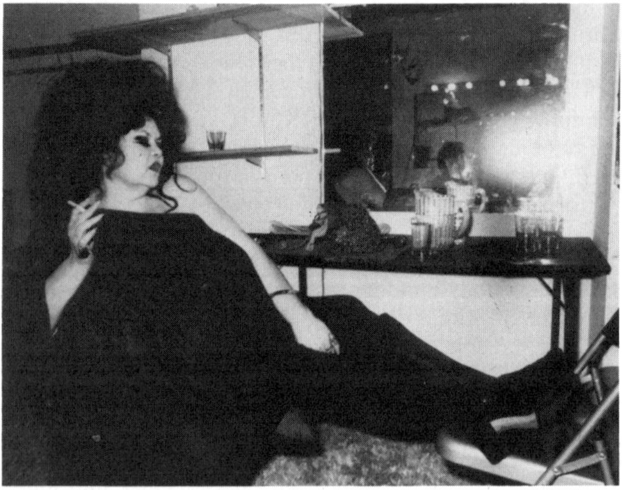

Tally Brown, New York

Ich bin ein Antistar

kluft – von ihnen angehimmelt wird. Stets geht es um jenes Wissen, »das uns völlig gleichen, aber doch ein anderes sein soll«. Um eine Zaubergestalt. Um die verflixte Synthese in der hermaphroditischen Alchemie.

IV Kino der Konvulsionen oder: Das sogenannte Natürliche ist nicht natürlich

Zu einem hysterisch verzerrten Soundtrack – die Musik ist zu blecherner Kakophonie verunstaltet, der Gesang zerbirst in entmenschlichtes Schreien oder erstirbt in nervenzersägendem Wimmern – tanzen im ersten Film VON ROSA VON PRAUNHEIM vier junge Mädchen. Tanzen sie? Ihre Körper scheinen von Zuckungen befallen; ihre »Kitsch«-Posen – übertriebene Anbetung, Hingabebereitschaft, Lüsternheit – verschlingen sich zu den »widernatürlichen« Ornamenten des Veitstanzes, zu Verformungen, denen der Leib im exorzistischen Ritus oder im epileptischen Anfall unterworfen wird. Dieser kleine Schwarzweiß-Film ist das frühe Fragment einer schwarzen Messe, die sich in den beiden Teilen von ROSA ARBEITER AUF GOLDENER STRASSE und in SCHWESTERN DER REVOLUTION fortsetzt, um in MACBETH OPER einem Höhepunkt zuzustreben. Die sakrosankte Lehre, der hier blasphemisch abgeschworen wird, ist eine idealistische Konstruktion: die der Dreieinheit von Natur, Ethos und Kunst.

Das sogenannte Natürliche ist nicht natürlich, sagt Rosa von Praunheim. Zu ergänzen wäre: das sogenannte Schöne ist nicht schön. Daß wir die Natur natürlich nennen, ist ein Ergebnis unserer kulturellen Sozialisation – eine Übereinkunft, die sich einer Kette von Abstraktionen verdankt. Das Naturschöne und das Kunstschöne, die Vermengung des Ästhetischen mit dem Ethischen, die krönende Dreifaltigkeit des Guten, Schönen und Wahren – all dies sind Kartenhäuser des Intellekts, die in sich zusammenfallen, wenn wir sie an den Realerfahrungen der Menschheit in der Geschichte – und an den dunkleren, weil verdrängten Erfahrungen unseres Körpers messen. Gerade diese erheben den entschiedensten Einspruch gegen die Kopf-Konstruktionen der Klassik wie gegen die libertären Strategien des Medienbetriebs, der die idealistischen Trugbilder nun als »atmosphärisches Gemisch aus Kosmetik, Pornographie, Konsumismus, Illusion, Sucht und Prostitution« (Peter Sloterdijk)[8] zynisch zu Markte trägt.

Unser Körper ist eine fremde Realität. Das nackte Liebespaar in ROSA ARBEITER AUF GOLDENER STRASSE (1) ist wie eine Landschaft aus Körperteilen, die nicht zusammenhängen, nichts voneinander zu wissen scheinen. Vorgänge wie Sichankleiden, Sichauskleiden – diese Locksignale der Reklame und des Spießer-Voyeurismus im Kino – verbiegt der Film zu erschreckend unangemessenen Strapazen des Körpers, als sei dieser »außer sich« und ohne Bewußtsein seiner selbst. Einige dieser Bilder kehren später als Zitat wieder in dem Film WAS DIE RECHTE NICHT SIEHT ...; wir hören dazu das dunkel schmachtende Timbre Zarah Leanders: »Im Leben ist doch alles wunderschön, wenn zwei wie du und ich einander gut verstehn«. Die Streicher des Orchesters Mantovani schwelgen in den breiten Lyrismen des händelschen Largo, während die gewehrschwingende Carla Aulaulu am Rande eines Swimmingpools einen Revuetanz vollführt; ein Jüngling mit amerikanischem Akzent liest stammelnd aus Mao Tse-tungs Guerillatheorie, indes die Kamera kalten Auges über die Körper von Badenixen wandert; in der Pose der Pietà bettet Magdalena Montezuma das verbrannte Gesicht eines jungen Mär-

Was die Rechte nicht sieht ...

tyrers in ihrem Schoß, und die Nachrichtensprecherin von Radio DDR meldet Fortschritte auf dem Weg zu einer friedlichen Koexistenz. In jedem Bild, so will es scheinen, organisiert dieser Film das manieristische Programm der coincidentia oppositorum, der Vereinigung des Unvereinbaren – etwa im Geiste Lautréamonts: schön sei »die zufällige Begegnung eines Regenschirms und einer Nähmaschine auf dem Operationstisch.«[9]

Aber dieser Eindruck täuscht. Rosa von Praunheim hat keineswegs eine anti-ästhetische Manifestation im Sinn, die wiederum nur auf neue ästhetische Glaubenssätze, auf eine neue Definition des Kunstschönen hinausliefe. Wenn er ebenso wie die moderne Avantgarde sich gegen das sogenannte Natürliche und das sogenannte Schöne auflehnt, dann nicht im Bestreben, den Anschluß an die Avantgarde zu finden, sondern aus einem dezidiert emanzipatorischen Impuls. Was er herbeisehnt, vielleicht herbeizwingen will, ist die Befreiung des Körpers aus dem Kerker idealistischer Deduktionen und konsumistischer Surrogate. Er beharrt zu Recht – und in allen frühen, um 1970 entstandenen Filmen mit Erfolg – darauf, daß die Zerstörung des Kunstschönen notwendigerweise ein Akt der Nicht-Kunst und die Entlarvung des Mythos vom

Naturschönen nur in der Flucht nach vorn möglich sei: in einer monumentalen Zurschaustellung dessen, was gemeinhin als »Unnatur«, als »naturwidrig« gebrandmarkt wird. Das macht seine Filme ungenießbar für den Ästheten wie für den wohlerzogenen Voyeur.

Rosa von Praunheims Kino ist weder lasziv noch obszön noch pornographisch: es ist dissonantisch, konvulsivisch und, in seinen extremen Formen, spastisch. AXEL VON AUERSPERG demonstriert die Körpersprache exaltiert-gespreizter Katholizität: die Gesichter (Frank Ripploh als Äbtissin, Evelyn Künneke als Archediakon) sind wächserne Grimassen, die Gesten zu Verrenkungen, krampfartigen Verschraubungen deformiert. Und der Orgasmus, der Milli Molton in MONOLOG EINES STARS über die Bettkante mit dem Kopf voran zu Boden schleudert, sucht ihren Körper wie eine Katastrophe heim, treibt ihn in eine Raserei, in einen Paroxysmus der Wollust, dessen Höhepunkt, gäbe es ihn denn, nur das Nichts sein könnte: die Auslöschung ihrer autistisch-einsamen Existenz.

Die Gesamtheit aller Verbote in der durch Arbeit gezähmten Gesellschaft, sagt Georges Bataille, richtet sich gegen Gewalttätigkeit. In der Gewalt aber treffen sich Geburt und Tod; in der Gewalt wird deutlich, daß »der Trieb der Liebe, bis zum äußersten gesteigert, ein Todestrieb ist«[10]. Was sie ineins setzt, ist die exzessive Realität der Natur – denn Natur ist nichts anderes als »Verschwendung von Lebensenergie« und »Vernichtungs-Orgie«: »Sexualität und Tod sind nur die Höhepunkte eines Festes, das die Natur mit der unerschöpflichen Masse feiert: Beide bedeuten eine grenzenlose Vergeudung, die sich die Natur im Widerspruch zu dem tiefen Wunsch jedes Wesens nach eigener Fortdauer leistet.«[11]

Rosa von Praunheims schwarze Messen haben vielleicht die Wiederherstellung dieser Wahrheit zum Ziel – hier liegt letztlich der blasphemische Sinn seiner Bilder und eine mögliche Erklärung für das Hyperbolische seines Kinos. Die bürgerlich-klassische Fiktion der Dreieinheit von Natur, Ethos und Kunst liegt wie ein Firnis der Lüge über dem konvulsivisch-maßlosen Kern aller Existenz – unterstützt sie doch die Rationalisierungen, die Verbote, die Maßhalteappelle, die in einer auf Warenproduktion und Warenvernichtung gegründeten Gesellschaft die Menschen auf die schnurgerade Linie des Fortschritts, das heißt der Wiederkehr des Immergleichen

Das Todesmagazin

ausrichten sollen. Sie gipfeln im Gewaltverbot. Aus Anlaß seines Films DAS TODESMAGAZIN schrieb Rosa von Praunheim 1979: »Warum sind wir so fasziniert von den BILD-Zeitungs-Überschriften? Sind sie wirklich nur für Dumme, oder berühren sie uns alle gleichermaßen: ›Arbeiter in die Wurstmaschine gefallen‹, ›Gräßlichster Unfall des Jahres‹, ›Putzfrau im Seifeneimer erstickt‹. (...) Kaiser Bokassa frißt Menschenfleisch, er hat seinen Kühlschrank voll von Leichen, bietet ein Häppchen Menschenfleisch seinem Gast, einem französischen Minister, an. Wieviel unentdeckte Kannibalen gibt es in Deutschland? All das wird nur im Krieg zugelassen, da ist alles erlaubt, Mütter küssen ihre tapferen Söhne, die gerade irgendwo in Vietnam ein paar Babys voller Wut gegen die Wand geworfen haben.«[12]

DAS TODESMAGAZIN hätte zu einer grandiosen Fortsetzung seines frühen radikalen Kinos werden können, wäre Rosa von Praunheim in diesem Film auch in seiner Strategie der Nicht-Kunst, der Zerstörung konventioneller Beliebigkeiten radikal geblieben, anstatt sich halbentschlossen den gefälligen Verwurstungsformen des Fernsehunterhaltungsmagazins anzupassen. Seine Auftraggeber haben es ihm bekanntlich nicht gedankt. Sie indizierten die vordergründigen Gewaltbilder von Krieg und Sterben (die ironischerweise aus ihrem eigenen Fundus, dem Archiv der »heute«-Redaktion, stammten) – aber was sie wohl instinktiv spürten, war, daß Rosa von Praunheims erotisches Verhältnis zum Tode eine viel ältere, fundamentale Verbotsschranke durchstoßen hatte.

Wassilissa – die bleiche, von Entsagung gezeichnete, der Askese der Revolution ergebene Bolschewistin in ROTE LIEBE – durchbricht dieses Verbot gleich zweimal: in der Orgie ihrer Vereinigung mit Wolodja (einem Fest bizarrer Lebensverschwendung in einer mit Wasser gefüllten goldenen Muschel) und in der Gewaltorgie, in der sie den untreuen Geliebten wie in einem Opferritual hinschlachtet. »Der Liebesakt und das Opfer decken beide dasselbe auf: *das Fleisch*. Das Opfer läßt an der Stelle der geordneten Funktionen des Lebewesens das blinde Zucken der Organe treten. Dasselbe gilt für die erotische Konvulsion.« (Georges Bataille)[13] Wenn die Frauen in UNSERE LEICHEN LEBEN NOCH, angetan mit Tiermasken (Madlen Lorei mit einer Totenmaske), an ihr Leben zurückdenken, erinnern sie sich an lauter nicht genutzte Chancen, einmal nicht nur im Traum, sondern wirklich zu morden: jemanden zu erwürgen, zu erstechen, zu vergiften. Eine von ihnen sagt: da sei wohl eine »Hemmbrücke« gewesen, die sie davon abgehalten habe. In der freudschen Fehlleistung dieser Begriffsprägung ist das ganze Drama unserer Zivilisation verschlüsselt.

Unser Körper ist eine fremde: im kulturellen Prozeß uns

fremd gewordene Realität. Er ist älter als unser Intellekt und verfügt – überlagert und verdrängt von den späteren Schichten des Zivilisationswissens – über Kenntnisse, die das Gehirn im wachen Zustand nicht durchgehen lassen darf. Er verfügt über seine eigenen, vom Bewußtsein nicht oder nur unzulänglich kontrollierten Wahrnehmungen. Er verfügt auch über seinen eigenen Wahnsinn. Es gibt den »holden Wahnsinn« der sanft entrückten Vernunft – und es gibt den Wahnsinn als Paroxysmus, der alles Krasse, Schrille, Häßliche aus dem Körper herauspreßt: den »tierischen« Wahnsinn der Lady Macbeth in MACBETH OPER. Mit Recht wurde gesagt, daß Rosa von Praunheim in diesem Film – anders als Werner Schroeter, der in seiner elektronischen *Macbeth*-Collage Rezeptionserfahrungen, kulturelle Erfahrungen zu brechen versucht – eine Art »Ur-Macbeth« gibt – »ein Versuch, hinter dem shakespeareschen Text Urformen sichtbar zu machen«. (Eva M.J. Schmid)[14] Auch die Emotionen, von denen die Menschen in diesem Film zerrüttet werden, sind »Urformen«: Exaltationen, die uns wie Zeichen aus »grauer Vorzeit«, aus dem Schattenreich präzivilisatorischer Ahnungen berühren. Das Lachen, in das Macbeth am Ende ausbricht, ist ein Lachen, das sein Gefäß zu zerreißen droht – eine Frenesie des Kör-

Macbeth

pers, an der das, was Mensch in ihm war, nicht mehr beteiligt ist. »Physiologisch kann man die Seele auf ein Knäuel von Vibrationen zurückführen.« (Antonin Artaud)[15]

V Zwischenbemerkung aus dem Parkett oder: Der sensationelle Auftritt einer Ochsenfroschkönigin

Rosa von Praunheims Filme sind gefilmte Theatersensationen – begreift man Theater als Darbietung unerhörter Begebenheiten, als buntes Spektakel, das seine Herkunft aus dem Jahrmarkttreiben nicht verleugnet. Man weiß schon an der Kasse, daß man für sein Geld etwas geboten bekommt; vieles kann schiefgehen, nur langweilen wird man sich nicht; Erstaunliches gibt es in jedem Fall. Bei ihm wird stets etwas geboten und dar-geboten. Der Zuschauer wird nicht – wie beim konventionellen Spielfilm – von der Leinwand wie von einem Staubsauger erfaßt und in die Strudel seichter oder problembefrachteter Handlungen hineingezogen – er verhält sich eher wie der Theaterbesucher zur Bühne, der immer weiß, daß zwischen ihm und den Akteuren der Orchestergraben liegt. Allerdings kann es ihm ergehen wie dem Kritiker Helmut Schmitz während der INTERNATIONALEN SCHLAGERPARADE 1974 im frankfurter Theater am Turm: »Als Tally Brown ganz hinten durch den die TAT-Bühne beschließenden Vorhang schlüpfte und zügig nach vorn zur Rampe schritt, rutschte ich in meinem Sitz in der ersten Reihe tief ins Polster. Ich dachte, da kommt die Ochsenfroschkönigin und schnappt mich.«[16]

Die Menschen in Rosa von Praunheims Panoptikum kommen aus der Tiefe imaginärer oder realer Bühnen auf uns zu; oft genug sprechen sie uns direkt an und sehen uns in die Augen (Luzi zum Beispiel, wenn sie ins Kameraobjektiv, also in ihren Spiegel, das heißt ins Publikum guckt). Sie gehen auch ziemlich rüde mit uns um – Helga Goetze in ROTE LIEBE zum Beispiel, die auftaucht, »wie sonst Guerilleros aus dem Untergrund auftauchen im Dokumentarfilm« (Gertrud Koch)[17], um über ihre Situation in der sexuellen Illegalität zu berichten. Doch so Ungeheuerliches uns auch widerfahren mag – wir behalten einen klaren Kopf, und das ist ein nicht zu unterschätzender Vorteil gegenüber dem Konsumkino. Selbst dort, wo spielfilmähnliche Handlungen zu besichtigen sind – in der

Berliner Bettwurst

BETTWURST zum Beispiel –, stehen Darbietungsformen zur Diskussion, und durch sie hindurch blickt man auf Verhaltensweisen. Dem Zuschauer wird der Luxus gegönnt, als lachender oder verzweifelter Inspizient neurotisch-kurioser Geschehnisse frei zu entscheiden, ob er nun schockiert reagieren, das Theater verlassen oder vielleicht nicht lieber seine Lebensgewohnheiten infrage stellen soll.

Immer geht es um Emotionen – aber wir dürfen diese Emotionen betrachten und begutachten: wie das Publikum der Jahrmärkte auf den Bildtafeln fahrender Bänkelsänger etwa Judith mit dem blutigen Haupt des Holofernes betrachtet und begutachtet haben mag. Es ist dieser unverdorbene Hang zum Plakativen und zum Vulgären, der Rosa von Praunheim gleichermaßen vor dem Intellektualismus des Avantgarde-Films wie vor der synthetischen Psychologie des Identifikationskinos bewahrt. Mit Luzi Kryn und Dietmar Kracht können wir uns nicht identifizieren – aber wir können sie lieben, über sie lachen und gleichzeitig nach Herzenslust ihre Verhaltensweisen auseinandernehmen, um im nächsten Augenblick schon über die Tiefe ihrer Sehnsüchte zu erschrecken.

Es gibt auch (schlechte) Extremfälle bei Rosa von Praunheim – Theater auf dem Theater, das sich selbst im Weg steht. Ein solcher Extremfall ist der Film STADT DER VERLORENEN SEELEN, dessen »Handlung« von den Elementen der »Darbietung«, von der Choreografie, von den grotesk-komischen oder circensischen Happenings und den Klamauk-Effekten nahezu vollständig aufgezehrt wird. Erstaunliches in Hülle und Fülle, doch in Erinnerung bleibt davon wenig; die Gags haben sich am Ende gegenseitig den Garaus gemacht.

Immer wieder spielt Rosa von Praunheim auf die Realität des Theaters an, benutzt sie für seine gefilmten Wirklichkeiten. In ROSA ARBEITER AUF GOLDENER STRASSE (2) ist die Probe zu einer Theaterszene gleichsam Folie für reaktionäre Phraseologie und schwärmerisch-grelle Politrhetorik, dargeboten von Carla Aulaulu und Klaus Tino S.V.P. Der Bühnenraum gehört dem Berliner SDS, der damals, 1968, in einem Gründerzeithaus am Kurfürstendamm residierte: die Anspielung auf die politische »Theatralik« der frühen Studentenbewegung und ihre bürgerlichen Wurzeln ist nicht zu übersehen. Und ROSA VON PRAUNHEIM ZEIGT ist nichts anderes als die filmische Aufzeichnung von Teilen eben jener Show, die Rosa von Praunheim 1974 in Frankfurt als INTERNATIONALE SCHLAGERPARADE inszeniert hat. Der Film versammelt drei Topoi des Tableau-Theaters Rosa von Praunheimscher Prägung: die große glitzernde Präsentationsgestik; den Schlager, der sehr oft ein Evergreen ist (wie alle Lieder Evelyn Künnekes) und die Nummerndramaturgie, wie wir sie aus der Revue und dem Zirkus, vor allem aber aus dem Varieté und der Modenschau kennen. Dies sind Formen von Tableau-Theater, die in unserer Medienzivilisation bedroht oder bereits untergegangen sind.

Der Hinweis auf die Modenschau mag überraschen, wird aber evident, wenn man berücksichtigt, daß Rosa von Praunheims Darbietungen nicht zuletzt aufwendige Kostümvorführungen sind. Sarah zum Beispiel in AXEL VON AUERSPERG präsentiert sich in jeder Kameraeinstellung in einer anderen Gewandung (und vor einem anderen, in jedem Fall exotisch-barocken Hintergrundprospekt). Im übrigen verhält sich die Laufsteg-Kunst, das szenisch-gestische Repertoire der Modenschau, zum Theater etwa wie die Kaufhauskunst zu einem Gemälde im Museum: sie hat die Kommerzialität und den Exhibitionismus auf ihrer Seite. In den fünfziger Jahren fehlte in keiner Kinowochenschau der Bericht über die neuesten

Modekreationen, präsentiert von gespreizten Mannequins, die wie aufgezogene Schaufensterpuppen über die Laufstege stelzten. Evelyn Künneke ist eine Kronzeugin dieser dahingegangenen Kultur, an deren merkwürdige Theatralik uns Rosa von Praunheims Filme noch erinnern, wenn etwa Magdalena Montezuma am Anfang von MACBETH OPER mit spastisch gespreizten Fingern und einer Grimasse begeisterter Verrücktheit vor tiefschwarzem Hintergrund auf und ab wandert; wenn Carla Aulaulu ihre Exerzitien am Swimmingpool (WAS DIE RECHTE NICHT SIEHT ...) vollführt oder wenn Luzi, die im dramatischen Finale der BETTWURST von bösen Gangstern ins Wasser gestoßen werden soll, noch die schmale Landungsbrücke in einen Laufsteg ihrer Eitelkeit verwandelt.

VI Rosa von Praunheim presents oder: Frauen-Tableaus, auch männliche

Im Zentrum des Tableau-Theaters stehen Frauen – also auch Männer, sofern sie Wesen von hermaphroditischer Ausstrahlung (Dietmar Kracht), Transvestiten (Peter Schneider) oder gefühlvolle Supermänner (Mr. Frankfurt) sind. Die erste Einstellung der BETTWURST ist ein Tableau: Luzi Kryn statuarisch vor den Wolkenstores, den blauen Übergardinen ihres Schlafzimmers, die Augen fest auf das Kameraobjektiv gerichtet. Ähnlich ostentativ präsentiert MONOLOG EINES STARS Milli Molton in Divapose vor einem Vorhang aus Leopardenfell. UNSERE LEICHEN LEBEN NOCH – ein dokumentarischer Film mit special effects aus der Kriminalgroteske – ist in seiner dramaturgischen Struktur eine Nummernoper, die jeder der fünf Frauen zu einem Galaauftritt adäquat widerborstiger Selbstdarstellung verhilft, eingeleitet von Zwischentiteln wie »Ankunft Luzi«, »Lotti träumt den Knochen-Blues« oder »Maria telephoniert mit ihrem Geliebten in Frankfurt«. Die Szene mit den Tiermasken (Luzi Kryn als Schweinchen), Lottis Vergewaltigungstraum, die zur Chopin-Musik tanzende Wigman-Schülerin Maria Christiana Leven, Madlen Lorei im steckengebliebenen Fahrstuhl – all dies sind von Symbolismus und Psychoanalyse, von hintergründigem Witz und aufsässiger Körpersprache durchwobene szenische »Darbietungen«, zu denen die Zwischenschnitte auf ein Poster mit einer Rotbriga-

Unsere Leichen leben noch

distin aus der Peking-Oper oder auf die Busen eines Werbeplakats für Russ Meyers Sex-Film *Im tiefen Tal der Superhexen* ironische Fußnoten formulieren. Überall lebende Bilder, zum Leben erweckte Tableaus.

Rosa von Praunheims Zentralfigur par excellence, sein Allerheiligstes, aber ist die alternde Diva, die abgetakelte und mit marktschreierischem Aplomb aufs neue aufgetakelte Heroine des Showgeschäfts in ihrer unverwüstlichen Morbidität. Die einstigen Sterne der Unterhaltungsindustrie, von den Geschäftemachern ramponiert und vom Publikum (fast) vergessen – er umwirbt sie mit der jünglingshaften Anbetung des Nachgeborenen und mit der exaltierten Liebe der Subkultur, die ein sehr genaues Gespür dafür hat, daß der Showbetrieb seine Protagonisten zwar auslaugen, physisch ruinieren und in den Tablettentod treiben, den stärkeren Naturen aber nicht ihre Substanz, ihre robuste Menschlichkeit rauben kann. Evelyn Künneke gehört zu diesen stärkeren Naturen: ein fetter, ordinärer Vamp voller Empfindsamkeit; drall und dreist, unsäglich larmoyant und doch auch selbstkritisch in ihrem späten Exhibitionismus. Mit ihrem Comeback nimmt sie Rache an ihren Frustrationen – und natürlich beutet Rosa von

Praunheim sie dabei aus. Aber die Unverblümtheit, mit der er seine Rolle als liebevoller Dompteur ausrangierter Zirkusgäule zur Schau stellt (und am Ende von UNSERE LEICHEN LEBEN NOCH dafür verprügelt wird), enthält ein Stück radikaler Ehrlichkeit – sie entlarvt die Heuchelei, mit der im Showbusiness hinter den Fassaden Menschen abgerichtet, zugerichtet, nicht selten moralisch hingerichtet werden.

Die Kamera in ROSA VON PRAUNHEIM ZEIGT mogelt sich nicht aus der Affäre, wenn Evelyn Künneke beim Chanson »Zeig mir doch einmal deine Muskeln, Tommy« die Stimme versagt: wir sehen und hören ihre Verzweiflung; sie bricht das Lied ab; ein Stück Weißfilm signalisiert den »Riß«, der hier geschehen ist, während die Musik weiterspielt; in der nächsten Einstellung legt Frau Künneke resignierend das Mikrofon aus der Hand, ergreift es aber wieder und setzt noch einmal neu an. Wenn das Lied zu Ende ist, stemmt Tommy (Mr. Frankfurt) die Sängerin auf seine Body-building-Schultern und schleppt sie fort, in den Bühnenhintergrund, ins Dunkel ... Die Szene hat komische, ja das Zwerchfell erschütternde Momente; sie ist von triefender Sentimentalität, ironisch und burlesk und abgründig traurig – eben darin be-

Rosa von Praunheim zeigt

steht ihre Menschlichkeit. Der Unterhaltungsbetrieb der Massenmedien retouchiert perfektionsbeflissen solche Störungen, Verstörungen aus seiner Glitzerwelt heraus – und das ist seine Unmenschlichkeit.

Schwule Regisseure, sagt Rosa von Praunheim, lieben starke Frauen, weil sie sich mit ihrer Stärke – und besonders jener Stärke, die sie in ihrer Schwäche zeigen – identifizieren wollen: sie sei eine Hoffnung für jegliche Minderheit. Die Anbetung des Nachgeborenen, die ja insofern eine »von außen« ist, als sie die Distanz des Altersunterschieds zu überwinden hat, verbindet sich für den Homosexuellen mit einer Anbetung »von innen«, in der Projektionen, Identifikationswünsche, Hoffnungen auf eine erneuerte, ja eine grundlegend andere Humanität wirksam werden. In seinen Frauen-Tableaus hat Rosa von Praunheim diesen Wünschen, diesen Hoffnungen inbrünstige Votivtafeln geschaffen. Es gibt bei ihm Bilder, die ihre Beziehung zum Sakralen, ja zum Mystischen nicht verleugnen: Tally Brown, ganz in Schwarz auf abgedunkelter Bühne, in der Totalen sehen wir nur, scharf ausgeleuchtet, ihr teigiges, kalkweißes Gesicht – dies ist ein solches Bild. Oder die Pose vor dramatischer Landschaft: während ihr Song »Love In Vain« zu hören ist, wandelt Tally, ein Fleischberg in Schwarz mit einem rosa Sonnenschirmchen, am Hudson River; ihre Figur hebt sich als Silhouette vor einem blutroten Sonnenuntergang und der dämmrigen Wasserfläche ab. Den »Surabaja-Johnny« preßt sie als heiseres Klagelied heraus, ratlos, mit Ausbrüchen der Verzweiflung – eine Frau, die am Ende ist, aber nicht weinen kann. Doch die folgende Sequenz bringt einen martialischen Galaauftritt am Strand von Florida: in ihrer flotten Mantilla, mit ihrem hohen, breitkrempigen Hut und ihren kniehohen schwarzen Stiefeln stolziert sie, ihres kaputten rechten Beins nicht achtend, wie ein Kürassier nach der Schlacht an Bänken mit moribunden Pensionären vorbei, die sie anstarren, als käme sie von einem andern Stern.

Rosa von Praunheim selbst erklärt die Obsessionen, die in solchen Bildern durchschlagen, aus einer – letztlich wohl nicht näher bestimmbaren – »Schwulenästhetik« und aus jener Gefühlslage ironischer Nostalgie, die in den sechziger Jahren in den USA zur Modestimmung unter den sensibleren Intellektuellen wurde; Susan Sontag hat ihr einen ihrer frühen Essays

Tally Brown, New York

gewidmet: »Notes on ›Camp‹«. Was damals unter dem Code-Begriff »Camp« in Greenwich Village hoch gehandelt wurde, definierte sie als esoterische »Erlebnisweise«, als »Liebe zum Unnatürlichen, zum Trick und zur Übertreibung«. Camp sei eine Spielart des Ästhetizismus, ein ausgeprägter Sinn für das »Übergeschnappte«, für das Anderssein, das in allen Dingen steckt: »Das beste Beispiel ist der Jugendstil, der typischste und am weitesten entwickelte Camp-Stil. Ein charakteristisches Merkmal von Werken des Jugendstils ist es, daß in ihnen das eine in das andere verwandelt wird: die Beleuchtungskörper haben die Form blühender Pflanzen, das Wohnzimmer ist in Wahrheit eine Grotte.«[18]

Die Liebe zu Camp sei Rosa von Praunheim natürlich zugestanden; im Dekor vieler seiner Filme hat sie ihre Spuren hinterlassen. Auch Lotti Hubers Wohnzimmer in UNSERE LEICHEN LEBEN NOCH ist ja eher eine tropische Grotte; viele Dinge sind das, was sie nicht sind – der Film als Ganzes und in seinen Teilen läßt sich als eine sehr späte Adaption des »campy feeling« und seiner stilistischen Überspanntheiten entziffern. Gleichwohl griffe zu kurz, wer Rosa von Praunheims Kino aus einer letztlich atmosphärisch gebliebenen Mode-Faszination ableiten wollte; er würde sich am Ende in

Tautologien verstricken. Was damals in Amerika Camp war, hat uns längst als Nostalgie eingeholt, hat die Warenhäuser erobert und das Design unserer alltäglichsten Gebrauchsgegenstände verändert. Wo aber liegt die Erklärung für jene Sehnsucht nach dem Anderssein, das in allen Dingen, vor allem aber auch in allen Menschen steckt – eine Sehnsucht, die in Camp ja nur einen sehr spezialisierten, neo-dandyistischen Reflex gefunden hat?

Vielleicht ist auch Camp begreiflich nur vor dem Hintergrund tieferer kultureller Wandlungsprozesse und anthropologischer Umwertungen. Über sie hat Susan Sontag gleichfalls, schon drei Jahre vor ihrem Camp-Essay, geschrieben – aus Anlaß des Buches *Zukunft im Zeichen des Eros* von Norman O. Brown. Ziel einer wirklich ernsthaften Psychoanalyse, schreibt Susan Sontag, sei eine Erneuerung der Humanität: »nichts Geringeres als die Heilung des Risses zwischen Geist und Körper: die Verwandlung des menschlichen Ich in ein körperliches Ich«. In einer Kultur der sexuellen Differenzierung und der genitalen Organisation fordere uns Brown auf, »den androgynischen Seinsmodus und den narzißtischen Modus des Selbstausdrucks, die im Körper verborgen liegen, zu akzeptieren ... Der Kern der Neurose des Menschen ist seine Unfähigkeit, im Körper zu leben – zu leben (das heißt sexuell zu sein) und zu sterben.«[19]

Dies nun ist nichts anderes als die Botschaft der Helga Goetze in ROTE LIEBE – wie abstoßend ihr Messianismus, ja ihr sexologischer Stalinismus auch immer sein mag. (»Denn wo Helga Goetze ihre Vorstellung von Sexualität zur alleinseligmachenden erklärt, wo sie gar meint, ein allgemeines Dogma über richtigen Sex aufstellen zu müssen, wirkt diese ›Rote Liebe‹ weniger befreiend als selbst noch stalinistisch«, schrieb Gertrud Koch treffend.[20]) Wie die emanzipatorische Qualität des Marxismus nicht durch Stalin widerlegt werden kann, kann auch der Gedanke einer Umwandlung der Ich-Struktur »im Zeichen des Eros« nicht durch die eifernden Dogmatiker einer »sexuellen Revolution« (die in ihrer Form als Libertinage ohnehin längst zur Ware wurde) kompromittiert werden. In einer Welt der Neurosen ist auch der Einspruch, den Helga Goetze zu artikulieren und zu leben versucht, von Monomanie nicht frei – er kann es nicht sein. Und auch die Frauen-Tableaus von Rosa von Praunheim haben diese Freiheit noch nicht: als Zerrbilder verweisen sie vorab auf kulturelle Beschädigungen. Aber im Zerrbild gehen sie nicht auf; noch unerlöst bergen sie eine narzißtische, ihrem Wesen nach androgyne Chiffre – sie sind Körper-Bilder im Meer einer neurotischen, lebensbedrohenden Normalität.

VII Die Filmwurst oder: Nicht der Dokumentarist ist pervers, sondern die Mittel, derer er sich bedient

Vom cineastischen Standpunkt aus betrachtet, sind Rosa von Praunheims Filme barbarisch – nur ist fraglich, ob man diesen Filmen gegenüber einen cineastischen Standpunkt einnehmen kann. Es gibt keine filmische Tradition, keine filmästhetische Theorie oder Praxis, die seinen Umgang mit Filmformen rechtfertigen würde. Es wäre allerdings auch abwegig, seine Filme benoten zu wollen und sich dabei auf eine kunstrichterliche Spruchpraxis zurückzuziehen, die sich auf Geschmacksgesetze beruft, deren Abgeschmacktheit für ihn nicht nur unstrittig, sondern geradezu eine Herausforderung und Ausgangspunkt seiner Filmarbeit ist. Keineswegs lassen sich seine Filme nach dem in der Kritik noch immer gängigen Form-Inhalt-Dualismus in eine interessante »Botschaft« und eine weniger geglückte »filmische Umsetzung« auseinanderreißen. Sowenig wie er eine »Botschaft« im Sinne von geistigem Transportgut vermitteln will, sucht Rosa von Praunheim nach einer »Form« im Sinne einer den Kunstansprüchen genügenden transportsicheren Verpackung. Was man gemeinhin Inhalt oder Botschaft nennen mag, ist bei ihm der Antrieb, sich in Filmen auszudrücken, und dieser Antrieb kommt allemal von außen – ein Syndrom von Motiven, von denen einige hier genannt wurden: die Revolte gegen den guten Geschmack, der horror vacui, die Suche nach dem hermaphroditischen Urbild, die vorzivilisatorischen, »konvulsivischen« Erfahrungen des Körpers und die Utopie einer nicht-neurotischen Sexualität. Es liegt auf der Hand, daß dies Antriebskräfte sind, die sich in Formen, genauer: in Formdestruktionen niederschlagen. Es sind Motive, die Grenzüberschreitungen erzwingen. Sie verlangen nicht per se die filmische oder irgendeine andere künstlerische »Umsetzung« (im Gegenteil: ihre authentische Umsetzung wäre ja der konsequente Versuch, an-

ders zu leben). Doch dort, wo sie sich filmischer Formen bemächtigen, drängen sie dahin, auch jene Grenzen zu überschreiten, die von den bekannten filmischen Konventionen markiert werden. Der filmische Prozeß in Rosa von Praunheims Arbeiten besteht folgerichtig in der Anstrengung, sich permanent und gewalttätig filmischer Konventionen zu entledigen. Kritisierbar ist die Gestalt dieser Filme nur, wenn sie an diesem ihrem selbstgesetzten Maßstab gemessen wird.
Seine Filme, sagt Rosa von Praunheim, seien fast alle dokumentarisch. Sie sind es gerade dann, wenn der Gestus des Spielfilms uns auffordert, an einer von »Darstellern« gelebten »Handlung« teilzunehmen – am konsequentesten in der BETTWURST. Denn diese Darsteller, Luzi Kryn und Dietmar Kracht, sind Selbstdarsteller – starke Persönlichkeiten, wie Rosa von Praunheim sagt, die gar nicht imstande gewesen wären oder sich geweigert hätten, etwas anderes als ihre Stärke, ihre Naivität, ihre Affekte darzustellen. Was sie vor-spielen, ist das Spiel ihrer Wünsche – und was daraus entsteht, ist das dokumentarische Abbild einer kulturellen Situation, die von der Kommerzialisierung ursprünglich sehr radikaler Wünsche geformt wurde. Zu diesem Spiel verhält sich Rosa von Praunheim nicht als Regisseur, als principium formans, als Lenker und Zerstörer menschlich-darstellerischer Substanz, sondern als Voyeur: ich guck wahnsinnig gern zu, sagt er. DIE BETTWURST wurde so zu einem subversiven Dokumentarfilm. Er vermittelt vielleicht etwas davon, was Pasolini meinte, als er das Kino die »geschriebene Sprache der Wirklichkeit« nannte: »So revolutionär, wie die geschriebene Sprache mit der gesprochenen verfahren ist, wird das Kino mit der Wirklichkeit verfahren. Solange die Sprache der Wirklichkeit eine natürliche war, lag sie außerhalb unseres Bewußtseins; nun, da wir sie durchs Kino als ›geschriebene‹ vor Augen haben, fordert sie notwendig ein Bewußtsein. Die geschriebene Sprache der Wirklichkeit bewirkt vor allem, daß wir erkennen, was die Sprache der Wirklichkeit ist; und schließlich, daß wir unser Denken über die Wirklichkeit verändern, denn sie macht aus unseren physischen Beziehungen zur Wirklichkeit – von anderen zu schweigen – kulturelle Beziehungen.«[21]
Die Probleme beginnen dort, wo Rosa von Praunheim – sei es aus Neugier, sei es unter dem Druck von Auftraggebern – sich überlieferten dokumentarischen Formen annähert und ihre

Nicht der Homosexuelle ist pervers

spezifische Blickweise mit seiner Art zu sehen, seinem Voyeurismus zu verschmelzen sucht. Die Kamera in der BETTWURST (er hat sie selbst geführt) ist naiv: sie bezieht in der Regel mitten auf dem Schauplatz eine feste Position und wartet darauf, daß sich etwas ereignet. Sie läuft auch weiter, wenn das Spiel der Darsteller stockt oder eine Panne passiert. Luzis Blicke »spielen« mit dem Kameraobjektiv, weil die Anwesenheit der Kamera viel mit ihren Wünschen zu tun hat. Die Kamera (Robert van Ackeren) in den nächtlichen Außenszenen von NICHT DER HOMOSEXUELLE IST PERVERS ... ist nicht naiv. Wie der Blick eines Fernsehreporters, eines Verfassungsschutzspitzels oder eines Spanners pirscht sie sich von außen heran, verharrt an der Peripherie der Szene, beobachtet die Schwulen wie sonderbare Tiere im Zoo – und holt dann in Nah- und Großaufnahmen ihre Beute ein: die Anatomie einzelner Gesten, die Zeichensprache der Ketten und Reißverschlüsse: die Accessoires des Lederfetischismus. Das ist natürlich auch ein Voyeurismus, aber ein zutiefst unerlöster, bürgerlicher: Werkzeug jener verklemmten Neugier, die einen Blick durchs Schlüsselloch riskiert.

In den beiden Teilen des (für das Fernsehen produzierten) Films DER 24. STOCK führen die Übernahme dokumentarischer Konventionen und der Versuch, diese Konventionen gleichzeitig zu durchkreuzen, sie subjektiv zu zersetzen, zum Zusammenbruch der Konzeption. Der Kamerablick auf die Gesichter der Hochhausbewohner und auf die Dinge ihres Alltags ist der dokumentarische Blick der »teilnehmenden Beobachtung«, der durch das Prinzip der Asynchronität von Bild und Ton nicht beeinträchtigt, eher unterstützt wird. Doch als fürchte Rosa von Praunheim, des Objektivismus' verdächtigt zu werden, torpediert er diese Beobachtungsweise durch eine extrem unruhige Kamera, durch Schwenks und schnelle Schnittfolgen, die dem Blick kaum eine Chance lassen, ein Verhältnis zu den Menschen und Dingen vor der Kamera zu entwickeln oder gar, wie in der BETTWURST, verschiedene Möglichkeiten, sich zu der gezeigten Welt in Beziehung zu setzen, auszuprobieren. Die Rastlosigkeit, die hier erzeugt wird, ist und bleibt die willkürlich eingesetzte Mobilität der Filmapparatur – auch dann, wenn sie die unsteten Einmischungen des Subjekts hinter der Kamera, die ruhelose Arbeit der Augen imitieren soll.

Rosa von Praunheim sagt: »Mein Auge hat kein Stativ und filmt nicht eine Szene zehn Minuten lang ruhig ohne Zoom. Mein Auge geht hin und her, mein Auge wackelt, mein Auge sortiert ...«[22] Er verlegt den Naturalismus des Auges ohne Umschweife in das Kameraobjektiv. Das ist ein grundlegender Irrtum. Die Kamera ahmt nicht einfach die physiologischen Funktionen des Auges nach, sondern verlängert die Arbeit der Augen und fügt etwas hinzu: die Arbeit der Emotionen und Gedanken im Prozeß der Beobachtung. Ein Zoom kann diese emotionelle und intellektuelle Arbeit zusammenfassen und – wie etwa im Kriminalfilm – zu einem dramatischen Signal verdichten: so entsteht, mit Hilfe der Technik, ein Bild-Begriff. Überträgt man dem Zoom (oder dem Schwenk, der »wackelnden« Kamera usw.) die Aufgabe, die physiologische Unstetigkeit des Auges naturalistisch zu imitieren, bleibt der Effekt ein ausschließlich technischer, ohne Beziehung zur Objektivität wie zum beobachtenden Subjekt.

In Rosa von Praunheims Filmen gibt es zwei unterschiedliche Spielarten des Dilettantismus. Es gibt den Dilettantismus im Wortsinn: als erotische Beziehung zur Arbeit, welche die Konventionen und selbst die Dogmen des vielbeschworenen »Handwerks« mißachtet, weil sie über ein eigenes, entfaltetes

Konzept des Umgangs mit Menschen und mit den Arbeitsinstrumenten verfügt – so in der BETTWURST. Und es gibt den Dilettantismus aus Unüberlegtheit und Konzeptionslosigkeit, der nicht selten die erotische Beziehung zur Arbeit in einen pompösen, aber hohlen »amour fou« umschlagen läßt. Dieser Dilettantismus hindert Rosa von Praunheim keineswegs, einen militanten, aber vergleichsweise konventionellen Dokumentarfilm wie die WDR-Produktion ARMEE DER LIEBENDEN zu drehen – doch er kann ihn dazu verführen, zwischen lauter »normalen« Fernsehbildern plötzlich etwa zwölfmal sehr schnell auf das Schild »Christopher Street« zu zoomen. Er will sicher ein Ausrufungszeichen setzen – und doch gelingt ihm nur ein sehr äußerlicher technischer Effekt: wildes Gestikulieren statt emotioneller Sprache. Bezeichnenderweise widersetzt sich gerade dieser problematische, konzeptionslose, eher kokette Dilettantismus am wenigsten der Vereinnahmung durch den Medienbetrieb: er funktioniert als Alibi für eine gewisse opportunistische Gleichgültigkeit, die sich, wenn es denn sein muß (aber muß es denn sein?), sogar der Ästhetik und der toten Sprache der Werbefilme unterwirft. So in der für die Sendereihe »Auslandsreporter« produzierten Collage MEIN NEW YORK, in der Rosa von Praunheim zu Ausschnitten aus früheren Filmen Sätze sagt wie: »New York verändert sich ständig und ist unerschöpflich« oder »Mit meiner Kamera war ich immer auf der Suche nach Neuem und Aufregendem.« Es ist die Sprache der schicken alternativen Reiseführer, die naiv-konsumistisch und affirmativ-geschwätzig eingesteht, daß sie kaum Neues, allenfalls Klischees zu bieten hat.

Nicht nur hier deckt der Umgang mit Sprache etwas Prekäres auf: daß Rosa von Praunheims Liebe zum (im handwerklichen Sinne) »schmutzigen« Film ihn nicht dagegen immunisiert, gelegentlich fatale Bindungen mit professioneller Glätte, mit einer merkwürdig hochglanzkaschierten Wesenlosigkeit einzugehen. In UNDERGROUND AND EMIGRANTS rutscht der Kommentar häufig in jene Seichtigkeit der Klatschspalten-Prosa ab, die weniger der Geschmacklosigkeit der Massen als der Gedankenlosigkeit des Jetset-Journalismus anzulasten ist: der Fernsehzuschauer erhält präzis jenes Sprach-Futter, das ihm auch sonst zu Bildern aus New York vorgeworfen wird. (Ein unvergeßliches Bild in diesem Film läßt diese leere Eloquenz allerdings zerschellen: der Dichter William Burroughs, statuarisch und mit unbewegtem Gesicht in einem dämmrigen, fast leeren Zimmer sitzend – stumm.) Auch im TODESMAGAZIN wird die Strategie der Verunsicherung, der Doppelbödigkeit nicht durchgehalten, schlüpft Rosa von Praunheim immer wieder in die Schablonen des »dokumentarischen« Features – etwa wenn einer exzentrischen, irritierenden Reise über die Friedhöfe und Todesstätten von Kairo, Manila, Mexico-City und Stuttgart-Stammheim eine fernsehglatte Sequenz mit folkloristischen Todeszeremonien folgt.

Was hier zum Vorschein kommt, ist ein Dilemma, dem nicht nur Rosa von Praunheim – er freilich auf besonders vorgeschobenem Posten – ausgeliefert ist: die Problematik des Anti-Künstlers, der sich aus moralisch-rebellischem Rigorismus nicht für die ästhetische Avantgarde, sondern für die Subkultur entschieden hat und gerade darum der Medienzivilisation eine offene Flanke bietet. Daß er mit den Einkäufern und Auftraggebern seine liebe Not hat, hebt den Widerspruch nicht auf, sondern beleuchtet nur die tragische Ironie einer Zerreißprobe, aus der die Rebellion nur selten unbeschädigt, die ökonomische Macht aber immer als Siegerin hervorgeht.

Die Schwankungen des »Zeitgeistes« haben ihren Einfluß auf das Spannungsfeld zwischen Subkultur und Medienzivilisation. Die Zeit der Revolte um 1968 war zweifellos jenen schwarzen Messen günstig, die bis heute Rosa von Praunheims authentischster Beitrag zu einem Konzept der Anti-Kunst geblieben sind: VON ROSA VON PRAUNHEIM, ROSA ARBEITER AUF GOLDENER STRASSE, SCHWESTERN DER REVOLUTION, MACBETH OPER, WAS DIE RECHTE NICHT SIEHT ... Und vielleicht war das Grau-in-Grau, waren die Frustrationen und neuen Sehnsüchte der frühen siebziger Jahre die geeignete Folie für die extravaganten ästhetischen Spiralen, die barockwiderspenstigen Körper-Hieroglyphen seiner Tableau-Filme: AXEL VON AUERSPERG, ROSA VON PRAUNHEIM ZEIGT, MONOLOG EINES STARS, ICH BIN EIN ANTI-STAR. »Die Verwirrung in den Köpfen ist groß. In Frankfurt kämpfen sie mit der Polizei um besetzte Häuser, und die gleichen Leute halten es mit Rosa und Evelyn, machen mit bei der sonderbarsten Feier, mit der jemals ein Theater seinen Bankrott begangen hat. Das ist schon ein Pflaster hier. Links, verrottet, schwül, schwul, aber herzlich.«[23] So beschrieb Peter Iden die Stimmung, als mit der Aufführung von Rosas INTERNATIONALER SCHLAGERPARADE 1974 in Frankfurt eine Ära des Theaters am Turm zu Ende ging.

Nach 1976, so scheint es, wird Rosa von Praunheims Weg schwieriger; seine Möglichkeiten verengen sich; er muß Kompromisse schließen. Der radikalen TALLY BROWN, der listigen, phantasiesprühenden Subversion in UNSERE LEICHEN LEBEN NOCH folgen Fehlschläge wie die erste Fassung der ROTEN LIEBE oder der bislang letzte Film STADT DER VERLORENEN SEELEN mit seiner ebenso lauten wie leeren Opulenz und seinen unverfänglichen Bizarrerien. Homosexualität sei nicht abendfüllend, hat Rosa von Praunheim einmal gesagt. Das ist richtig – und noch so quirliges Herumrühren in einer ausgebrannten, nicht mehr lebendigen, ihres emanzipatorischen Stachels beraubten Transvestitenszene ist es auch nicht. Eine »Zukunft im Zeichen des Eros« scheint heute utopischer denn je. Der androgyne Traum ist gewiß nicht ausgeträumt, aber für die Träumer sind schwierigere Zeiten angebrochen. Nicht nur für sie: dieses Land, das noch immer seine Juden gefunden hat, ist schon wieder auf der Jagd nach Minderheiten; die Medienzivilisation bewaffnet sich mit Gummiwuchtgeschossen, und sie rüstet sich mit ihren Ausländer-raus-Gesetzen, mit ihrem neuen Demonstrationsstrafrecht für neue Pogrome. Rosa von Praunheim, der so viel für eine politische Sensibilisierung und Radikalisierung der Schwulenbewegung geleistet hat, kann nicht damit zufrieden sein, in einer Zeit, in der abermals das gesunde Volksempfinden mobilisiert wird, als bunter Paradiesvogel abgestempelt und gerade noch gelitten zu sein.

Vermutlich steht ihm – und den wenigen anderen Rebellen in der Grauzone zwischen Subkultur, Avantgarde und Medienindustrie – die entscheidende Zerreißprobe noch bevor: mit der fortschreitenden Kommerzialisierung und Verkabelung der elektronischen Medien scheint sie unausweichlich. Prognosen sind derzeit unmöglich. »Der Tod wird solange geprobt, bis er eintritt«, heißt es in dem frühen Fotoroman OH MUVIE. Gleich daneben ist zu lesen: »Aber alle Übungen konnten Magdalenas Sehnsucht, in die bürgerliche Welt zurückzukehren, nicht auslöschen.«[24] Immerhin: bisher ist es den kulturellen Entsorgungseinrichtungen unserer bürgerlichen Welt nicht gelungen, das Luziferische in Rosa von Praunheim unschädlich zu machen. Und die Verfechter einer wie auch immer beschaffenen, in jedem Fall »wettbewerbsfähigen« deutschen »Filmkultur« werden wohl weiterhin nicht auf ihn zählen können – wenngleich zu wünschen ist, daß sie ihn auch in Zukunft fördern werden.

1 Bertolt Brecht: Gesammelte Werke. Bd. 18, Frankfurt/Main 1967, S. 165
2 Walter Benjamin: Traumkitsch. in: W. B., Schriften, Bd. I, Frankfurt/Main 1955, S. 425
3 Ernst Bloch: Das Prinzip Hoffnung. Bd. 1, Frankfurt/Main 1967, S. 379
4 Georges Bataille: Der heilige Eros (L'Erotisme). Frankfurt/Main-Berlin-Wien 1979, S. 59
5 Robert Musil: Der Mann ohne Eigenschaften. Hamburg 1960, S. 905
6 Gustav René Hocke: Die Welt als Labyrinth. Hamburg 1957, S. 203
7 Rosa von Praunheim: Armee der Liebenden oder Aufstand der Perversen. München 1979, S. 7
8 Peter Sloterdijk: Kritik der zynischen Vernunft. 1. Bd., Frankfurt/Main 1983, S. 280
9 Hocke, a. a. O., S. 15
10 Bataille, a. a. O., S. 38
11 Bataille, a. a. O., S. 57
12 Rosa von Praunheim: Mich fasziniert der Tod. in: tip (Berlin), Nr. 21, Oktober 1979
13 Bataille, a. a. O., S. 88
14 Eva M. J. Schmid: Die Poesie und die Trivialität, in: Medium 10/1972
15 Antonin Artaud: Das Theater und sein Double. Frankfurt/M. 1969, S. 141
16 Helmut Schmitz: Rosa von Praunheims Zwitterglitzer-Show. in: Frankfurter Rundschau vom 18. 5. 1974
17 Gertrud Koch: Aus dem Sexualpolitbüro. in: Frankfurter Rundschau vom 23. 4. 1982
18 Susan Sontag: Kunst und Antikunst. München 1980, S. 272
19 Sontag, a. a. O., S. 253
20 Koch, a. a. O.
21 Pier Paolo Pasolini: Ketzererfahrungen. München 1979, S. 226
22 s. S. 72
23 Peter Iden: Der Kitsch der frühen Jahre. in: Die Zeit vom 2. 2. 1974
24 Oh Muvie, Frankfurt/Main 1969

Interview

Von Christa Maerker und Wilhelm Roth

cm: Als erstes haben wir uns gefragt, warum du – und bei dem ersten Film wird das ja schon sehr auffällig – so einen Reiz im Schockieren siehst.

Tja, ich glaube, das ist Veranlagung. Es gibt Leute, die arbeiten mit Liebe, andere arbeiten mit Haß, mit Aggression, mit Konfrontation, und ich glaube, daß ich mich sehr absetze von Leuten, die … – also Regisseure wie Fassbinder, Schroeter wollen 'ne Harmonie haben oder wollen Leute haben, die sagen: »Ich find toll, was du machst, ich akzeptiere dich voll und ganz.« Das interessiert mich nicht. Mich interessiert es, mit starken Persönlichkeiten zu arbeiten und mich mit denen kämpferisch auseinanderzusetzen, und ich möchte mich auch mit meinem Publikum kämpferisch auseinandersetzen. Ich möchte weder, daß mein Publikum »Ah!« und »Oh!« schreit wegen der schönen Ästhetik und der Kunst und so, sondern ich möchte inhaltsmäßig, gefühlsmäßig was aufreißen. Und ich fühl mich dann am wohlsten, wenn ich sehr viel Aggressionen aus dem Publikum nicht so sehr gegen den Film, sondern gegen den Filmemacher, also gegen mich, spüre. Dann habe ich das Gefühl, daß ich erfolgreich bin. Das gelingt mir natürlich leider nicht in jedem Film, das ist schwer, das immer wieder neu zu provozieren. Mit dem Schwulen-Film NICHT DER HOMOSEXUELLE IST PERVERS … ist es mir sicher am besten gelungen, und das kann man nicht dauernd wiederholen. Das war sicher auch eine Zeit – 1971 –, wo das eben sich besonders günstig traf, daß man so emotional Publikum aufheizen konnte, und es war dann viel interessanter, was in der Diskussion beim Publikum passierte, als der Film selber. Es gibt auch einen Film über eine Diskussion von dem Schwulen-Film, der in New York gedreht wurde, der die Emotionalität zeigt, sehr schön zeigt.

cm: Wenn du jetzt sagst, die Diskussion ist so wahnsinnig spannend, ist das doch dennoch ein Produkt mit Einmaligkeits-

charakter, denn Diskussionen kannst du ja nicht immer erleben, und eigentlich willst du ja doch mit deinen Filmen ins Kino. Wo sollen jetzt die Leute ihre Aggressionen loswerden, wenn du nicht da bist?

Also beim Schwulen-Film war's 'n Prinzip, daß wir ihn nie gezeigt haben ohne Diskussion. Wir sind rumgefahren jahrelang und wollten wirklich mit dem Publikum arbeiten. Das war eine Aufgabe, daß wir den nicht nur aus Konsumgründen zeigten, und wir haben ja die ersten Schwulen-Gruppen gegründet nach dem Film, Anregungen gegeben; im ganzen entstanden 40 Schwulengruppen in Deutschland. Und so habe ich auch den 24. STOCK verstanden. Ich hab da zwei Jahre in einer Hochhaussiedlung gearbeitet mit alten Leuten, mich mit dem lokalpolitischen Bereich auseinandergesetzt, und da war eben auch eine Idee dahinter, mit den Leuten etwas zu verändern. Und dann hab ich den Film über den Tod gemacht, DAS TODESMAGAZIN. Die Diskussionen waren unheimlich interessant, so daß der nun also im Fernsehen 'ne Woche vorher abgesetzt wurde, weil die vom ZDF meinten, wenn der ausgestrahlt worden wäre, dann würden sich die Leute alle umbringen vorm Fernseher. Aber das wäre eine sehr spannende Diskussion gewesen: nach einem Film über den Tod, und zwar nicht nur so eine liberale Diskussion, sondern eine darüber, daß ein Tabu angegriffen wird in einer Sache, die jeden betrifft, denn jeder muß sterben, und die dann nicht nur in so einem netten ausgewogenen Feature, sondern wirklich sehr emotional, sehr persönlich.

cm: Ich hab ihn »Mondo Praunheim« genannt. Das ist wieder ein Film, der ganz bewußt schockieren will, und ich kann mir vorstellen, daß die Verantwortlichen vom Fernsehen sagen: das können wir den Leuten überhaupt nicht zumuten. Denn die haben ja nicht die Chance, anschließend mit dir in den Dialog zu treten. Das führt zurück an die erste Frage: wenn du bewußt schockieren willst, warum dann so drastisch, daß verhindert wird, daß dieses Werk zu sehen ist?

Also ich bin da wirklich nicht deiner Meinung. Da müßte man diskutieren, ich müßte dich dann angreifen, oder ich müßte

1973 / In New York 1971 / Dreharbeiten Horror Vacui 1983

jetzt ein bißchen rauskriegen, wie überhaupt dein Verhältnis zum Tod ist, das ist ja dann eine sehr persönliche Beschäftigung. Ich hab den Film nicht gemacht, um zu schockieren; ja, es war sogar fast moralisch oder so; also ich find das ein ungeheuerlich wichtiges Thema.

wr: Konkret eine Szene: da spielt eine Punkband.

»Contortions« in New York.

wr: Und dazu sieht man Bilder, angefangen vom KZ bis Vietnam, also politische Tode oder Morde ...

Auch Unfälle auf den Straßen ... Alles ist Archivmaterial des ZDF, alles Material, das mal im Fernsehen, in »heute«-Nachrichten, gesendet worden war.

wr: Aber ist das nicht doch eine Verharmlosung, dadurch, daß sie zur Sensation gemacht werden, diese Bilder durch diese Musik?

Es ist ja keine Sensation. Ich glaube, das ist unser spießiges Verhalten. Das seh ich in sehr vielen Reaktionen auf meine Filme, daß da etwas als Provokation genommen wird, daß da was als Ausbeutung gesehen wird, als unangenehm empfunden wird, weil wir selbst sehr konventionell auf Sachen, auf Leute reagieren. Und so übertragen, ist es eben auch mit dem Thema Tod. So dürfen wir praktisch den Tod nicht sehen. Wir können zwar in der »Tagesschau« dauernd sehen, wer wen verbrennt, ermordet, kastriert, pfählt, köpft usw. Daneben noch'n bißchen Show, Unterhaltung und dann irgendwie so'n paar Minuten sachliche Meldungen, das geht. Wir können es dann auch in sachlichen Berichten wissenschaftlich gekleidet sehen, aber in dem Moment, wo die Sache sinnlich wird, über den Schirm, hier mit einer Punk-Band, konzentriert, die einen – Gott sei Dank! – emotional angreift, das darf nicht sein. Denn da wird man ja involviert, und da wird man schockiert, und da passiert ja was, und da ärgert man sich, und das darf nicht sein. Es muß alles schön distanziert sein, so wie unsere Kultur auch alles als Problem aufgreift, distanziert, so wie Peter Stein, ganz Wortwahl, ganz erlesen, durchdacht, genau kalkuliert. Das darf man machen, aber nichts, was dann wieder sinnlich, ganz stark sinnlich wird. Und wir schwindeln uns da ganz schön drüber hinweg, daß wir uns Tod eben wünschen als eine friedliche schöne Sache. Ich meine, unser Großvater stirbt irgendwo mit 90 im Bett, und wir sitzen dabei usw. Das ist immer noch so'n Verdrängungsmechanismus. Daß aber Tod statistisch am häufigsten in Kriegen vorkommt, in Massenvernichtung, in Hunger, Katastrophen, Mord ... – zum Beispiel in New York ist unter Schwarzen statistisch Mord die Nummer Eins als Todesursache. Wenn man sich das einmal klarmacht, dann ist der Tod eben leider nicht so freundlich und nett. Dann wird man verstehen, warum man dann nicht als Haupttendenz einen Film machen kann wie diese Porträts von tapferen Frauen, die krebskrank sind und bis zur letzten Minute fröhlich daliegen und zeigen, wie stark man sein kann, nicht? Das sind dann nicht so pseudo-humane Geschichten, sondern das sind dann knallharte Auseinandersetzungen. Und man muß sich der Brutalität konfrontieren. Man darf das nicht verdrängen. Gerade bei dem Thema. Das ist ganz wichtig. Das habe ich gelernt bei der Beschäftigung damit. Ich war in Leichenschauhäusern in New York. Wenn jetzt John Lennon stirbt, dann kenn ich eben alle, die ihn da unten behandeln, und find das halt immer so 'ne fröhliche Sache, weil familiär. Ich meine, wie das dann so passiert. Also das ist dann nicht irgendwie in so einen unbekannten Bereich abgeschoben, wie unsere Zivilisation das macht. Wir haben halt unsere Schlächter und unsere Leute, die alles, was uns unangenehm ist, für uns erledigen.

wr: Welche Wirkung kann denn nun so ein Film im besten Fall haben beim Zuschauer? Er kann die Wirkung haben: Tod ist viel gräßlicher, als wir uns das normalerweise vorstellen.

Der Film zeigt ja nicht nur Brutalität, sondern er zeigt ja auch sehr viel konstruktive Sachen, er zeigt die Krebsklinik in New York zum Beispiel, die mir sehr gut gefallen hat, Krebskliniken, die spezialisiert sind, Menschen, von denen man weiß, daß sie in kurzer Zeit sterben, sterben müssen, daß man die nicht in Krankenhäuser tut und dieser Kampfmentalität der Ärzte übergibt, die sie an Maschinen anschließen und sagen: also, ihr müßt bis zum letzten Atemzug aushalten – sondern in Kliniken gibt, wo da 'ne Bauchtänzerin erscheint, 'ne Schlangentänzerin und was weiß ich, und denen heitere Lebensstündchen vermittelt, in denen sie trinken dürfen und fernsehen dürfen, die 'nen Cocktail kriegen aus LSD und Heroin und ich weiß nicht was. Aber ganz wichtig: die nicht betäubt werden, sondern die ganz bewußt ihren Tod erleben und erleben sollen. Es wird gesprochen über den Tod, über eine ganz klare Situation, daß es bald soweit ist. Sie sehen es ja auch in ihrer Umgebung. Und es ist ausgebildetes Personal, das sich mit dem Tod sehr bewußt auseinandergesetzt hat. Und das fehlt natürlich alles in Deutschland. Wir haben keine Ärzte, keine Schwestern, kein Pflegepersonal, das sich mit dem Tod auseinandersetzt, sondern es ist Routine des Krankenhauses, des Pflegepersonals, und das ist ungeheuer tragisch. Und daß wir uns das alle bieten lassen, alle, die wir hier in Deutschland leben und wissen, daß wir sterben müssen, daß wir zu soundsoviel Prozent krebskrank werden, zu soundsoviel Prozent an den und den Motiven sterben werden, daß wir uns gefallen lassen, in solch grausamen Situationen zu sterben, das ist einfach 'n Wahnsinn. Also das kann ich nicht verstehen.

cm: Aber glaubst du nicht, daß du, um das Bewußtsein dafür zu wecken, mit einem ganz bürgerlichen Dokumentarfilm über diese Klinik, der eben wirklich betont, was daran so schön ist, daß du damit nicht viel mehr Erfolg gehabt hättest? Du bist oft so kryptisch und verklausuliert, daß man die richtige Botschaft nicht mehr sieht. Möglicherweise auch vor Empörung.

Das ist eine gute Frage, weil die sehr typisch ist für vieles, was ich gemacht habe. Es geht um diplomatisches Verhalten. Das war ja beim Schwulen-Film sehr offensichtlich, daß viele gesagt haben, warum machst du keinen Film, der lieb und nett ist, der uns, der den Leuten etwas besser vermittelt ... Ich kann nicht diplomatisch sein, weil ich es nicht bin. Ich bin es auch nicht im Leben. Und ich werde auch keinen bürgerlichen Unterhaltungsfilm machen, so wie die Nazis Unterhaltungsfilme so propagandistisch gemacht haben –, so werde ich es auch nicht machen können für die SPD oder grün oder alternativ. Dazu bin ich nicht der richtige Mann oder Schwule oder wie auch immer, sondern ich kann nur Sachen machen, die jetzt etwas auslösen, ganz stark etwas auslösen sollen. Eine Aggression, eine Konfrontation auch, ein Ärgernis und auch eine Verstörung. Das finde ich nicht schlecht.

cm: Ich meine auch nicht, daß du undiplomatisch bist oder diplomatischer sein solltest. Ich glaube einfach, daß du klarer sein müßtest, um dieses Plädoyer loszuwerden. Das bringt zu dem Thema der Deutlichkeit noch mehr Fragen: ROSA ARBEITER AUF GOLDENER STRASSE? *Das ist sehr verschlüsselt.*

Ja, da kann ich jetzt schwer etwas zu sagen, weil das für mich ein ziemlich klarer Fall war, und ich muß bezüglich der Rezeption sagen: er wurde ganz klar aufgenommen. Das war mein zweiter Film, und es war praktisch der erste Film, der meine Karriere begründet hat, wenn man das mal so pathetisch sagen kann. Ich bin ja in dem Sinne gar kein Undergroundfilmer, sondern ich bin ja gleich ungeheuer begeistert aufgenommen worden in der Filmlandschaft als eine Alternative oder etwas ganz Außergewöhnliches im Gegensatz zu Filmern, die doch sehr puristisch, puritanisch sind, wie ja zum Beispiel die Politfilmer, die ja nun sehr trocken gearbeitet haben. Plötzlich kam da so jemand, der vorher Maler war, exotische Bilder gemacht hat, und der plötzlich eine sehr künstlerische, exotische Sicht ins Kino reingebracht hat, und der ein politisches Thema behandelt hat, das er sehr parodistisch, sehr surreal, sehr spielerisch, sehr fantasievoll abgehandelt hat, das heißt also mit Methode, Zuschauer zu verunsichern. Gerade bei ROSA ARBEITER ... war es ja eine Methode, nicht zu wissen: ist der nun rechts, ist der links, was hat der für eine politische Meinung, sondern da plötzlich im Zuschauer Fragen auszulösen, Verunsicherungen auszulösen, auch die Verunsicherung zwischen krank und komisch zum Beispiel. Der Humor, ist der nun grotesk, ist der wie in dem früheren Film von mir und Schroeter: GROTESK-BURLESK-PITTORESK. Dürfen wir darüber lachen, oder ist das traurig oder ist das ernst gemeint? Also diese Verunsicherungen haben mir immer wahnsinnigen Spaß gemacht, daß der Zuschauer spielerisch umgehen kann mit dem Material, was ich ihm gebe. Ich hab ja ganz bewußt den Text zum Beispiel auch im Kommentar unheimlich schnell sprechen lassen. Man mußte sich immer sehr konzentrieren darauf, was gesagt wurde. Film gilt ja als besonders filmisch vom vornehm Cinematografischen her, wenn wenig gesagt, wenig gesprochen wird; für mich war es umgekehrt, also sehr wichtig, daß ein intensives exotisches Bild da ist und eine Überbetonung des Tons. Das war eine ganz wichtige Methode.

wr: Ich glaube, die Art und Weise, wie etwas gesagt wird, ist sogar wichtiger und bleibt mehr in Erinnerung als der Inhalt dessen, was gesagt wird.

Da würde ich nicht zustimmen. Also wie etwas gesagt wird: zum Beispiel wenn Dietmar Kracht in SCHWESTERN DER REVOLUTION aus dem Konkursbuch für Frauenemanzipation etwas vorliest, einen sehr schwierigen Text – und den in seinem mannheimer Dialekt mit sehr vielen Versprechern, weil er viele Fremdwörter nicht versteht –, dann wird man auch durch das Wie aufmerksam. Wenn da jetzt eine dunkle volltönende Rundfunksprecherstimme wäre, würde man sofort einschlafen, weil das ein gewohnter Duktus, ein gewohnter Rhythmus ist, der keine Brüche hat, bei dem man sich dann auch nicht mehr konzentrieren kann. Man kann dann soviel nicht aufnehmen. Wenn aber wie im Schwulen-Film der Volker Eschke mit seiner hohen tuntigen Stimme einen Kommentartext liest, dann ärgert man sich: diese fiese Tunte, warum redet die so provokatives Zeug? Und der sagt »schwul«, er kann doch auch »homophil« sagen oder ich weiß nicht was. Diese ständige Provokation mit einer provozierenden Stimme, die immer wieder, also unvornehm, im theatralischen Bereich als unseriös gilt.

wr: War das Wort »schwul« damals noch ein Schimpfwort?

Aber total! Nee, das also ist ganz wichtig, diese Verunsicherung, diese Überbeanspruchung auch des Zuschauers, im Gegensatz zu diesen langen Einstellungen, wo das alles innerlich wabert, wo auch der Zuschauer oder der Kritiker unheimlich viel in den Film hineininterpretieren kann. Bei mir ist Film immer eine Vergewaltigung. Ich bin mir auch der faschistischen Methode des Films bewußt, daß du als Zuschauer der Leinwand ausgeliefert bist, und du kannst den Zuschauer beanspruchen, und du kannst ihn vollknallen, und du kannst ihn verunsichern, spielerisch damit umgehen und zeigen, welche Macht du als Filmer hast. Das hat mir großen Spaß gemacht, und das fand ich auch wichtig als politische message.

cm: Definierst du dich denn als Machtmensch?

Ja, klar. Würde ich sagen. Macht ist für mich eine ganz, ganz wichtige Frage, im Persönlichen und auch im Beruflichen.

Nicht nur bei mir, sondern, ich glaub, bei sehr vielen Filmern. Bei Fassbinder war es das auch. Ich glaube, daß Erfolg, die Motivation, sich als Künstler zu bestätigen, sehr viel mit Macht zu tun hat. Das ist auch eine gefährliche Geschichte. So wie das im kapitalistischen Kulturbetrieb angelegt ist: daß also ein einzelner herausgegriffen wird und belohnt wird, durch gute Kritiken und durch Preise und durch Erfolg, und daß der natürlich in eine Position gedrängt wird, wo er mit seiner Verantwortung sehr eigenwillig umgehen kann, das ist eine sehr gefährliche Sache. Auch wie er arbeitet. Gerade im Film im Team mit anderen Leuten. Man sieht es an Fassbinder, der ja nun sehr eigenwillig und zum Teil roh umgegangen ist mit seinen Leuten. Irgendwo würde ich Gott sei Dank sagen, es ist nicht wie in Hollywood, wo das alles so reguliert ist, daß du durch Gewerkschaften sehr wenig Möglichkeiten hast, einen Film unabhängig zu machen, es wird nur hoch kontrolliert durch sehr viele Leute, die sehr unkünstlerisch sind. Aber auf der anderen Seite stellt sich natürlich immer wieder die Frage nach der Ausbeutung und die Frage, inwieweit du persönlich, das heißt, ich als Rosa von Praunheim, mit meinen Leuten mein Unwesen treiben kann. Das ist ja eine ganz wichtige Frage, die mir auch immer wieder vorgeworfen wird. Inwieweit hab ich meine Leute ausgebeutet? Dietmar Kracht in der BETTWURST, Luzi usw. Wieweit haben die gewußt, was mit ihnen passierte, inwieweit darf man solche exaltierten, unangepaßten, naiven Leute vor die Kamera treten lassen? Und da war dann immer wieder meine Antwort: diese Leute liebe ich, und ich hab sie mehr geliebt als die meisten Spießer, die angepaßt leben und mich dauernd unterdrücken. Mich unterdrückt haben als Schwulen, als Künstler, als schöpferischen Menschen, der immer wieder reingezwungen werden sollte in ein angepaßtes bürgerliches Verhalten. Und da finde ich es ungeheuer wichtig, Außenseiter zu zeigen. Ich hab diese Leute durchgesetzt und versuche, sie immer wieder durchzusetzen. Ob das wie im letzten Film UNSERE LEICHEN LEBEN NOCH eben exaltierte, bunte, ältere Frauen sind, die nicht Kinder, Küche, Kirche sind und nicht – wie in der Nazi-Zeit – deutsche Mütter sind, sondern die bunt und unwürdig sind.

cm: Du sagst: durchgesetzt. In welchem Rahmen spielt sich dieses Durchsetzen ab? Die gehen zurück in eine bürgerliche Um-

Dreharbeiten Ich bin ein Antistar

gebung, und da fallen sie auf wie Paradiesvögel. Die haben vielleicht ein bißchen mehr Selbstbewußtsein gewonnen, aber in dem Moment, in dem die aus deinem Bannkreis verschwinden, sind sie doch wieder allein.

Das stimmt nicht. Evelyn Künneke zum Beispiel hat eine ganz große Karriere gemacht. Die hab ich wiederentdeckt, von der wollte niemand etwas wissen, weil sie eben, also jetzt mal grob gesagt, so wie sie es selber sagen würde, eine alte, fette Sängerin ist, die nichts mehr zu suchen hat im Showbetrieb. Und jetzt ist sie einer der erfolgreichsten, bekanntesten und bewundertsten deutschen Showstars. Die macht zwanzig, dreißig Fernsehsendungen im Jahr und arbeitet ungeheuer viel und wird selbst von den bürgerlichsten Zeitungen als ganz seriöse und große Unterhalterin, wichtige Unterhalterin angesehen. Und nicht nur Evelyn. Nach der BETTWURST wurde Dietmar Kracht hier in der linken Subkultur ein Superstar. Überall, wo er hinkam, kannte man ihn, und er kam plötzlich aus seinem kriminellen Milieu heraus und war mit ganz anderen Leuten zusammen. Viele Leute haben sich plötzlich für ihn interessiert. Auch die Luzi hat plötzlich Anerkennung und Bestätigung bekommen. BETTWURST ist ja ein Klassiker nach 13 Jahren, und immer noch kommen Leute auf Luzi zu und sprechen sie an. Fotografen wollen sie fotografieren oder junge Leute kommen auf sie zu und sagen: ich find dich toll, so wie du lebst. Also sie wird ständig wiederentdeckt von jungen Leuten.

cm: Wenn du Fotografen erwähnst, dann ist das genau, was die Gefahr dabei ist: die beuten ja auch nur wieder ihren Exhibitionismus aus.

Wir waren in Kiel bei der Premiere von UNSERE LEICHEN LEBEN NOCH. Da kamen Kollegen und Professoren der Uni-Klinik in Kiel, an der Luzi arbeitet. Die kamen alle geschlossen mit riesigen Blumensträußen zur Premiere und haben Luzi gefeiert. Das ist erstaunlich, denn Luzi galt ja nun sicher als eine sehr außergewöhnliche Frau, gerade in so einem bürgerlichen Arbeitsbereich. Und daß die plötzlich von allen Seiten kamen, nachdem sicher erst mal eine große Häme dagewesen war und hinter vorgehaltener Hand gesagt wurde: »Guck mal, wie die aussieht und was die macht«, daß das plötzlich umschlägt und die Leute erkennen, daß Luzi eine große Qualität hat, daß sie sehr fantasievoll ist, daß sie Qualitäten hat, die andere eben nicht haben, daß sie was Besonderes ist, und daß sie uns auch bereichert. Und daß es nicht nur Kultur im Stadttheater gibt, sondern daß solche Leute mit ihrer Fantasie auch ein Stück wichtiger Kultur sind.

wr: Was tust du als Regisseur, wenn du einen Film machst, wie gehst du mit den Leuten um, während sie spielen?

Dreharbeiten Ich bin ein Antistar

Also ich glaub, Regisseur ist auch nicht der richtige Ausdruck für mich. Ich glaube, ich weiß nicht, was für'n Ausdruck richtig wäre, aber den kann man ja nun negativ oder positiv verwenden. Ich glaube, daß ich ein Voyeur bin, und das bin ich nicht nur im sexuellen Bereich, sondern eben auch im Filmkünstlerischen. Ich guck wahnsinnig gern zu. Und wenn ich sehe, wie die Christa jetzt gerade ißt oder so, dann macht mir Spaß, das zu sehen und zu beobachten. Und wenn wir dann vielleicht einen Film miteinander machen würden, ich ein Porträt von ihr machen würde, dann würde ich mir das merken und würde sagen: wie hast du das damals gemacht? Wenn du das dann nachher nicht machst in der Szene, würde ich sagen, mach es doch so wie damals. Ich versuche, den Leuten ihre eigenen Qualitäten vor der Kamera wiederzugeben und ihnen auch Selbstbewußtsein zu geben, daß sie das, was sie natürlicherweise machen, vor der Kamera, also auch vor der Öffentlichkeit, mit Stolz, Selbstbewußtsein und mit Frische, Fröhlichkeit, machen dürfen.

cm: Bei Luzi scheint das nicht immer geglückt zu sein, denn sie überprüft ständig, ob die Kamera überhaupt noch auf sie gerichtet ist, und reagiert dann mit einem Draufsetzer auf die Entdeckung, daß die Kamera noch läuft.

Aber das ist ja nun ihre größte Qualität. Wenn sie das nicht machen würde, wäre sie nur halb soviel wert. Dieses Bewußtmachen des Mediums Film, daß du immer wieder guckst und sagst, bin ich nicht schön, und bin ich nicht da, und ich will mich sehen, das ist ja doch gerade ein Urbedürfnis von allen, sich ganz bewußt mit dem Medium auseinanderzusetzen. Was ich meine, ist: wenn ich ihr jetzt sagen würde, mach das nicht, es ist unvornehm, im Film dauernd in die Kamera zu gucken, das tut man nicht, um ihr das abzugewöhnen, dann würde ich ein Stück von ihrer Persönlichkeit beschneiden. Das meinte ich. Daß ich darauf aufpasse, daß das, was jemand gerne macht und was ihm Spaß macht, was er wichtig findet, daß das auch erhalten bleibt. Das ist meine Beobachtungsgabe. Bei dem Film UNSERE LEICHEN LEBEN NOCH konnte ich als Regisseur in Anführungsstrichen, als Filmemacher, nur zehn Prozent von dem einfangen, was die Frauen an vitaler Wirklichkeit geboten haben. Ich war ungeheuer hilflos der Realität gegenüber. Und das Medium Film ist da immer relativ hilflos.

Ich kann mir nur wünschen, soviel wie möglich von dieser Realität in einen 90-Minuten-Film, wo man ja doch nur einen Ausschnitt geben kann, reingepackt zu haben. Daß mir das trotzdem gelungen ist, diese Frauen so zu vermitteln, daß viele Leute – gerade junge Zuschauer – dann sagen: es macht ja doch Spaß, älter zu werden, das war für die Frauen eine tolle Sache. Denn diese Frauen wurden ja zum Teil diskriminiert in ihrer bürgerlichen Umgebung. Da wird gesagt: wie könnt ihr euch nur so schreiend anziehen, wie kann man sich nur so überkandidelt, exaltiert, hysterisch benehmen – wie eine Puffmutter oder so. Das wird ja bei Frauen alles so ins Gebiet der Sexualität geschoben. Wenn eine Frau aufdringlich erscheint, dann ist sie gleich eine Nutte.

wr: Bei der Luzi ist mir aufgefallen, daß sie in den LEICHEN *viel natürlicher spricht als vorher in den beiden* BETTWÜRSTEN. *In den* BETTWÜRSTEN *habe ich das Gefühl, sie muß eigentlich erst noch zeigen, daß sie jemand ist, und deswegen spricht sie besonders aufgesetzt. In den* LEICHEN *dagegen ist sie eigentlich schon ein Star, da ist sie die, die man schon kennt, die anderen kennt man noch nicht, die lernt man erst kennen, und da spricht Luzi dann viel gelassener.*

Ja, aber das ist nicht unbedingt eine Qualität, das ist eher negativ. Ich würde sagen, in den LEICHEN ist sie lange nicht so gut wie in den BETTWÜRSTEN. Ihr hat auch die Arbeit an den LEICHEN keinen großen Spaß gemacht. Sie hat immer wieder betont: die rauchen und saufen mir zuviel, und die reden immer nur über so kultivierte Sachen. Ich will ins Café Keese gehen und will in die Kirche gehen und will tanzen gehen und will mich amüsieren, und ich will nicht über Shakespeare und über hohe Politik reden, sondern ich will eben Rudi Carell im Fernsehen sehen. Sie wollte nicht mit den anderen Frauen was zu tun haben. Sie hat das immer wieder betont, daß das nicht ihre Wellenlänge ist.

cm: Sie spielt aber auch eine ganz andere Rolle. Erstens gibt es keinen Mann, der so eine Art Spiegel für sie sein könnte, und zweitens ist sie sehr mütterlich. In der Szene, in der sie die Weinende tröstet.

Ich plane ja auch eine Fortsetzung von UNSERE LEICHEN LEBEN NOCH, die »Intelligenz ist eßbar« heißen soll, wo die fünf

Frauen schiffbrüchig auf eine Kannibalen-Insel verschlagen werden. Also eine Konfrontation: Zivilisation – Natur. Eine Parabel. Da hat die Luzi schon gesagt: »Nee, mit den Weibern überhaupt nicht. Nein, das mach ich nicht. Also das kommt überhaupt nicht infrage.« Und dann mußte ich sie sehr überreden und sagen: »Hör mal, du kriegst auch ein Einzelzimmer, und du kriegst eine Betreuerin oder einen Betreuer, und der geht dann jeden Abend mit dir tanzen und so. Du hast mit den anderen Frauen nicht viel zu tun. Deine Partner sind hauptsächlich Eingeborene, und die werden sich toll um dich kümmern.« Und da hat sie sich dann so ein bißchen hinreißen lassen und hat am Strand von Kiel neue Aufnahmen machen lassen mit einer Topfpflanze am Strand, wo sie im Badeanzug unterm Sonnenschirm strahlt. Also diese Frische und diese Vitalität und diese Dreistigkeit, wie sie auf die Kamera losgeht, das ist einfach hinreißend. Der innere Glanz der Luzi, nicht? Wie die so von innen heraus strahlt. Sie ist ja eine ganz echte Person, das ist wichtig, so daß da nichts verstellt ist und man auch nichts verstellen kann. Sie ist so selbstbewußt, sie hat den Satz gesagt: »Man kann mich nicht belehren, ich laß mich nicht belehren, ich weiß genau, was für mich richtig ist. Wenn jemand mich kritisiert und sagt, dein Rock ist zu kurz und zu rot, dann sag ich: das ist eine Unverschämtheit, ich finde mich schön, und das ist die Hauptsache.« Dieses Selbstbewußtsein und dieser Stolz! Das ist nicht nur für Schwule wichtig oder für Frauen oder Minderheiten wichtig, das zu lernen, damit man nicht dauernd Schuldgefühle mit sich herumtragen muß, daß man anders ist. Und diese Leute machen mir das vor und geben mir dadurch viel Stärke wieder. Es war ja immer in meinen Filmen ganz wichtig, körperliche Fehler oder Fehlerhaftes oder das »Minderwertige« bei Leuten zu zeigen, also Außenseiter, die von der Gesellschaft als minderwertig oder fehlerhaft angesehen werden, und diese Leute zeigen zu lassen, daß sie mit Selbstbewußtsein leben und mit Stärke leben. Ich finde, das ist ganz wichtig, weil das natürlich zurückschlägt auf unsere Komplexe. Ich bin zum Beispiel ein Mensch, der wahnsinnig viele Komplexe hat, der sich minderwertig vorkommt, sexuell wie ich weiß nicht was. Ich fühl immer, daß Leute mich nicht mögen.

cm: Schließt das nicht einen Kreis? Du denkst, daß Leute dich nicht mögen, und legst es drauf an, daß sie dich eben wirklich angreifen können.

Sicher, da mag sich etwas ...

cm: Das ist meiner Ansicht nach auch das gleiche Syndrom, das Fassbinder gezeigt hat.

Ja, Fassbinder war auch ein wahnsinnig unsicherer, neurotischer Mensch, und ich identifiziere mich auch in vielem mit Fassbinder. Also wir sind ja sehr, sehr ähnlich: wir sind schwul, wir haben unabhängige Filme gemacht und mit sehr eigenwilligen Leuten gearbeitet und sind beide sehr neurotisch und haben mit Erfolg gearbeitet.

wr: Wie war das denn? Du hast ja eigentlich schnell Karriere gemacht. Ich glaube, es hat nicht viel länger als zwei Jahre gedauert, bis du – mindestens in der Filmwelt und im Kulturbetrieb – ein Begriff warst, während es andere gibt, die nach Jahrzehnten noch immer am Rande des Betriebes arbeiten. Wie kamst du dir da vor? Was waren das für Gefühle damals so um 1970 herum?

Ich sagte ja, daß ich ganz schnell bekanntgeworden bin. Meinen ersten Kurzfilm VON ROSA VON PRAUNHEIM, 1967, hatte ich für 4000 Mark an den Hessischen Rundfunk verkauft. Ich konnte durch den Verkauf einen zweiten Film machen, und dieser zweite Film ROSA ARBEITER AUF GOLDENER STRASSE wurde sofort sehr beachtet, das heißt, ich kam aufs Titelblatt von der Zeitschrift *Film*, habe eine Kulturfilmprämie von, glaube ich, 20000 oder 25000 Mark gekriegt vom Innenministerium. Dann habe ich den Film für 7000 Mark ans ZDF verkauft. Ich war sofort bekannt. Der Kulturbetrieb saugt ja auch sofort neue Talente auf, wenn zum erstenmal so eine exotische Figur in den Medien erscheint, horcht ja jeder auf.

wr: Es war natürlich auch die Zeit. Ich glaube, heute schottet man sich eher vor solchen Leuten wieder ab. Meinst du nicht?

Glaube ich nicht. Wenn jemand originell ist, und man liest irgendwo im *Spiegel* so drei Zeilen über jemand, der plötzlich etwas ganz anderes macht, der ungewöhnlich ist, dann horcht man sofort auf, denn unsere Kulturlandschaft ist ja noch nicht sehr reich an Talenten, daß man es sich nun leisten kann, sich zu verschließen. Es gibt doch sehr wenig interessante Leute, originelle gibt es überhaupt nicht. Die meisten arbeiten doch ganz konservativ, sehr angepaßt nach einem bestimmten Muster, versuchen vielleicht etwas besser zu machen, was andere auch schon sehr oft gemacht haben. Ich hab ja dann den Kurzfilm SCHWESTERN DER REVOLUTION gemacht und heiratete die Carla, meine Hauptdarstellerin, 1969 und zeigte meine Filme am Hansaplatz, wo jetzt das Grips-Theater ist. Das war ja ein großes Kino für 1000 Leute oder so, und da haben wir eine Hochzeitsveranstaltung gemacht mit zwei langen Filmen von Schroeter, der damals überhaupt nicht bekannt war, und mit meinen zwei Kurzfilmen, und da drängten sich bei Eiseskälte über 1000 Leute ins Kino. Das Bedürfnis der Leute, etwas Neues zu sehen und auch deutsche Filme zu sehen, war ungeheuer groß. Bevor ich Filme gemacht hab, hatte ich nie spekulativ daran gedacht, daß ich jemals mit Kunst irgendwie Geld verdienen könnte, daß das ein Beruf für mich wird oder daß Leute mich anerkennen. Es war für mich außer Frage: das wird einfach nicht passieren. Ich war ein Außenseiter, so wie ich eben schwul bin und nicht anerkannt war, so wie ich eine ganz konfuse Geisteshaltung hab, eine ganz konfuse Fantasie. Ich hab als Künstler immer einen kleinen Job haben müssen und für 50 Mark mit Außenklo irgendwo wohnen

Fotoroman Oh Muvie (Elfi Mikesch) mit Carla Aulaulu

müssen, um meine ganz skurrilen Sachen machen zu können. Darauf hatte ich mich eingerichtet, und ich hab gesagt: gut, man muß eben leiden, wenn man Künstler ist, und man darf eben keinen großen Porsche fahren. Das ist für mich nicht drin. Ich mach das, weil ich das so will.

cm: Und was fährst du nun?

Ich fahr immer noch nicht, weil ich nicht fahren kann. Ich hab ein Fahrrad, fahr natürlich wahnsinnig viel Taxi und hektisch mit dem Flugzeug um die Welt, und ich bin sicher auch nicht glücklich dabei und muß mich jetzt darauf einrichten, daß kulturell die fetten Jahre vorbei sind. Ich muß mich darauf einrichten, daß ich mit sehr wenigen Mitteln wieder Film machen muß und sicher auch gerne machen werde, denn es geht mir darum, zu arbeiten, und nicht, jetzt mit vielen Mitteln etwas zu machen, sondern zu malen, zu schreiben, Super 8, Video zu machen, vielleicht auch einen kleinen 16 mm-Film, aber zu improvisieren und statt Geld Fantasie einzusetzen. Das war ja filmpolitisch und kulturpolitisch immer das, was ich propagiert hab. Daß man sich freut, wenn man ein paar hunderttausend Mark kriegt und damit Filme machen kann, bessere Gagen zahlen kann, das ist klar. Ich meine, da sagt keiner nein.

wr: Wie bist du denn damals überhaupt auf die Idee gekommen, Filme zu machen? Du warst ja vorher Maler. Hatte das auch schon etwas damit zu tun, daß du, wie du ganz am Anfang gesagt hast, mehr Leute erreichen wolltest? Als Maler erreicht man einzelne wenige Individuen, als Filmer hat man ein Publikum, das man auch schockieren kann, mit dem man diskutieren kann.

Ich glaube, ich habe überhaupt keine Gründe gehabt. Das war völlig naiv. Elfi Mikesch hat Fotos gemacht von mir und meinen Superstars in Anführungsstrichen, von Leuten, die ich ungeheuer interessant fand, um die ich mich sehr bemüht habe. Ich fand Carla unheimlich aufregend, als ich die getroffen hab, ich hab viel von ihr gelernt. Ich fand Steve und Berryt ungeheuer aufregend und fantasievoll und bin dauernd hingerannt ...

wr: Du kanntest die und hast dann gesagt: ich mache einen

Film mit denen? Du hast sie also nicht erst durch den Film kennengelernt?

Nee, ich kannte die, hab die bewundert, hab deren Fantasie bewundert. Ich hab auch gar nicht daran gedacht, diese Fantasie nun zu benutzen oder auszunutzen, sondern ich hab mich einfach ungeheuer gefreut. Ja, ich hab mich als jemand gesehen, der kreativ arbeitet, schreibt, malt, mit Leuten Fotos macht, und dann ergab sich ganz zufällig, daß ein Kameramann ... Ich kannte jemand in Frankfurt, ich hatte viele Bekannte dort, und der Bekannte hatte wiederum einen Kameraden, der außerhalb des Fernsehbetriebs, des konventionellen Fernsehbetriebes, einmal einen Film machen wollte. An den hat er mich vermittelt, und da war ich plötzlich ganz begeistert, filmtoll. Ich sprühte über vor Ideen und wollte da, glaube ich, 70 Ideen in einen kleinen Kurzfilm reinbringen, bis der Kameramann dann sagte: »Nee, reduzier das mal und mach nur mal eine Geschichte.« Und da habe ich dann diese Geschichte VON ROSA VON PRAUNHEIM, diesen ersten Kurzfilm, realisiert mit Carla und einer Mutter mit ihren drei Töchtern.

wr: Und sehr selbstbewußt. Denn welcher Regisseur fängt seinen ersten Film mit einer Großaufnahme von sich selber an? Ich kenne sonst keinen. Was übrigens damals auch niemand wußte. Als ich den Film in Mannheim sah, wußte ich ja nicht, daß du das bist.

Ich bin natürlich da genauso selbstbewußt herangegangen wie meine Superstars, also praktisch mit derselben Frechheit und Naivität. Dieses Unsichere und Introvertierte hat sich halt doch viel später erst herausgestellt. Ich war damals in einer Phase, das war sehr interessant, als ich Schroeter kennenlernte, und der war eher ein ruhiger, lexikaler, konservativer Typ, und ich war 'ne ausgeflippte Tucke. Man hat uns immer verwechselt und hat gesagt: die Tucke muß doch der Schroeter sein mit seinen langen wehenden Haaren, und ich muß der ruhige Typ sein. Es war genau umgekehrt. Ich war bemalt von oben bis unten und im Winter barfuß mit umgedrehten Pelzmänteln und mit Rüschenhemden und mit tausend Perlen und Ringen und hatte eine wahnsinnige Freude. Das war alles in so einer Vor-Hippie-Zeit. Ich war sehr beeinflußt von der Beat-Lyrik und Beat-Generation, der 50er-Jahre-Literatur:

Ginsberg, Genet, Ferlinghetti, Kerouac. Das waren meine praktischen Vorbilder. Und ich hatte mir hier in Berlin so eine eigene fantasievolle Welt zusammengezimmert, die völlig fern von allen etablierten Geschichten war, denn ich war weder auf einer Uni gewesen, noch gehörte ich irgendwelchen akademischen Ritualen an oder hatte etwas mit der Film-Akademie oder mit der Polit-Scene zu tun. Ich hatte halt das Glück, ganz eigenständig skurril mich selbst leben zu können. Ich tendierte eher in diese kreuzberger Scene, wie Günter Bruno Fuchs, Robert Wolfgang Schnell, Cäsar, so versoffene Literaten, die da so rumstreunten und so skurril wie Schröder-Sonnenstern waren. Das waren die Kreise Anfang der 60er Jahre. Und trotzdem war ich, dadurch, daß ich schwul war, natürlich ein Außenseiter und mußte mich selber finden in meiner poetischen Umgebung in der Crellestraße. ROSA ARBEITER AUF GOLDENER STRASSE, 1. Teil, dieser Doppel-8-Film, der spielt in dieser Umgebung, mit selbstbemalten Decken und Tischen, Hängetischen und einem goldenen Thron, auf dem ich immer saß, und ein Bett auf dem Schrank und so. Das war so meine Welt, die ich dann mit meinen skurrilen, fantasievollen Freunden lebte, erlebte, belebte, und dann, als das Filmen kam, als dann die Filme anfingen, erfolgreich zu werden, da endete das alles sehr tragisch. Das hörte alles auf, als ich berühmt wurde. Weil ich mich von diesen Leuten entfernte. Ich war eine Stufe höher, war der Repräsentant, hatte auch Geld, hatte praktisch Macht, und da haben sich alle meine Freunde zurückgezogen. Die wollten von mir nichts wissen. Und das war eine sehr, sehr schwere Zeit. Und ich war nach diesen ersten sehr erfolgreichen Kurzfilmen alleingelassen. Ich brauchte unheimlich viel Zeit und Energie und konnte mich nicht mehr um diese Freunde so intensiv bemühen, wie ich das vorher konnte, als ich viel Zeit hatte. Ich machte den Schwulen-Film, danach DIE BETTWURST und MACBETH in einem Jahr und mit einer ungeheuren Vitalität, da ich plötzlich arbeiten durfte. 1969 war der Schwulen-Paragraph modifiziert. Werner Kließ wurde damals Dramaturg der Bavaria, er hatte vorher in der Zeitschrift *Film* über mich geschrieben und hatte plötzlich Einfluß und konnte mir einen Film über Homosexualität zuschanzen. Die wußten ja gar nicht, was da auf sie zukam. Das war in so einem Rausch des Aufbrechens, des Neuen; da etablierte ich mich dann und galt als interessanter Exot, dem man eine Chance geben kann. Und ich entfernte mich dann natürlich von meiner gewachsenen Subkultur. Das war für mich sehr tragisch, und ich hab mir von da an nur noch gewünscht, zurückzugehen, das heißt Mißerfolg zu haben, wieder von vorn anfangen zu müssen und wegzugehen von diesem etablierten Betrieb, von einem Betrieb von Kulturmanagern, von Fernsehbossen, von Journalisten und von Hotels und Reisen usw. Das hat mich gequält und unglücklich gemacht. Glücklicherweise hatte ich ja dann den großen Mißerfolg 1973 mit BERLINER BETTWURST und AXEL und fand das toll. Mein großer Wunschtraum war in Erfüllung gegangen.

wr: Aber du hast es nicht bewußt darauf angelegt?

Natürlich nicht. Aber unbewußt habe ich es mir gewünscht, und es hat dann auch so stattgefunden. Natürlich schneidet man sich nicht einen Arm ab, bewußt. Aber ich wollte wieder neu anfangen. Nachdem ich mich wieder etabliert, in zehn Jahren mühsam hochgekämpft hab, also nach 1973 und dem Mißerfolg, ab 1975/76 langsam wieder Chancen kriegte und dann mit UNSERE LEICHEN LEBEN NOCH wieder so einen Höhepunkt erreicht hab. Jetzt geht's natürlich auch wieder bergab, um mit der Knef zu sprechen. Es wird sicher unheimlich schwierig, jetzt wieder Filme zu machen, das wird natürlich auch wieder tragisch für mich. Natürlich hat man sich gewöhnt an bestimmte Sachen. Klar, ich mache Filme anders oder habe mir auch einen Lebensstil angewöhnt. Ich wohne eben nicht mehr in einer Wohnung mit Außenklo. Das ist sicher auch eine Beschneidung, nicht sagen zu können, ich kann morgen dahin fliegen, um irgendwo Recherchen zu machen, oder mir zehn Bücher kaufen über Kannibalismus, anstatt in die Bibliothek zu gehen und zu warten, bis ich sie ausleihen kann. Ich meine, das sind natürlich Sachen, an die man sich gewöhnt.

cm: Ich weiß nicht, wie ich es formulieren soll. Du zeigst in SCHWESTERN DER REVOLUTION *und eigentlich auch in dem Schwulen-Film ein so gleichgesinntes Bewußtsein zu Problemen, die Frauen haben, daß mich das Denunziatorische in anderen Filmen doch wundert.*

Ja, da muß man zurückgehen. Das geht alles zurück auf diesen berühmten Begriff Camp, über den Susan Sontag einen

Theaterregie Menschen im Hotel

Artikel geschrieben hat. Also Schwulenästhetik. Wie, und das ist sicher sehr wichtig, zu untersuchen, wie also schwule Filmregisseure Frauen sehen. Und das bin ja nicht nur ich, sondern das ist Werner Schroeter und das ist Fassbinder und das ist Andy Warhol und das ist Schlesinger, also eine ganze Reihe von schwulen Filmregisseuren, die sich sehr identifizieren können mit ihren Schwächen. Auf der einen Seite, was ich immer wieder gesagt habe, lieben Schwule starke Frauen. Das schwache Geschlecht zeigt Stärke, und das ist eine ungeheure Hoffnung für eine Minderheit. Auf der anderen Seite kritisieren sie Frauen und machen sie natürlich auch lächerlich, zum Beispiel in den ersten Transvestitencabarets, also nicht jetzt in diesen modischen Dingern, sondern Anfang der 60er Jahre in New York. Zum Beispiel haben Transvestiten, die Hollywood-Filmstars wie Mario Montez, in den ersten Jack Smith- und Warhol-Filmen, Frauen parodiert ob ihrer konservativen Haltung, ob ihres Ausgebeutetseins im Showbetrieb, ob ihrer Karikatur im Showbetrieb, und es wurde da praktisch klargemacht, was Frauen da mit sich haben machen lassen als Objekte. Und das wurde sehr kritisch und gleichzeitig auch ungeheuer lustig und parodistisch vermittelt. Und ich glaube, das ist eine sehr legitime Methode. Ich finde nicht, daß man in der Emanzipationsbewegung, in welcher auch immer, ob das jetzt schwarz, schwul, Frauen, Juden oder auch die Alten-Bewegung ist, daß man da jetzt ganz starr einseitig vorgehen muß ... Ich nenn das auch immer gay-sunshine, also die Sonnenscheinschwulen, die verlangen, daß man den Schwulen als Sonnenschein darstellt, von der Schokoladenseite her. Das wäre eben die einzige schwulen-emanzipatorische Haltung. Genauso übertragen auf die Frauen: Frauen darf man nicht kritisch zeigen, sondern eben in der Stärke, voller Kraft usw. Ich glaube, daß das sehr einseitig ist. Ich glaube, daß man aus Schwächen sehr viel lernt, und es kommt immer darauf an, aus welcher Ecke man Kritik übt. Wenn man natürlich aus einer reaktionären Ecke kommt und wenn zum Beispiel eine große Hollywood-Gesellschaft einen Film über Schwule macht, also eine Komödie, in der sie dann ausgebeutet und nur benutzt werden, weil sie eben so schön komisch sind und tuntig sind, dann ist das sicher eine andere Sache, als wenn ein Schwuler selber die eigenen Schwächen auch parodistisch zeigt, aber doch mit dem Bewußtsein, daß ein Schwuler das macht, und daß der sich da sehr gut auskennt. Also das ist schon mal 'n Unterschied, nicht? Der Schwulen-Film wird ja als wahnsinnig beißende Satire empfunden – gerade von Schwulen. Die Schwulen haben sich ja unter den Sitzen verkrochen und sich wahnsinnig geniert, daß plötzlich ihre Schwächen im Film von vorn bis hinten attackiert worden sind, und sie haben immer gedacht, diese Methode führt dazu, daß die Heteros mit Fingern auf sie zeigen und sagen: ab in die Gaskammer, versteck dich, du bist so unangenehm, weil sie sich selber nicht zutrauten, zu ihren Schwächen zu stehen. Und es ist plötzlich hinterher eine unheimliche Welle der Sympathie gerade von Heteros gekommen, die sagten: gerade durch eure Schwächen seid ihr uns so lieb geworden, gerade daß man Schwächen zeigen darf, ist uns tausendmal lieber als ein angepaßter liberaler Film.

cm: Nach dem Motto: Schwule sind auch Menschen ...

Schwule sind auch Menschen und: seid doch bitte so lieb und akzeptiert uns und so. Daß sich jetzt ein Schwuler herausnimmt, so karikierend, vielleicht auch inkompetent, etwas über Frauen zu machen, das kann man sicher kritisieren. Ich meine, sicher: ein Schwuler ist keine Frau! Und ich meine, das hat die lesbische Bewegung auch ganz klar gesagt: wir – und das ist ja auch in der ARMEE DER LIEBENDEN ein wichtiges Statement –, wir Lesbierinnen können selbst mit schwulen Männern uns nicht solidarisieren! Sie sind immer noch als Männer erzogen worden! Ein Schwuler ist als Mann sozialisiert! Er ist erzogen worden mit ungeheurer power, mit Selbstbewußtsein: du mußt das schaffen, du mußt im Leben deinen Mann stehen, ja, das kriegst du als Schwuler genauso mit, wie jeder andere Mann, und das verändert dich natürlich. Als Frau kriegst du mit: du darfst nichts. Du darfst nicht Filmemachen, da brauchst du soviel Talent, soviel Geld, und – um Gottes willen! – du kannst höchstens Assistentin oder Cutterin werden. Aber Filmemachen selber ... Immer wieder höre ich das von meinen Kolleginnen: »Ja, weißt du, ich trau mir das einfach nicht zu!« Ich sag: »Ja Mensch, was ist da zuzutrauen? Ich hab eine Kamera mit automatischer Belichtung genommen und weiß immer noch nicht, wie ich einen Belichtungsmesser einstellen muß, und hab einfach drauflosgehalten. Es gehört nichts dazu, Filme zu machen. Ich brauch doch da nicht erst bei so einem Arschloch in die Lehre zu gehen, als Assistent zehn Jahre zu arbeiten.« Da werde ich unheimlich wütend! Ich bin immer wütend geworden auf diese Scheiß-Weiber, die so viele Komplexe eingeimpft bekommen haben und sich etwas nicht zutrauen ...

cm: Diese »Scheiß-Weiber« haben aber auch Erfahrungen gemacht mit Leuten, die in dem Moment, in dem sie Unsicherheit spüren, nicht etwa hinzuspringen und dir helfen, sondern dich bestrafen.

wr: Genau, ein Mann kann einen schlechten Film machen, da sagt man immer noch: der ist interessant. Wenn eine Frau einen schlechten Film macht, dann hat sie den einzigen Film ihres Lebens gemacht.

Wie beim Autofahren! Klar, diese Vorurteile. Wenn Curd Jürgens mit einem jungen Mädchen geht, dann ist das eben chic und potent, ein flotter Hirsch, ein geiler Bock. Aber wenn eine alte Frau mit einem Jungen geht, dann nennt man das: wenn alte Scheunen brennen. So wird das doch eingestuft. Aber weißt du, ich war wütend auf die Frauen, hab ich gesagt:

Die Betörung der blauen Matrosen (Ulrike Ottinger)

»Mensch, nehmt euch den Mut! Macht das, und ich helfe!« Und ich hab Elfi Mikesch wahnsinnig zugeredet und war stolz, als sie ihre ersten Filme machte, weil ich sie sehr begabt finde. Ich muß sagen, daß mir die Filmemacherinnen in Deutschland ungeheuer sympathisch sind. Ich finde die Jutta Brückner und die Helga Reidemeister und die Mikesch und auch die Ulrike Ottinger und auch die Produzentinnen wie Renée Gundelach unheimlich toll. Mit welcher Kraft sie Leuten produzieren hilft. Ich find auch Regina Ziegler eine fantastische Frau, Clara Burckner vom Basis-Filmverleih unheimlich wichtig. Ursula Ludwig vom Literarischen Colloquium ist eine fantastische Frau, die man nicht genug loben kann, die sich immer wieder um neue Leute bemüht. Wenn jemand sagt: ich will meinen ersten Film machen in Super-8, daß sie dann hilft und Ratschläge gibt.

wr: Du hast gerade von der Kamera gesprochen. Du sagst, du weißt heute noch nicht, wie man belichtet. Es gibt so einen Punkt, wo man deine Filme kritisieren kann, zum Beispiel daß sie oft technisch sehr schlampig gemacht sind oder daß die Kamera manchmal wild durch die Gegend zoomt, obwohl es andererseits …

… asynchron …

wr: … asynchron, ja, obwohl es andererseits auch wieder Filme gibt, die unheimlich sorgfältig sind …

Welche?

wr: STADT DER VERLORENEN SEELEN *beispielsweise. Und … überhaupt die mehr zum Spielfilm hinneigenden …*

Ja, AXEL war auch …

wr: AXEL *und* LEIDENSCHAFTEN.

Nee, LEIDENSCHAFTEN nun nicht! Da war es mit einer sehr wackligen Kamera …

wr: Ja, aber da gibt's auch sehr genau …

… Belichtungsfehler …

wr: … ja, aber auch wieder Szenen, also Bilder, die sehr genau komponiert sind. Aber man hat, wenn man mal alle Filme im Zusammenhang sieht, den Eindruck: eigentlich ist das eine Kritik, die an den Filmen abprallt, die eigentlich nicht wichtig ist. Also: was bedeutet dir denn »Technik« beim Film?

Das ist eine sehr politische Sache. Technik ist ja auch Macht. Die Arroganz der Technik, die auch sehr mit Geld zusammenhängt. Daß du einen technischen Apparat brauchst, der eben sehr teuer ist. Wenn du eine große Kamera hast, einen großen Stab mit Fachleuten, die diese Technik bedienen, dann bist du ja sehr eingeschränkt. Du mußt lange warten, um an das Geld heranzukommen. Aber so, wie eben die Underground-Filmer in Amerika Anfang der 60er Jahre einfach angefangen haben, Filme zu machen, mit einer einfachen Bolex 16 mm ohne Ton – man konnte nur 2½ Minuten durchdrehen –, wo sie dann den Ton hinterher erfinden mußten mit Asynchronität, mit Musik, mit Kommentaren, mit sehr vielen witzigen Geschichten … Jack Smith zum Beispiel, der mit sehr viel überbelichtetem Material mit poetischen Sachen, theatralischen Sachen, experimentiert hat, und diese ganze Reihe von Underground-Filmern, die ich sehr bewundere: Jack Smith, die Kuchar-Brothers, Markopoulos, Andy Warhol. Diese Leute haben einfach gezeigt, daß man Filme machen kann fast ohne Geld.

Daß man wirklich nur 'n paar Dollar braucht, um ein bißchen Filmmaterial zu belichten, sich aber vorher ganz genau überlegen muß, was man macht. Also nicht nur einfach draufhalten kann. Das war wichtig, weil eben jeder Meter Geld kostet. Aber man ist eben unabhängig. Man war unabhängig vom Apparat. Und das ist für mich sehr wichtig, daß man den Mut hat zu sagen: der Inhalt ist wichtiger, die Fantasie ist wichtiger als das Handikap, das einem die große Technik entgegensetzt. Und wir haben heute einfach alles, auch gerade in den Massenmedien, in dem Apparate wie Super-8-Kameras einfach nur so rausflutschen, Video wird auch immer billiger und einfacher; man kann heute in der Medienoperative hier in Berlin, ich weiß nicht, für 30 Mark eine Schwarz-Weiß-Videokamera borgen, mit der man sehr gute Aufnahmen machen kann; gerade bei Schwarz-Weiß-Video kannst du mit sehr wenig Licht arbeiten. Jede Krankenschwester könnte sich praktisch leisten, im Krankenhaus einen Film zu machen über ihren Chef – heimlich, denn offiziell wird das ja nicht erlaubt – und kann ein Stück über das Krankenhaus, also einen wichtigen Dokumentarfilm drehen, den ein Team vom Fernsehen einfach nicht machen darf: aus rechtlichen Gründen und ich weiß nicht was für Gründen. Das ist es eben – was ja 1968 ganz groß aufkam: Film als Waffe zu benutzen, als politisches Instrument zu benutzen oder eben als ganz freies künstlerisches Mittel, und mit Film auch sexuelle Tabus zu brechen, überhaupt Tabus zu brechen. Das waren ja ganz wichtige Sachen. Aus diesen Geschichten heraus hat mir der »schmutzige« Film immer viel besser gefallen als der »saubere« Film, das heißt, daß ein Kameramann genauso wie ein Schauspieler, der technisch versiert ist, gelernt hat, sich von seiner Persönlichkeit, von dem direkten Ausdruck seiner Emotionen zu entfernen und die mit Technik zu ersetzen, mit Handwerk zu ersetzen und mit Routine, mit Manierismus zu ersetzen, und daß ich dem eben etwas entgegensetzen will als direkten Ausdruck meiner Gefühle. Des direkten Ausdrucks meines Auges. Mein Auge hat kein Stativ und filmt nicht eine Szene zehn Minuten lang ruhig ohne Zoom. Mein Auge geht hin und her, mein Auge wackelt, mein Auge sortiert, zoomt Sachen raus und kann sehr leidenschaftlich, sehr verrückt, auch sehr terroristisch sein, ich hab ja auch viel darüber geschrieben, um immer wieder ganz vielen Leuten den Mut zu geben, Filme zu

Dreharbeiten Tally Brown, New York

machen ohne dieses Handikap, ohne diese Arroganz, statt zu sagen: ich muß erst zehn Jahre in die Lehre gehen, ich muß erst ungeheuer viel Geld zusammensparen. Oder, was ja auch sehr tragisch ist, daß viele Filmer nur von der Technik herkommen. Die sagen: ich bastle eben an Kameras unheimlich gern. Oder ein Filmkritiker, der eben 10000 Filme gesehen hat und sagt: ich muß jetzt auch einen Film machen. Leute, die sich eben nur über das Akademische zutrauen, Filme zu machen. Ich glaube, gerade Leute, die aus Bereichen kommen, die mit Leben was zu tun haben – ein Gärtner, der einen Film macht, oder eine Krankenschwester –, werden eben viel interessanter Blumen fotografieren als einer, der auf einer Filmakademie war und das nur über so ein Filmgetto erlebt. Das ist für mich wichtiger. Leben ist für mich immer wichtiger als Film und als Technik.

wr: Oder Film ist eine Intensivierung des Lebens.

Ja, meine Filme sind ja fast alle dokumentarisch. Auch die Spielfilme sind ja mit realen Leuten, starken Persönlichkeiten, die ich dokumentarisch in meine Filme einbaue.

wr: Auffallend ist diese Asynchronität in vielen deiner Filme, die ja mehr ist als nur technischer Mangel, sondern Absicht.

Ja ...

wr: ... selbst in den wirklich dokumentarischen Filmen gibt es relativ selten eine Synchronität.

Ich finde das immer langweilig, wenn jemand stundenlang Leute abfilmt und du siehst immer die Lippenbewegungen von denen. Das finde ich langweilig. Aber wenn ich mit jemand ein Interview machen muß, zum Beispiel mit einer alten Frau irgendwo im Hochhaus – wie bei meinem Film DER 24. STOCK –, von der ich weiß, daß sie anders sprechen wird, wenn nur ein einfaches kleines Mikrofon da ist, dann kann ich sieben Stunden mit ihr reden, was ich mir filmmaterialmäßig gar nicht leisten könnte, und kann hinterher dann heraussuchen, was vom Charakter her paßt, von der Emotion, von der Stimmung her, was zu dieser Frau an Bildern paßt. Ich kann sie begleiten zum Einkaufen, zum Altenheim oder zum Supermarkt oder zu ihrer alten Wohnsiedlung oder zur Parkbank. Ich kann da etwas auswählen und muß sie nicht dauernd in einer starren Situation haben, wie es Synchronität erfordert, rein technisch.

wr: Was war denn der Grund, daß der zweite Teil vom 24. STOCK *nicht gesendet wurde? War das diese Neue-Heimat-Geschichte, daß Namen genannt wurden?*

Das weiß ich nicht. Der offizielle Grund vom Hessischen Rundfunk war, daß der zweite Film künstlerisch »unter aller Sau« sei, und der erste ist »ein ganz großartiger, genialer Film«, und deswegen wird der zweite nicht gesendet. Aber man hat ja seine Informanten: es war kurz vor der Landtagswahl in Hessen, und es ist zu vermuten, daß eben in der politischen Abteilung, in der Dokumentationsabteilung gesagt wurde: »Nein, irgendwo sind da Angriffe auf die SPD oder die Neue Heimat. Und wir wollen den Film vor der Landtagswahl nicht senden.« Das, nehme ich an, steckt dahinter. Ich bin ja viel zensiert worden im Fernsehen, und meine Kritik wiederum an der Zensur hab ich ja persönlich sehr leidvoll erfahren müssen. Nachdem der Film AXEL VON AUERSPERG um eine halbe Stunde gekürzt worden war und ich das an die Presse gab, durfte ich fünf Jahre lang beim ZDF nichts mehr machen. Das sind ja ganz manifeste Geschichten.

wr: War denn das TODESMAGAZIN *ursprünglich ein Auftrag des ZDF?*

Ja, das TODESMAGAZIN war dann praktisch wieder die erste Arbeit, nachdem AXEL im Kleinen Fernsehspiel lief. Das war ja dann noch so lustig, als der Eckart Stein die ersten Muster sah und sagte: »Mensch, das ist ja viel zu harmlos. Das ist ja kein echter Praunheim.« Und so: das muß ja viel schmissiger und provozierender sein. Und er verkündete dann auch immer in so Filmemachergesprächen, daß sich heutzutage die Filmemacher alle schon vorzensieren. Keiner bietet mehr heiße Stoffe an und so ... Und als das TODESMAGAZIN fertig war, wurde es abgesetzt. So etwas liegt ja auch nicht immer an den Redakteuren. Die Redakteure und die Fernsehspiel-Leute sind natürlich sehr eingebunden in die Strukturen des Fernsehens. Die würden sicher auch gerne mehr wollen, als sie können. Aber es ist ja auch die Aufgabe und Pflicht des kritischen Filmemachers, zu versuchen, diese Grenzen soweit wie möglich zu verrücken und sich nicht einschüchtern zu lassen. Das macht mir ja auch immer wieder viel Spaß. Das ist meine schmale Gratwanderung im Fernsehen, denn ich werde eingekauft als Exot, der immer wieder etwas Kritisches bieten muß. Auf der anderen Seite werde ich immer wieder verboten. Aber das gehört halt zusammen, nicht? Es ist immer eine Gratwanderung: aber wann wird er so verboten, daß er nie mehr etwas machen darf? Daß er mundtot gemacht wird, oder: wielange können wir uns noch so einen einsamen Praunheim-Exoten leisten in der Landschaft? Oder Achternbusch oder Schroeter oder so? Es sind ja nur ein paar. Die neuen haben es ja ungeheuer schwer. Die müssen sich ja erst umständlich durchsetzen. Und zensieren sich dann leider meistens auch schon selbst. Das werfe ich vielen neuen Leuten vor, daß sie nicht mit ungeheurer Radikalität und Mut und Fantasie einfach Sachen machen, wirklich, weil sie sie machen wollen. Ich finde das sehr, sehr schade. Ich sehe mich immer wieder als ein Beispiel, das anderen diesen Mut geben will. Ich seh mich nicht als Genie, als besonders großen Künstler und besonders interessanten Filmemacher, sondern ich sehe meine Aufgabe ganz moralisch, ganz einfach: ich möchte mehr interessante, exotische, verrückte, provozierende Kulturarbeiter um mich haben, von denen ich ein Teil bin. Einfach, weil ich mich dann wohler fühle. Ich möchte nicht so ein einsamer Wolf sein, der sich da immer gegen irgendwelche Spießer durchsetzen muß, sondern ich möchte auch in einer produktiven Atmosphäre leben. So sehe ich auch die 20er Jahre in Deutschland. Ist doch viel interessanter, sich mit lauter Wahnsinnsgenies auseinanderzusetzen, auch in Konkurrenz auseinanderzusetzen, ganz aggressiv und leidvoll auseinanderzusetzen, aber produktiv! Sich gegenseitig zu steigern! Das ist ja auch meine Arbeit mit meinen sogenannten Superstars, der 70jährigen Lotti Huber, einer wirklich fantasievollen, tollen Frau, die ungeheure Einfälle hat, und man sich gegenseitig anregt, hochschaukelt. Oder mit Marianne Enzensberger, die ihren ersten Spielfilm macht, Musik macht, schreibt, ungeheuer fantasievoll ist. Mit diesen Frauen sich auseinanderzusetzen in einer produktiven Atmosphäre: das find ich ungeheuer aufregend und spannend. Und da wünsch ich mir einfach noch viel mehr Leute und nicht diese angepaßten, distanzierten, kühlen Meisterwerke, die nichts mit der Person zu tun haben, die alle technisch perfekt sind, und – ich könnte genug Namen nennen, die ich nicht leiden kann im deutschen Kulturbetrieb.

wr: Gibt es einen Zusammenhang, auch in Form von Konkurrenz, zwischen den schwulen Filmemachern, und gibt es auch so etwas wie eine schwule Ästhetik?

Also das nee. Erstmal würde ich sagen, die Konkurrenz unter den Filmemachern oder Kulturarbeitern allgemein ist sehr groß. Aber da würde ich mich wirklich als schlimmstes Beispiel darstellen, als jemand, der sich sehr konkurrent verhält. Ich bin sehr konkurrent. Ich kann kaum jemand leiden. Und das find ich irgendwie auch gut so. Ich finde, daß man als Filmemacher nicht die Verpflichtung hat, liberal und nett alle leiden zu können. Das ist den Journalisten vorbehalten, die ein großes Herz haben müssen.

cm: Es ist erstaunlich. Du hast vorhin aufgezählt, wieviel Frauen du gut leiden kannst. Findest du Frauen sowenig bedrohlich, daß sie keine Konkurrenzgefühle erzeugen, oder wie erklärst du das?

Es kann sein, daß das mit dem schwachen Geschlecht, das Stärke zeigt, zu tun hat, daß ich da mehr Sympathie habe und mich mit Frauen mehr identifizieren kann. Ich meine die

Macker-Filmer, weißt du? Ich meine Fassbinder, Wenders und Herzog. Der Fassbinder ist ungeheuer verlogen. Seine message ist immer: alles ist am Arsch, wir können nichts ändern, die Welt ist schlecht, die Menschen sind schlecht. Genau das, was man mir vorgeworfen hat in STADT DER VERLORENEN SEELEN, und zwar einfach, weil da Leute gezeigt wurden, denen es schlecht ging, die sich aber ganz kraftvoll und vital und lebensbejahend trotz aller Scheiße durchsetzen und ein Beispiel geben. Und die deutsche Kritik wollte einen Film haben, in dem sich alle aufhängen, damit sie sagen können: wie tragisch und wie furchtbar, die Minderheit, die Armen! Und das ist genau bei Fassbinder der Punkt: immer wieder dieses Tränenrührige. Es sind Opfer, es sind immer die passiven Leute, die nichts können, die keine Kraft haben, die keine Chance im Leben haben, die ganz stilisiert, unausgefüllt dargestellt wurden. Sie sind ja ganz stilisiert und manieriert dargestellt, sie sind ja nie lebendig dargestellt worden, und es war immer die Sehnsucht von dem perversen, vitalen Fassbinder, dieses Traumbild des passiven, schicksalhaften Menschen, selbstmitleidigen Menschen darzustellen. Und das nehm ich ihm übel, weil das als message so tief in die deutsche Romantik, so tief in das Bild der deutschen Kultur paßt, sich kulturell so zu sehen, daß mich das ankotzt. Aber das schlimmste ist, wie die Franzosen deutsche Kultur sehen, das ist das schlimmste Beispiel.

cm: Ich finde wieder, daß du dir widersprichst. Du hast nichts dagegen, daß Frauen ihre Schwächen zeigen, damit man sie einfach besser versteht. Wenn jetzt hier ein Schwuler mit seinen Erfahrungen umzugehen versucht – und das hat Fassbinder eigentlich ganz konsequent in allen seinen Filmen getan, ob die jetzt von Transvestiten oder völlig normalen bürgerlichen Leuten handeln, ist egal –: wieso bist du da so intolerant?

Ich glaube, daß man schon Leuten, denen man sehr ähnlich ist, am kritischsten gegenübersteht. Das ist sicher immer eine berühmte Sache. Also Sängerinnen, die sich sehr verwandt sind, können sich auf den Tod nicht leiden. Und sicher ist da natürlich ein besonderes Augenmerk auf jemand, der auch schwul ist und unabhängig produziert, der in einer ähnlichen Situation ist – auch wie ich den Werner Schroeter immer wieder sehr giftig angreife in seiner elitären und snobistischen

Art, obwohl ich vieles von ihm unheimlich toll finde und auch ihn sehr, sehr mag –, das ist ja natürlich klar. Das spielt sicher eine große Rolle. Und trotzdem gibt es eine ganz wichtige Kritik von mir an eben diesen beschriebenen Filmemachern, und die muß ich üben, um eben selbst überhaupt überleben zu können. Es ist für mich ein Überlebenskampf, um meinen künstlerischen Ausdruck zu verteidigen, um meine Art, wie ich leben und arbeiten will, praktisch aufrechtzuerhalten. Es werden ja Ideale im Kulturbetrieb gebildet, und diese Ideale werden eben von diesen selbstmitleidigen, prätentiösen, kühlen, distanzierten Kulturarbeitern geprägt. Und das hat so ein Übergewicht, dieses Ideal, das geprägt worden ist und das einen sehr großen Teil von jungen Leuten beeinflußt, die eben neue Sachen machen, daß ich einfach darum kämpfen muß, daß die Art, die vitale, schmutzige Art, mit der ich Filme mache, und auch die lebensbejahende Art und die heiße Art, daß die überlebt. Nicht, daß die in der Überzahl ist. Es geht nicht darum, die anderen jetzt auszumerzen und zu töten und zu sagen: ihr habt kein Recht, Filme zu machen. Hör mal, es geht einfach darum, daß diese Minderheit, zu der ich gehöre, daß die ... – und Fassbinder hat ganz bürgerliche Filme gemacht, der hat nie Minderheitenfilme gemacht, weder technisch noch inhaltlich, und das hab ich ihm auch immer übel genommen. Er hat nie provoziert, sondern er hat immer wahnsinnig angepaßt in Form und Inhalt es möglich gemacht, daß ungeheuer viele Leute damit etwas anfangen konnten, also von der Kritik her auch und vom kulturellen Einstieg hat er es ihnen wahnsinnig leicht gemacht. Okay, das ist ja auch okay, und das soll es ja auch alles geben. Bloß ich muß mich selber verteidigen, ich muß selber kämpfen, daß ich atmen kann und nicht Bronchitis kriege, wie ich das meistens habe, und hektisch atme und röchle.

wr: Woll'n wir mal eine kleine Pause machen?

Das Gespräch fand am 8. Juli 1983 in der berliner Wohnung Rosa von Praunheims statt.

Kommentierte Filmografie

Von Dietrich Kuhlbrodt

The critics came and the laughter stopped.[1]

Von Rosa von Praunheim. 1967

Im off singt eine Stimme, die das Französische nicht trifft und hörbar Rosa von Praunheims eigene ist, ein Liebeslied in individuell-ausländischer Sprache: »Selibran selbjischon do preboir / residon briarschi re far to ki tue lepoir / e ce la bue oicekor koimatsche leberdon gricem bremte toi a aaah triiii.« Dann hört man den Tonmeister zählen: 5, 6, 7, während die Kamera auf die schwarze Plastikjacke des schönen jungen Mannes (Rosa von Praunheim) gleitet, bis sie die Aufschrift findet: Von Rosa von Praunheim. – Derweil singt eine Frauenstimme (Carla Aulaulu): »Du bist, du bist mein Luleby, scheri tu ba bi du leischei schei schei schei-Luleby«, und man sieht, wie ein blutjunges Mädchen (Carla Aulaulu), vor Erschöpfung das eine ums andere Mal zusammenbrechend, mit einem Einkaufsnetz die Treppen hochkeucht. Akustisch wird eine erotische Beziehung hergestellt; die Männerstimme (sehr männlich): »Liebe und reife Begierde unterwerfen mich dir ganz und gar.« Die Kamera zeigt dazu in Großaufnahme das Netz, das zwischen den Schenkeln des Dienstmädchens pendelt; aus den Maschen schlüpfen, drängen und pressen geile steife Mohrrüben, die blanken Spitzen auf das weiße Beinfleisch zielend, das stumpfe Ende, mit dem Haarkranz drumherum, im Netz verbleibend. – Das Dienstmädchen rezitiert (off, asynchron): »Ich leide bis zum Überdruß. Mein Besen in meinem Herzen ist vergoldet, und ich bin voller Bluti-Bluti in meinem Herzen, denn der Schmutzi in meinem Herzen ist feucht und voller Asseln.« Verzweifelt bemüht sie sich, den Küchenboden entlang sich windend, der Herrschaft Tee zu bereiten. Mutter und Töchter (Familie Klostermann), im Abendkleid, sitzen steif und verklemmt zu Tisch, die Mädchen haben sich Plastikeierbecher auf den Kopf geschnallt und Papier in die Nase gestopft; eine Tochter sticht das Dienstmädchen in den Körper; dazu ist eine komplizierte Stellung erforderlich. Halb peinlich berührt, halb amüsiert, verfolgen sie des Dienstmädchens exzessiven Tanz. Carla, zusammenbrechend, rafft sich wieder und wieder hoch. Ein Zucken, freilich, ist das letzte.

Rosa von Praunheim hat die erste Einstellung seines ersten Films zum Programm einer radikalen Filmästhetik gemacht. Der Film ist kein Werk, das sich abschließt. Die Filmtechnik meldet sich zur Stelle (der Tonmeister zählt). Der Ton läuft neben dem Bild her, selbständig (asynchron). Es bleibt offen, ob die Geräusche (die Musik) den Film vorantreiben oder die Bilder. Was man hört/sieht hat keinen rechten Gegenstand denn sich selbst. Die Rituale des bürgerlichen Alltags von 1967 sind von Rosa von Praunheim in lustvolle Exzesse getrieben und offensichtlich zur eigenen Sache gemacht.
Vergebens bemühte man sich 1968, dem Film eine künstlerische oder politische Aussage zu entnehmen. Die Kameraarbeit (darauf zu achten, war man gewohnt) hatte jedoch kaum Eigenständiges, auch der Schnitt machte nicht auf sich aufmerksam. Die Verurteilung bürgerlichen Klassendünkels schien offenbar nicht den Inhalt des Films auszumachen. Bemerkt aber wurden die sehr ambivalenten Gefühle des Rosa von Praunheim, der bürgerliche Szenen mit Lustgewinn nachspielte, parodierte, travestierte und ganz offensichtlich gleichzeitig ins Gegenteil verkehrte: ins Antibürgerliche. 1968, als VON ROSA VON PRAUNHEIM aufgeführt wurde, suchte die Studentenbewegung die Konfrontation mit dem System der bürgerlichen Gesellschaft. Rosa von Praunheim aber war mit seinem Erstlingsfilm diesen (zunächst verbalen) Schlachten weit voraus, benutzte Systemeinrichtungen (die trivialen Riten des bürgerlichen Alltags) froh und zufrieden für sich und fand darin Nischen für die eigene Kultur. Er nahm mit dieser ästhetischen Strategie vorweg, was erst später seinen theoretischen Platz bekam (die Lehre von den zwei Kulturen).
Der Filmtitel trifft es. Nur in seiner Person konnte der Reichtum, die Vielfalt und die Ambivalenz der Gefühle erhalten bleiben – in der Gesellschaft, in der er lebt. Grade dadurch, daß VON ROSA VON PRAUNHEIM auf zeitgenössische Strömun-

Von Rosa von Praunheim

gen keine Rücksicht nahm und privateste Selbstdarstellung schien, war der Film – mit anderthalb Jahrzehnten Abstand wird es deutlich – das genaue Barometer sich damals entwikkelnder politischer und kultureller Tendenzen, nämlich die Einnistung der einen Kultur in die andere.
Das Fernsehen zeigte den Film gleich nach der Erstaufführung (bei der Hamburger Filmschau) im dritten Programm des WDR. Es bewies damit mehr Gespür für das Neue, damals nicht Faßbare des Films als die deutsche Presse. Für sie war dies ein Film »für den man kein Verständnis aufbringen kann« *(Rhein-Neckar-Zeitung)*[2], der »indiskutabel« ist *(Frankfurter Allgemeine Zeitung)*[3], eine »Zumutung« *(Mannheimer Morgen)*[4]. Ihm wurden »tierische Urlaute« *(Mannheimer Morgen),* »Gebrüll« *(Spandauer Volksblatt)*[5] und »auf Voyeursinstinkte abzielendes Gefuchtel« *(FAZ)* vorgeworfen. Die »sexuelle Notstandsübung pubertärer Mädchen« *(Mannheimer Morgen)* war von »abstoßender Häßlichkeit« *(Spandauer Volksblatt).* Die westberliner Zeitung rügte das »fehlende Konzept« und teilte damit die Einschätzung des ostberliner *Neuen Deutschland,* das Rosa von Praunheim »von der herrschenden Klasse zu künstlerischer Impotenz verdammt«[6] sah. Allein die damals noch (rechts)liberale *Welt* rühmte

»äußerste Esoterik, ergreifende Enthüllung, schöne Obszönität«[7].

Rosa von Praunheim hatte mit seinem Paukenschlag die Aufmerksamkeit der Öffentlichkeit erregt. Die Empörung war groß, weil er die Ordnung zwischen links und rechts störte und die Zuständigkeiten zwischen Kunst, Kultur und Politik nicht einhielt. Heute würde man lobend sagen, daß VON ROSA VON PRAUNHEIM sich der Erfassung entzog. Auch damit war er, 1968, seiner Zeit voraus. Der Film wurde Motor der Bewegung (ein Begriff, der sich erst später einstellte) des Anderen Kinos. Jahre nach Carla Aulaulus »Bluti-Bluti in meinem Herzen« stimmte sich die Experimentalfilmerin Dore O. ein: »BRÜTI IN EUREN HERZEN / OOH WIR ALTE BRUT / BLÜTIS FALLEN / GÜTI GÜTI BLUD« (in der hamburger Zeitschrift *Henry*).[8]

Die Irritation der Öffentlichkeit *und* die Zustimmung der Privaten leiteten sich gleichermaßen aus der Adresse des Films her. Denn Rosa von Praunheim nahm sich keinen pädagogisch, kulturell, künstlerisch oder politisch zu bearbeitenden (fremden) Gegenstand vor, sondern beschrieb, feierte, schmähte den eigenen Gegenstand, nämlich sich selbst im haßgeliebten bürgerlichen Getto. Die Ambivalenzen waren realistisch. Rosa von Praunheim entzog sich mit seinem Film dem terroristischen Kleinbürgerritual, aber er eignete sich diese Welt gleichzeitig an, zu sehr ist die Beschreibung von Lust erfüllt. Die strenge Welt der Frauen (Klostermann) und die erotisch besetzte Ausbeutung der Dienstmagd (Carla Aulaulu) bleiben in VON ROSA VON PRAUNHEIM nicht nur intakt, sie feiern fröhliche Urständ – freilich mit umgekehrtem Vorzeichen. Das Herrschaftsritual ist in Praunheims Film ein antibürgerliches, denn es war – 1967/68 – nur noch Hülse, die von Praunheim in seinem Film instandbesetzt wurde. Das Ritual selbst lebt im kleinbürgerlich/antibürgerlichen Filmmacher, der sich als Prähippie in der Bürgerwelt bewegt, aufs schönste weiter.

Im wütenden Aufschrei der offiziellen Meinung drückte sich damals ein Gefühl aus: das Gefühl der Angst, einen angestammten und bis dahin sicher geglaubten Platz im eigenen Machtbereich zu verlieren – durch einen, der sich sorglos und provokativ über die traditionellen Grenzen hinweg von einem ins andere Lager bewegte, hier und dort gleichermaßen zu

Hause war. Praunheim verstörte ebensosehr das linke Lager, das sich 1968 zu formieren begann. VON ROSA VON PRAUNHEIM machte auch dort Angst, weil er sich, im Jahr des akademisch/begrifflichen Zugriffs, der argumentativen Ebene entzog. Das war ein fundamentaler Verstoß gegen das Selbstverständnis der Studentenbewegung, Ziele und Methoden zu entwickeln und fürs erste Freund und Feind zu sortieren.

Die Gestalten des VON ROSA VON PRAUNHEIM-Films sind Freund und Feind zugleich. Das sollte auch für die folgenden Filme gelten. – Fürs Jahr 1968 war der Film ein Skandal – und eine Befreiung für die, die damals schon die alten und neuen Diskurse in eine Sackgasse laufen sahen. Daher machte der Film, der den einen Angst machte, den anderen Mut, nämlich denen, die in ihm ein Vor-Bild für eine neue subversive Bewegung erkannten: statt verbaler (und tatsächlicher) Konfrontation bot die geschickte Unterwanderung und schnell entschlossene Benutzung bürgerlicher Einrichtungen (die, sieht man nur richtig hin, häufig genug leerstehen) Möglichkeiten des Weiterlebens und Überlebens.

Die Instandbesetzungsästhetik der Rosa-von-Praunheim-Filme eilte ihrer Zeit beträchtlich voraus; die französische Neue Philosophie (Foucault, Baudrillard, Deleuze) wurde erst viel später populär. Praunheim war auf sich allein gestellt; er konnte nichts anderes tun, als sich als Privatmann mit VON ROSA VON PRAUNHEIM öffentlich zu machen. Grade dadurch war er, unabgesichert, unakademisch, uncineastisch, offen genug, mit Unbefangenheit und Dreistigkeit, ja Sorglosigkeit die herrschenden Strukturen zu mißachten, zu ignorieren und von einem dogmatischen (ästhetischen, politischen) Fettnapf in den anderen zu treten.

Es wird so sein, daß Praunheim damals, 1967, Reflektionen dieser Art mitnichten angestellt hat. Das ist geradezu die Voraussetzung seines Films, der, das große Wort sei gewagt, Epoche machen sollte. Mit Naivität und Elan, dilettantisch, machte er den Film. Erst fünfzehn Jahre später begann man im genialen Dilettanten das Vorbild einer neuen Kultur zu sehen (Jörg Richard erfand 1983 das »kulturpädagogische Reimwort«: »Das kulturelle Unterpfand ist der geniale Dilettant«[9]), und damit war jeder gemeint, der Kultur *und* Subkultur, Kultur und Leben, Privatperson und Öffentlichkeit auf einen Nenner zu bringen weiß: nämlich auf sich selbst, als

Person. Praunheim wird mit VON ROSA VON PRAUNHEIM der deutsche Ahnherr dieser erst heute akademisch erfaßten kulturphilosophischen Richtung sein.
Die Interpretation aus der Perspektive des Jahres 1984, die hier versucht wird, gibt freilich den falschen Eindruck vom Film, welcher eben nicht interpretiert, sondern gelebt (miterlebt) werden will; die Einheit von Leben und Film geht nicht übers Wort. Besser wäre es – hier, im Buch –, über das Privatleben Rosa von Praunheims zu plaudern, das in seinem Erstlingsfilm manifest geworden ist. Es bietet sich Klatsch & Tratsch aus der Produktionsgeschichte des Films an, welche damit begann, daß er in der Malklasse der offenbacher Kunsthochschule einen korpulenten Mann mit roten Haaren kennenlernte, Donatus Bölkow, genannt Rosenhütchen. In dessen frankfurter Wohnung wurde VON ROSA VON PRAUNHEIM gedreht. Kameramann war der junge Dieter Krammig vom Hessischen Fernsehen, der grade dabei war, versuchsweise aus dem Routinebetrieb auszubrechen. Praunheim fand ihn »sexuell äußerst anziehend, und darüber hinaus faszinierte mich seine bürgerliche Ausstrahlung«[10]. Das billig erstandene Schwarzweißmaterial wurde unter der Hand beim Fernsehen entwickelt.
Der Film war in wenigen Tagen abgedreht. »Story war das wenigste.«[11] Die kleine Carla Aulaulu – er heiratete sie später, um in Berlin ein Ehestandsdarlehen zu erlangen – diente den Zweimeter-Frauen der Familie Klostermann, welche sich eigens für die Filmaufnahmen Abendkleider geschneidert hatten. »Carla bekam von den Dreharbeiten auf den kalten Steinfliesen eine Eierstockentzündung, außerdem war sie im Zweifel darüber, ob sie durch den Geschlechtsverkehr mit Farbigen sich nicht einen Tripper zugezogen hatte, und verwechselte zu allem Unglück bei einem Schwangerschaftstest die Bedeutung von positiv und negativ. Sie saß zwischen den Szenen nackt am Schminktisch mit Schaum vor dem Mund von stimulierenden Pillen und rauchte aufgeregt eine Haschischzigarette.«[12] Die Produktionskosten in Höhe von tausend Mark brachte Praunheim nur mit Ach und Krach auf. Als ihm das Hessische Fernsehen zu seiner größten Überraschung 4000 Mark für den Ankauf des Films zahlte, behielt er

das Geld als Kapital für die folgenden Filmproduktionen für sich und ließ sich auf einen Rechtsstreit mit den Klostermann-Frauen, dem Kameramann und Rosenhütchen ein.

Rosa Arbeiter auf Goldener Straße. 1. Teil. 1968

Inmitten einer bürgerlichen Wohnkultur, die ins Extreme getrieben ist, vollzieht ein hemmungsloses Paar die bekannten Riten einer Liebesbeziehung, ekstatisch und lustvoll verzweifelnd. Die quirlige junge Frau (Carla Aulaulu), deren Busen das Maschenwerk eines schwarzen Netzes umkost, versucht, mit Gebärden hoffnungsloser Zärtlichkeit, dem jungen Mann (Rainer Kranich) zu helfen, der, schwer vom Schicksal geschlagen und in Gram versunken, neben ihr auf dem Bett liegt. Er ist gezeichnet, Gesicht und Körper sind nach schwerer Verbrennung entstellt. Ihre körperlichen Signale beachtet er kaum; die Lektüre eines guten Buches gibt der Empfindung seines großen Schmerzes Ausdruck und Würde. Und so sieht man sie auf dem Bett nackt die Beine spreizen über ihn, den Lesenden. Ein Höhepunkt scheint zu kommen. Reißt die schöne unermüdliche Frau den entstellten jungen Mann nun doch aus den Fängen des grausamen Schicksals? Eine Nahaufnahme: die Eichel seines Schwanzes nähert sich der spitzen Warze ihrer Brust, berührt sie, fast. Dann drängen aber wieder poetische Signale der Wohnkultur ins Bild: an der Zimmerdecke ein gemalter Sternenhimmel, Spiegel, Blumen, Kinderspielzeug, Nippes und ein goldener Thron. Die schwarzweißen Aufnahmen von Körpern, die sich zärtlich umarmen, werden schließlich von Farbaufnahmen abgelöst. Was nackt war, ist jetzt bürgerlich bekleidet.

Gedreht hat Rosa von Praunheim den Film in seiner berliner Wohnung in Schöneberg, Crellestraße 17, im Dekor, das eh dort vorhanden ist und von der Praxis seiner Semester an der Hochschule der Künste in Berlin zeugt. Er stellt seine persönliche Ambiance, seine selbst gemalte Fantasiewelt zur Schau. Und es ist nicht schwierig, ihn sich darin vorzustellen, »bemalt von oben bis unten, im Winter barfuß mit umgedrehten Pelzmänteln und Rüschenhemden, geschmückt mit tausend Perlen und Ringen«[13].

Entstanden ist der Film im späten Frühjahr 1968. Praunheim war kurz vorher Regieassistent von Gregory Markopoulos gewesen *(Die Schachtel* und *(A)lter (a)ction)*. Dessen Genauigkeit der Inszenierung und Kamerazirkulation findet sich in Praunheims Film mitnichten. ROSA ARBEITER AUF GOLDENER STRASSE I. TEIL ist alles andere als ein Kunst-Film der damals anlaufenden »Film-als-Film«-Diskussion. Er ist auch andererseits nicht der Film eines Studenten des Jahres 1968. Der Film entzieht sich sowohl den Dogmen des reinen Films (der Film als Werk der Avantgarde) als auch denen des politischen Films (der Film als Werkzeug der Politik). Der Film ist weder Werk noch Werkzeug. Er ist Teil der Person Rosa von Praunheims, welcher sich schon im Frühjahr 1968 dagegen zur Wehr setzte, innerhalb der zeitgenössischen ästhetischen und politischen Diskussionen auf eine Größe im fremden Kalkül reduziert zu werden. Dem begrifflichen (und meist nur verbalisierten) Ansatz seiner Zeit (seiner Kollegen) stellte er sich als Person entgegen, deren Bedürfnisse begrifflich und verbal nicht auflösbar waren.
Die Provokation, die von seinem Film ausging, war groß. Zu sehen waren Menschen, die sich nicht erfassen ließen, grade indem sie sich, aktiv, grausam zur Schau stellten: die eine exhibitionistisch, der andere introvertiert. Praunheim hatte nichts vermittelt, weder durch eine zur Schau gestellte Ästhetik (er schnitt den Film, einfach so, im 8-mm-Projektor), noch durch eine politische message. Der vorsätzlich mißverständliche »Arbeiter«-Titel des Films ist der praunheimschen Privatwelt entnommen und variiert seinen ersten poetischen Text.[14]
In ROSA ARBEITER AUF GOLDENER STRASSE I. TEIL gilt der reine Ausdruck und die unmittelbare Entblößung. Es ist der Film eines, der sich nicht schämt, Minderheit zu sein. Er will weder bemitleidet, noch versteckt werden, »ob verbrannt, schwul oder hysterisch«[15]. Einige Jahre nach diesem Film hätte man eine Formulierung parat gehabt: der Film war ein – noch unspezifisches – coming out.
Als Einzelkämpfer brauchte Praunheim auf die Filmindustrie keine Rücksicht zu nehmen. Die Produktionskosten beliefen sich auf DM 100 inklusive Ton (eine Collage aus Schlagertexten und DDR-Rundfunk-Interviews). Die Aufführung am Rande der Filmfestspiele 1968 in Berlin mißglückte. Der Film wurde von ihm anschließend gekürzt. Er existiert nur als Ori-

ginal, jedoch nicht mehr mit Ton. Die Aufführungen dieser Fassung sind, Praunheim zu glauben, erfolgreich.
Der Film funktionierte als Lebenshilfe für Rainer Kranich und Praunheim selbst. Praunheim kam im Juli 1969 auf das von ihm heiß begehrte Titelblatt der Zeitschrift *film*. Rainer Kranich, vor der Verbrennung hübsch und frustriert, stellte sich bei Mädchen gleichwohl vor, »so entsetzlich auszusehen, wie er es jetzt wirklich tut. Jetzt, wo er schlimmer nicht aussehen kann, hat er den größten Erfolg bei Frauen«[16].

Rosa Arbeiter auf Goldener Straße. 2. Teil. 1968

Carla, soeben politischer Haft in der SBZ entronnen, eilt durch eine westberliner Straße: »Ich komme aus dem Osten und weiß, was es heißt, unter einem kommunistischen Regime leben zu müssen. Jahrelange politische Haft hat mich eingeängstigt, umsomehr glaube ich an die Notwendigkeit, die demokratische Freiheit der westlichen Welt verteidigen zu müssen. ... Wie gerne möchte ich mich verbrüdern und glücklich werden, doch politischer Terror hat meinen Geist deformiert, und so wird es allen denen gehen, die mit einem heftigen Linksdrall liebäugeln.« Sie gerät auf eine Bühne, in ein Theaterstück, das mit den linken extremistischen Intellektuellen abrechnet. Die Schauspieler, heftig agierend, mimen »Intellektuelle, die versucht haben, Arbeitern ihren Willen aufzuzwingen« (off-Kommentar). Sie setzen gar Rauschgift ein, um einen Willigen zu finden, der mit dem Spaten den Kopf eines Polizisten lostrennt oder durch notorische Faulheit das Mitleid vieler Menschen ausnutzt oder durch ständig praktizierte Homosexualität dem lieben Gott den Tag stiehlt (was alles man, wohlgemerkt, lediglich dem off-Kommentar entnehmen kann). – Carla sieht sich durch die Tendenz des Theaterstücks bestätigt. Sie geht eine bürgerliche Liebesbeziehung zum Hauptdarsteller ein. Doch dieser genügt ihren Ansprüchen nicht. Er schlägt sich auf die Seite der Revolution, das heißt er macht sich die Rolle des linksextremistischen Studenten zu eigen: »Ich gehöre zu den Rücksichtslosen, Geisteskranken und Perversen; um mich nicht selbst bekämpfen zu müssen,

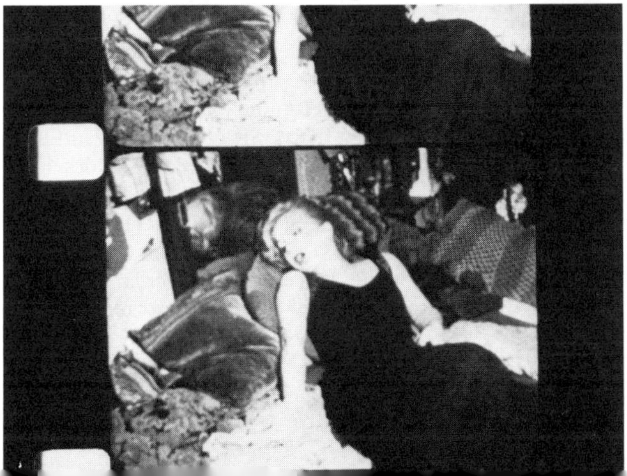

bekämpfe ich die anderen.« Carla, ein Kind unter dem Herzen, wankt ihm in unsäglichem Schmerz hinterher. Vergebens. Er ist tot. Und sie, geisteskrank, inmitten hochkünstlerisch assemblierten Nippes, erkennt »die Idiotie als die einzig große Idee, der nachzueifern ist«. Mit letzter Kraft entwickelt sie eine Theorie: die »Schule für angewandte Idiotie«. Ausgehend von der Ohnmacht, »sich gegen eine Organisation zur Wehr zu setzen, die unter dem Deckmantel der Intelligenz die Masse mit totalem Terror verängstigt«, postuliert sie: »Minderbemittelten, Schadhaften und Häßlichen sollte nicht geholfen werden, sondern man sollte von ihnen lernen, sich unökonomisch und willkürlich zu verhalten, ... statt für eine bessere Welt zu sterben.« Und dann folgen die Sätze, die Rosa von Praunheim auf das Titelblatt der Zeitschrift *film* brachten: »Schweine, Mörder, diese Bande von Intellektuellen haben mir meinen Mann genommen, die Freude am Besitz gestohlen und mich meiner Lebensaufgabe entfremdet. ... Nieder mit der Intelligenz, es lebe der Tod.«

ROSA ARBEITER AUF GOLDENER STRASSE 2. TEIL setzt den 1. Teil nicht fort. Er ist ein eigener Film, etwa ebenso lang (11 Minuten), aber gedreht im größeren Format (16 mm) und zwanzigmal aufwendiger (2000 Mark Produktionskosten). – Wieder ist der Film vom Bild her angelegt. Nicht mit der Wiedergabe der Handlung, sondern mit der Beschreibung von Räumen und Bewegungen kommt man ihm näher. In den alltäglichen, aber exotischen Wohnzimmern, in denen Praunheims Freunde leben, herrscht jetzt Carla Aulaulu. Mit Gängen, Gesten und mit ihrer Stimme. Begleitet werden die Bilder von einem Kommentar, der einen mehr als losen Zusammenhang von Bild und Handlung herstellt. Die Interpretation des Bildes ist aufgesetzt. Die off-Stimmen geben eine Sprechblasengeschichte zum besten, deren Ernst in Frage steht. Die gewollte Naivität des plots überschreitet mühelos die Grenzen einiger ästhetischer und politischer Tabus. Sie entwaffnet. Und da es Praunheim um die Entrüstung geht, wird das Ziel des Films voll erreicht.

Gedreht hat Rosa von Praunheim den Film mit (Hilfe von) allem, was er um sich herum vorfand. Das war zunächst die Schauspielbühne im heute abgerissenen berliner SDS-Haus. (Er hatte zuvor versucht, dort mit Werner Schroeter und Carla

Aulaulu ein privates Stück öffentlich zu machen. Mit Mißerfolg.) Das war auch die Wohnung des Tänzers Hans Jürgen Saschmilewski. Künstliche Blumen, ausgestopfte Tiere, glitzernde Ketten und sentimentale Bilder sind der Rahmen der Schlußsequenz, die Begründung der Schule für angewandte Idiotie. Ins Bild kommt auch die Wohnung von Klaus Tino S. V. P. (»Klaus Tino S. von Preußen« steht an der Tür). Praunheim, der ihn »in einer homosexuellen Nachtbar« kennengelernt hatte, bewunderte sein Talent, die Schauspielausbildung (an einer Abendschule) für seinen Beruf als Marktschreier zu nutzen (er verkaufte Wunderheilmittel). »Er war doppelt so groß und breit wie ich, und auf seinen Fettpolstern gelangte ich zu ungeahntem sinnlichen Rausch.«[17]

Wirksam ist der Appell des Films, an etwas teilzuhaben, was zunächst ein ungewisses Ziel hat und sich fürs erste im gemeinsamen und spielerischen Überschreiten verschiedener Demarkationslinien erschöpft. Wesentlich ist, daß es dazu weder Programm noch Organisation braucht. Für die Produktion des Films war daher weder Drehbuch, noch Kalkulation, noch besondere Vorbereitung nötig. Rosa von Praunheim lieh sich von Werner Schroeter eine 16 mm-Kamera, die dieser gerade erworben hatte. »Die automatische Belichtung von Werners handlicher Kamera machte das Filmen kinderleicht, und so konnte ich unbeirrt losschießen.«[18] Das Filmmaterial, eine halbe Stunde Agfa, hatte er »geschenkt bekommen«, und damit war das Drehverhältnis (1:3) vorgegeben.

Wie die Bedingungen der Produktion wußte Praunheim die politischen Bedingungen zu arrangieren. »Die zu der Zeit aufblühenden Studentenunruhen inspirierten mich zu einer Mischung aus links- und rechtstendenziellen Inhalten, die später beim Publikum auf beiden Seiten großen Anklang fanden.«[19] Halb-naiv und halb-bewußt zeigt Praunheim sich mit diesem Film als Musterexemplar von Identitätenvielheit. Wahrnehmbar wird das, wenn man sich während des Films einer zunehmenden Verunsicherung bewußt wird. Die Emotionen setzen ein, wenn sich Faszination *und* Ärger mischen – über das rechte Theater für Linke oder umgekehrt. Der Film macht vor, wie es Spaß macht und Mut, sich nicht fassen zu lassen, sich Eingeweihten zu erkennen zu geben, Nicht-Eingeweihte zu animieren und sich von den etablierten Sachwaltern in Kultur und Politik nicht fixieren zu lassen. Der Appell des Films rich-

tet sich an die Minderheiten von 1968, explizit an Terroristen, Geisteskranke und Homosexuelle. Im II. Teil der ROSA ARBEITER war das Programm entwickelt, sich nicht anzupassen, sich auch nicht zu stellen, sondern spielerisch, fantasievoll und rücksichtslos eine eigene gemeinsame Welt zu etablieren – eine neue Schule, die, weil nicht faßbar und unter vorhandene Vorschriften nicht subsumierbar, spaßeshalber die Schule für angewandte Idiotie genannt wurde. Die Schüler erkennen sich an geheimen Zeichen. Das ist der Aufnahmewagen, der versehentlich/vorsätzlich in der Eingangssequenz ins Bild kommt; das ist die täppische Regelung der Schärfeeinstellung; das ist die gestische Exaltation der Auftritte Carla Aulaulus, die einen geheimen Gegensinn offenbaren; die politischen Aussagen verkehren sich im Mutwillen des Films. Was pervertiert, sind die gesellschaftlichen Fixpunkte, die in Praunheims Film zu Spielmaterial werden. Der Film macht den Minderheiten vor, wie sie im Arrangement des Vorhandenen und in den Zwischenräumen gesellschaftlicher, kultureller und politischer Dogmen Lebensmöglichkeiten gewinnen können, hier eine Position besetzend, dort die nächste räumend. Praunheims Programm ist das der Ambivalenzen, Gleichzeitigkeiten und der fortlaufenden Bewegung. Man müßte den Film heute als Minderheitenästhetik begreifen – wenn er nicht den Anspruch erhöbe, gleichermaßen ein Film für die Mehrheit zu sein.
In der Tat verließ Praunheim mit ROSA ARBEITER 2. TEIL das Getto der perversen und sonstigen Minderheit und besetzte das Gelände, das sich den underground-Filmen dieser Jahre (zunächst) verschloß: der Film heimste nach dem Erfolg auf den Kurzfilmtagen in Oberhausen das Prädikat besonders wertvoll ein, bekam eine Kulturfilmprämie und wurde für 7000 Mark vom ZDF gekauft und gesendet. Praunheim hatte einen Freiraum innerhalb der offiziellen Fernsehkultur gefunden und stärkte allüberall im Sendegebiet die Vielfalt der Minderheiten. Den offiziellen Sachwaltern der Kultur – und das spricht für die Effektivität des Films – blieb diese Strategie fremd. Ihnen verschafften die Praunheim-Filme Amüsement. Als ROSA ARBEITER 2. TEIL zusammen mit anderen Filmen 1971 auf der »experimenta« gezeigt wurde, amüsierte sich Rudolf Krämer-Badoni köstlich – besonders über den Vordermann, welcher offenbar zu den »Unerbittlichen« ge-

hörte, »die lieber Rosa von Luxemburg gesehen hätten«, und der ihn bat, das Lachen einzustellen, »worauf ich fast erstickt wäre. Rosa von Praunheim, das ist das Ungeheuerlichste, was ich in meinem ganzen Leben gesehen habe«[20].

Schwestern der Revolution. 1969

Im ersten Teil stapfen zwei junge Männer durch Schutt und Müll einen Abhang hoch. Der Kommentar stellt sie als die Schwestern der Revolution vor: eine Kampftruppe von Homosexuellen, die sich innerhalb der politischen Linken für die Frauenemanzipation einsetzt. Dietmar Kracht gibt der Eva Suffa Obdach; sie ist vom Schicksal geschlagen. Schon zündet sie Feuer im Kachelofen, während Dietmar, im schwarzen Anzug, die Hand in der Tasche, die Arbeitende belehrt: »Es gilt, die Unterdrückung im Privatleben nicht als private zu begreifen, sondern als politisch-ökonomisch bedingte. Es gilt, Privatleben qualitativ zu verändern und diese Veränderung als politische zu verstehen. Dieses beinhaltet, daß der Anspruch auf Glück in gesellschaftliche Aktion eingelöst werden muß. Persönliches muß also identisch werden mit einer Praxis, die jetzt schon mögliche Momente einer zukünftigen Gesellschaft

Schwestern der Revolution

enthält, die sowohl alle Lebensverhältnisse erotisiert, als auch Aggressionen produktiv macht« undsoweiter. – Dietmar spricht den Text sehr schnell. Er hat Mühe damit und muß sich häufig verbessern. Man hört, wie er – der Ton ist asynchron – den Text abliest, welcher, wie Praunheim behauptet, einer Emanzipationsnummer des *Konkursbuches* entnommen ist.[21] – Schwester Dietmar setzt die revolutionäre Flucht mit Carla Aulaulu fort, in entsetzlicher Not über Hunderte loser Planken stolpernd, während der Sturm ihr ins Haar fährt; sie kann als Frau »die Geschichte nur als die Geschichte des Mannes reflektieren«. In der folgenden Sequenz sind es zwei junge Tänzer, die auf regennasser Straße Richtung Kamera flüchten. Sven Buscha, Operettentänzer, zeigt sich im blütenweißen Trikot und gibt damit das Bild ab für den Satz von der »Anpassung des Mannes an die Frau: er spielt die Unterdrückung der Frau nach, die gelernt hat, Lust an ihrer eigenen Unterdrückung zu finden«. – Dann springt Steven Adamczewski in panischer Furcht über ein Eisengitter. Als Ledermann trägt

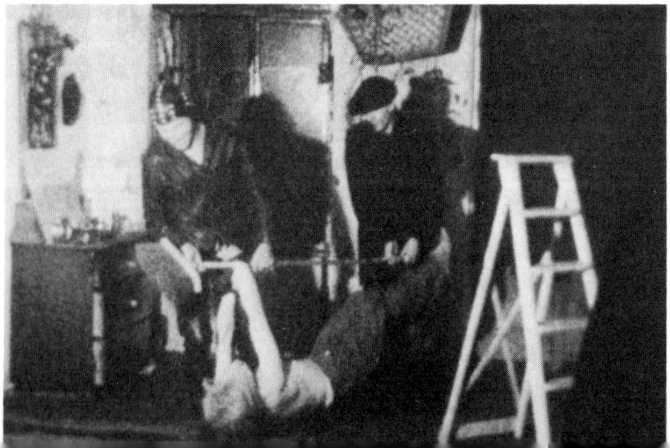

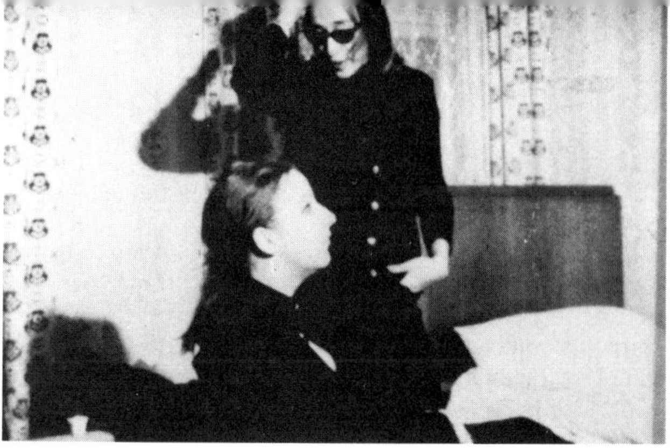

er mit einem zweiten Kampftruppführer an einer Besenstange einen gefesselten halbnackten Körper in einen Ritualraum. Zum lustvollen Bild belehrt der Kommentar: »Entfesselte Sexualität bedeutet Destruktion und Anarchismus. Die Folge einer gewaltsamen Unterdrückung von Sexualität ist die Bindung des irrationalen Triebes an Gewaltsamkeit, Verbrechen, Perversion und Anarchie.« Der unterdrückte, gefesselte und blonde Dietmar Kracht spricht das Schlußwort des ersten Aktes: »Ich will kein Osterhase sein, obwohl ich sensibel und anlehnungsbedürftig bin.« – Der zweite Akt, im Gegensatz zu den beiden andern farbig, entführt uns an die kieler Förde, denn dort ist es, wo Praunheims Tante, Luzi Kryn, lebt. Die reizende kleine Liebesgeschichte beginnt hochdramatisch. Ein femininer Kampftruppenjunge (Werner Schroeter), er hat eine schwarze Sonnenbrille auf der Nase, warnt das junge Mädchen mit dem Madonnengesicht (Alix Buchen) vor den tödlichen Gefahren, die der alleinstehenden Mutter von einem mutmaßlichen Sittentäter drohen: »Ich flehe dich an

als dein einziger Bruder, rette unsere Mutter!« Ein gräßlicher Schrei von fünf Sekunden Dauer folgt. Doch gelingt die Flucht durch den Schneewald. Alix und Mutter (Luzi Kryn) sind gerettet und pflegen mit dem attraktiven Besucher in ihrer Wohnung (Michael Bolze) Konversation. Luzi, im langen hellgelben Nachthemd mit Spitzen und Schleifen, verzehrt sich nach dem Fremden, der vielleicht ihr Mörder ist: »Ich kann den Lebenskampf nicht alleine meistern, ich muß ihn haben, ich brauche Liebe und Frieden.« – Der dritte Akt zeigt ein über-aufgeräumtes bürgerliches Wohnzimmer. Die dürftige Tischlampe ist nicht angeschlossen, die Schnur hängt funktionslos den Fuß hinunter. Carla Aulaulu, ungeschminkt, eine häßliche Strickjacke um die Schultern, läßt sich vom Mann über Ehepflichten belehren: »Der Ordnungswahn ist genauso ein Laster, eine Manie wie Alkoholismus oder Rauschgiftsucht. Dein Inhalt ist der Kult der Dinge für den Mann. Du selbst bist nicht du selbst, sondern der Spiegel dessen, was der Mann über dich denkt« undsofort.[22] Der dritte Akt und damit der Film endet im partnerschaftlichen gegenseitigen Vergeben und Vergessen.

Ein kurzer Spielfilm (20 Minuten). Carla Aulaulu ist als Superstar entthront; neben ihr agieren erstmals Darsteller, die, wie Luzi Kryn, Dietmar Kracht, Steven Adamczewski und Thomas Vassilev, Stars der nächsten Praunheim-Filme sein werden. – Die Inhaltsangabe hier, die knapp genug ist, gibt keinen Begriff von den Filmen, die im Film laufen, sich überlagern und begatten. Beabsichtigt war ein viel längerer, abendfüllender Film. Praunheim hatte auch entsprechendes vielstündiges Material belichtet, gedreht an reißenden Flüssen der Stadt Berlin, an Müllverbrennungsanlagen, an Gleisen, auf Schrottplätzen und Deponien. Das war im Frühjahr 1969. An Geld fehlte es nicht. Das ZDF hatte für ROSA ARBEITER II. TEIL gezahlt. Der Senat kehrte das Ehestands- und -einrichtungsdarlehen an Praunheim und seine Gattin aus. Und außerdem hatte Praunheim von vornherein beschlossen, seine vielen Darsteller nicht zu bezahlen. Letzteres machte hinterher böses Blut, obwohl Praunheim die scheinheilige Gegenrechnung aufmachte, daß er den Mitwirkenden die »Befreiung aus ihren alltäglichen Schwierigkeiten« mittels Dreharbeit geboten habe; »das persönliche Interesse von Amateuren

Schwestern der Revolution

wird durch das Bewußtsein von Arbeit und Geld zerstört«[23].

Das belichtete Material war nichts. Es war alles grau in grau geworden, denn Praunheim hatte einen zu hochempfindlichen Film benutzt. Seine wiederum scheinheilige Selbstkritik: »Meistens handelte es sich um immer die gleichen Fluchtgeschichten, die ich in der Aufregung nicht zu variieren verstand. Begeistert von den Kulissen, drehte ich zu viele unübersichtliche Totalen, idiotische Schwenks und Zooms, statt mich an informativen Detailaufnahmen zu delektieren.«[24] Da half auch das Talent des Regieassistenten nichts (Werner Schroeter).

Der Zwanzigminutenrest wurde jedoch durch die geniale Auswahl des Tons attraktiv. Die Kommentierung, die parallel zum Bild eigene Wege ging, verführte alle, die sich ihre Standpunkte ein wenig verunsichern lassen wollten oder sowieso drauf und dran waren, die Schalen der scheinbar sicheren Dogmen abzuwerfen. Praunheim sammelte mit den SCHWESTERN DER REVOLUTION aufs neue Jünger, die sich – schon im Jahr 1969 – daran machten, aus den Schützengräben des ideologischen Kampfes zu steigen und sich selbst zu Subversionstruppen zu formieren: hinter der feindlichen Linie, in der

Etappe des Feindes, mit ungewissem Ziel und fürs erste zum Selbstzweck.

Der Film erhielt bei der Internationalen Filmwoche Mannheim einen Golddukaten und von der FBW das Prädikat wertvoll. Die Zeitschrift *Filmkritik* setzte im November 1969 Praunheims Namen auf die Titelseite. Enno Patalas ortete dort die SCHWESTERN DER REVOLUTION »jenseits des Jungen Deutschen Films«. Jörg Peter Feurich schrieb in der nämlichen Nummer die erste *Filmkritik*-Kritik über Rosa von Praunheim. Die Emanzipationstexte des Films fanden in den Spalten der damals führenden Zeitschriften ihren Reflex, und Eva M. J. Schmid schrieb drei Jahre später den zentralen Satz: »Beide Damen (Luzi Kryn und Carla Aulaulu) sind Persönlichkeiten von immenser Vitalität. Sie repräsentieren den neuen Typ von Rollen-Trägern in einer neu entdeckten Welt; einer Kultur, die sich – trotz aller Übernahmen – auf plebejische Weise gegen die bürgerlichen Kunst-Klischees zu artikulieren beginnt.«[25]

Mit Carla Aulaulu war es jedoch aus. Praunheim berichtet, daß sie in einem Wutanfall Werner Schroeter beinahe getötet hätte, als sie ihm eine schwere Tontasse an den Kopf warf.[26] Praunheim macht im folgenden Jahr einen Film mit Werner Schroeters Magdalena Montezuma (MACBETH).

Samuel Beckett

Samuel Beckett. 1969

Jemand, der offensichtlich Beckett sein soll, geht, die Aktentasche unter dem Arm, eine berliner Straße entlang. Begleitet wird er auf der Tonspur von einem italienischen Text, der Dantes *Göttlicher Komödie* entnommen ist. Während die großen Worte fallen, rückt die Kamera, akkurat-dokumentarisch, ein Türschild ins Bild (»Mittagstisch von Montag–Freitag 12–15 Uhr«), vor allem aber das Schillertheater. Vor dem erhabnen Bau sitzt Beckett und liest die BZ. Praunheim stellt im off krause Reflektionen an – etwa übers Fehlen eines biblischen Belegs »für die Annahme, daß die Verteilung der [Tier-] Namen Angelegenheit Dantes war«. – Neben der Figur Becketts und dem Text Dantes wird türkische Volksmusik stilbildend eingesetzt; die Sängerin wird mit ostentativem und originalem Beifall bedacht.
SAMUEL BECKETT ist das Experiment, fremde Stile zu verkuppeln. Zum erstenmal schloß Praunheim seinen eigenen, exotisch-privaten Bereich aus. Die emotionale Temperatur des Films ist entsprechend gesunken. Der Einsatz von Kamera (Daniel Schmid) und von Text und Ton (Werner Schroeter) mutet eher professionell an. Die Inhalte von Bild und Ton kommen jedoch exotisch-naiv zusammen (Dante und die BZ, Beckett und die türkische Folklore). Diese Kontakt-, um nicht zu sagen: Kontaminations-Idee (Rosa von Praunheim) hat wohl auch die Funktion gehabt, Praunheim, Daniel Schmid und Werner Schroeter mit den Professionellen vom SFB (Redaktion: Dagmar Fambach) zusammenzubringen. Sicherlich ist SAMUEL BECKETT auch als strategisches Experiment gegenüber den Fernsehanstalten und ihren Grenzen anzusehen. Die Grenzüberschreitung glückte zur Hälfte. Von zwölf Minuten Film sendete Produzent Sender Freies Berlin knapp sechs Minuten.
Der Film hatte die Funktion gehabt, eine neue Nische im offiziellen Kulturapparat ausfindig zu machen. Und letzterer ließ sich das wiederum widerstrebend, aber gern gefallen. Mit SAMUEL BECKETT konnte sich das Fernsehen wieder eine bunte Feder an den Hut stecken. SAMUEL BECKETT ist Bewegungsstrategie, kein bleibendes Werk.

Macbeth Oper von Rosa von Praunheim. 1970

Das Libretto ist bekannt. Lady Macbeth (Magdalena Montezuma), vom Ehrgeiz besessen, stiftet ihren Mann, den Feldherrn (Volker Eschke), zum Mord an König Duncan (Berryt Bohlen) an. Macbeth, jetzt selbst König von Schottland, verliert ob der Tat den Verstand. Das Ende ist unabwendbar. Jeder am Hof sieht es kommen. Höfling Ros (Rainer Kranich) verfällt in einen Rezitationsgesang: »Macbeth is ripe for shaking, and the powers above put on their instruments.« Ein schottischer Edler im Range eines Jugendlichen Heldentenors (Steven Adamczewski) vollzieht das Schicksal; im Zweikampf erschlägt er den Mörder-König.

Der Film zeigt die erlösende Tat 900 Jahre später auf einem berliner Schneefeld. Macduff zückt ein selbstgeschnitztes Holzschwert. Freilich erkennt man es nicht, da diese Sequenz unscharf belichtet ist.
Das Fernsehen (WDR) hatte, ermutigt durch die Aufbruchsstimmung des Jahres 1969, dem mittlerweilen berühmt/berüchtigten Jungfilmer Praunheim eine Großform bürgerlicher Kultur als Operationsfeld zur Verfügung gestellt: die Oper. Mit ganzen 40000 Mark Fernsehgeld drehte Praunheim nach eigener Partitur den Film auf eigene Weise. Wie bei der echten Oper machen auch hier nicht das Libretto, sondern Ton und Bild den ästhetischen Sinn. – Praunheims Partitur ist genauer als die Handhabung eines Tonbandgeräts zu definieren, mit dessen Hilfe der Opernmacher Stimmodulationen der exzessiven Art festzuhalten wußte. Musik gibt es in diesem Film nicht. Selbst wenn König Duncan, den Busen banger Ahnung voll, mit zagender Stimme eine alte Volksweise singt, fehlt die sich anbietende Blockflöte oder der Dudelsack.
Wenn Macbeth mit seiner spezifisch hohen Stimme sein »I – have – done – the – deed« rezitiert/moduliert, muß man, um das äußerste Maß der do-it-your-self-Ekstase zu begreifen, sich die schwarz-weißen Kontraste des Bildes vor Augen halten. Eschkes nackter Körper ist vor der schwarzen Wand sehr weiß; der blut'ge Dolch ist neben der spitzen Stimme das einzige Requisit, diese Kontraste zu durchstoßen. Bild und Ton finden sich im schrillen Ausdruck, in einer glücklichen Intensitätssynchronität.

Macbeth

Vor der schwarzen Wand ist das weiße Gesicht der Lady Macbeth sehr nah. Ihr schwarzes Kostüm verfließt mit dem Hintergrund. Ihr Klage-Schrei-Gesang in den Steinen der alten Kultstätte Stonehenge treibt das Wort O-u-t, sich jagenden brechenden Wellen gleich, in den Maelstrom des Verderbens. Die Lady steht auf einem Felsenriff bei Plymouth. Die Kamera unterstreicht den drohenden Untergang. Sie kippt den Ho-

Macbeth

rizont in die Schräge. »Come«, schreit die Stimme in den wahnsinnigsten Kurven; dann guckt die Kamera unter den Beinen der Lady Macbeth hindurch; sie steht gespreizt auf den Klippen, dunkel gurgelt das Wasser hindurch: »Come – to bed.«

Die Stimme, die aus den Kontrasten zwischen dem Schwarz und Weiß des Bildes ihre Spannung bezieht und hält, findet ihren Platz in der Statik der Kameraeinstellungen. Zwischen Totalen und Großaufnahmen findet die Kamera – nichts. MACBETH ist der ruhigste Film Praunheims – als Bild. Und gleichzeitig einer der höchsten Intensität. Er hat seine Stimmungslage in einem unverwechselbaren Bild-Ton-Raum gefunden. Wobei man, statt von einer spezifischen Ästhetik, lieber von der erfolgreichen praunheimschen Taktik sprechen sollte, vorgefundene oder offerierte Gegebenheiten zum Schauplatz eigener Lebensinhalte umzufunktionieren und die Erwartungen der Offiziellen dadurch zu düpieren, daß er deren schön/schlimme Befürchtungen noch übertraf.

Vorgefunden sind die Schauplätze in Berlin (Innenaufnahmen, das Schneefeld), in Plymouth und in Südengland (Stonehenge, Corfe Castle, Menac Theatre [Cornwall]). Das alte Schauerdrama wird von realen Drehplätzen eingeholt – und

Macbeth

von jungen Darstellern, die offensichtlich von heutzutage sind. Und die Macbeth-Oper ist von einem usurpiert, der keinen einzigen Ton schrieb. Stimm-Werkstatt war das Badezimmer der Sekretärin Lynn French aus Stratford-on-Avon. Dort unterwarf Praunheim die kraftvolle Sekretärinnenstimme einem Spezialtraining, und der Regisseur erinnert sich, wie das Stimmopfer des öfteren in die Wanne fiel, da sie zu viel Luft schluckte.[27] Magdalena Montezuma ist im MACBETH-Film nicht zu hören. Sie agiert zum playback der French-Stimme auf die grandioseste Weise. Hinter jeder Felskante darf man das Tonbandgerät vermuten, das während der Aufnahmen die Wahnsinnsmodulationen von sich gab.
Die konventionellen Hör-Bilder einer Opernmusik werden von Praunheim barbarisch zerstört. Doch gleichzeitig wird auf die unterhaltsamste Art deutlich, daß er lediglich die Zerstörung vollstreckt, die in den Kompositions- und Marktgesetzen dieser Musik angelegt ist. Welche sich, zickig, der Verwendung durch unbefugte Hände wie denen Praunheims widersetzt: als Standesbarriere standen und stehen dem die GEMA-Gebühren entgegen. Das Geld konnte der Filmmacher für solche Produktion nicht aufbringen. Es blieb ihm nichts anderes übrig, als die Funktion eines nichtmusikali-

Macbeth

schen Opernmachers zu übernehmen – falls er sich von den Freuden und Wonnen dieses Medienbereiches nicht ausgrenzen wollte.

Freilich ist der Opern-Ton nicht allein als Akt der Not und Verteidigung zu erklären. Praunheims Umgang mit der Filmtechnik zeigt deutlich Aggression gegenüber dem Medium. Musterbeispiel eines koketten Sadismus' ist die technische Verstümmelung der Schlußsequenz: der Zweikampf Macbeth/Macduff auf dem berliner Schneefeld. Nichts sieht man von den so sorgsam selbstgeschneiderten Kostümen, da der Kameraassistent trotz genauer Anweisungen, die Praunheim erteilt haben will, die Belichtung falsch eingestellt hatte. Darüber hinaus, so erinnert sich der Regisseur weiter, habe das Kopierwerk das Material falsch entwickelt. Praunheim will sodann bemüht gewesen sein, das grausige Material den Verbesserungsbemühungen der Lichtbestimmer zu entziehen und es dem Herrn Arweiler vom WDR zwecks Abnahme vorzuführen. »Er empfand das Werk als eine Schändung und Zumutung. Als Antwort fiel ich vor Erregung vom Stuhl, als ich meinem Gegenüber vor Wut gerade eine Gabel in den Bauch stechen wollte.«[28]

Die Anekdote ist lehrreich. Der TV-Souverän, der gönnerisch/herablassend einen Freiraum gewährt, wird vom Bedachten genarrt, der mit dem *Klischee* der Leutseligkeit zu spielen weiß. Der Hofnarr erklärt bad technic beautiful, und der Herrscher hat die Beweislast. – Praunheim erläutert seine Vorwärtsverteidigung: »Macbeth ist ein faschistischer Film. Der Kinosaal wird zum KZ. Der Zuschauer soll mit einer historisch grausamen Struktur bekannt gemacht und psychisch vergewaltigt werden. ... Für mich bedeutet der Film Sprachanalyse, Wörter ohne Sinn und Verstand, die jegliche Toleranz in Frage stellen.«[29]

Die Uraufführung des Films im Herbst/Winter 1971 im new yorker Anthology Cinema provozierte eine »Stuhlreihe alter jüdischer Damen mit fantastischen Topfhüten« (Praunheim) und führte zum Skandal. Im Katalog der »documenta V« setzte Praunheim die Provokation fort. Zur Aufführung des Films im kasseler Avantgardezentrum erklärte er heuchlerisch-selbstkritisch: »Ich möchte mich deutlich als schlechtes Beispiel dokumentiert wissen, allzu schnell von einer dankbaren Kulturindustrie als freischaffende elitäre Tunte isoliert,

Macbeth

bald in Wettbewerb und Rivalität zerschlissen und als Alibi für eine unmenschliche Gesellschaft bewundert.«[30]
Dem *Münchner Merkur* war die Lady Macbeth des praunheimschen Films eine spaßige »wilde Grab-Jodlerin«[31]. Der elitären Monatszeitschrift *Filmkritik* sah der Film »wie zur Aufbewahrung von Träumen erfunden aus: ... ein Silberton von historischem oder Stummfilmmaterial, ein Grau aus Räumen, durch die der Wind geht, das Relief-Schwarzweiß aus Fläche und hellem Körper, wie man es aus Stummfilmpornos kennt«[32]. Dann zeigte Praunheim seinen Film staunenden Asiaten in Saigon und – während des indisch-pakistanischen Krieges – in Kalkutta. Was denn auch das Ende der MACBETH-Rezeption war.

Die Bettwurst. 1970

An der schönen Kieler Förde lernen sich Luzi und Dietmar kennen. Das Liebespaar ist ungleich: sie ist eine üppige Sekretärin in den besten Jahren, er ein Hilfsarbeiter aus Berlin, jung noch und schon mit krimineller Vergangenheit. Dem ungleichen Paar steht die kleinbürgerliche Welt offen. Selig genießen sie die Wonnen des »beliebten Ausflugsorts mit Tanz«, und zu den Klängen der Hammondorgel (»Das schöne Mädchen von Seite 1, das will ich haben und weiter keins«) probieren sie einen Tanz inmitten der Rentner und Hausfrauen und in Gesellschaft eines dreijährigen Mädchens, das die großen Ereignisse mitgenießt. Stolz führt Luzi ihrem neuen Freund den Schrebergarten vor. Das alte Plumsklo hat sie, sehr praktisch, in einen Geräteschuppen umgerüstet. Der Weihnachtsbaum ist noch nicht angewachsen und muß gegossen werden. Und dann verschweigt sie auch die Sorgen nicht: die Grasaussaat will nicht aufgehen. Doch Struppilein verscheucht die bösen Gedanken. Brav gibt er Frauchen die Hand, und schon guckt Luzi triumphierend in die Kamera. – Luzi ist stark und strahlend. Alles wendet sich ihr zum Guten. In ihrer tipptopp aufgeräumten Wohnung zeigt sie dem Geliebten die Fotoalben. Muttchen im Sarge! Luzi betend davor! Das Klischee beseitigt alle Probleme. Die Liebesnacht kann beginnen. Unterm von innen beleuchteten Jesusbild räkelt Luzi sich in rosa Reizwäsche. Luzi: »Dietmar ich liebe dich, ich liebe dich.« Dietmar: »Es war Liebe auf den ersten Blick. Ich will immer, daß du bei mir bleiben sollst. Es muß immer so bleiben wie heute. Luzi, du bist die erste Frau –« Luzi: »Ich liebe dich.«

Die Bettwurst

Die Bettwurst

Dietmar: »– die ich so liebe.« Luzi: »Ich liebe dich.« Dietmar: »Die erste Frau, deine Haare und alles, deinen Busen und alles.« – Aber bittere Vergangenheit schleicht sich ein. Dietmar: »Die Leute haben zu mir gesagt: ›Hitler hat vergessen, dich zu vergasen.‹« Luzi zückt den Lippenstift und findet sowohl Trost als auch das richtige Wort: »Ist ja furchtbar.« – Einem Duschbad folgt die Einweihung in die Rituale des Staubsaugens. Luzi: »Dieser Teil ist zum Klopfen, dieser zum Bürsten, dieser, um Rillen und Ritzen sauber zu machen, dieser für den Boden.« Dietmar setzt das Gerät in Tätigkeit und trällert: »Ich weiß, es wird einmal ein Wunder geschehn.« Und schon ist alles sauber für den geschmückten Tannenbaum. Dietmar packt sein Geschenk aus: »Oh, eine Bettwurst, die habe ich mir schon immer gewünscht. So eine schöne Bettwurst, ich danke dir, Luzi. Du bist so gut zu mir.« Die Kamera zoomt ziemlich ruckend auf die Weihnachtsbaumspitze, und dann ist Schluß mit der Abbildung der Kleinbürgerklischees (oder besser: mit der Anweisung, sich ihrer zum eigenen und fremden Vergnügen zu bedienen). Was folgt, ist ein Medienklischee. Die action kommt. Praunheim bedient sich der Rituale des Kinothrillers. Kriminelle Exfreunde (darunter Steven Adamczewski) entführen Luzi und würgen sie. Krimimusik. Nahtlos fügt sich das Klischee des Großen Theaters ein. Stockend aber passend memoriert Dietmar Shakespeares *Macbeth:* »Ist das ein Dolch, was ich vor mir erblicke, den Griff mir zugekehrt. Oder bist du nur ein Dolch der Einbildung?« Letzteres scheint der Fall zu sein. Denn das Bild zeigt, wie er eine Pistole aus der Schublade kramt. In einer dramatischen action-Szene erschießt er die Gangster an den Strandbuhnen und entflieht mit der geretteten Geliebten über eine Jungviehweide zum Privatflugplatz. Das happy end ist die logische Folge. In der letzten, langen Einstellung zieht jemand

Die Bettwurst

das einmotorige Flugzeug aus der Einstellung, und das Bild bleibt leer. Das Klischee lädt zur nächsten Besetzung ein.

Praunheim hat den Film zehn ganze Tage lang für 50000 Mark ZDF-Geld gedreht. Besetzt hat er die Rollen mit der Tochter der Schwester seines Großvaters väterlicherseits, nämlich mit Lucy (um die korrekte Schreibweise zu notieren) Kryn, sowie mit seinem Freund Dietmar Kracht. Die 16 mm-Arriflex-Pilottonkamera war vom Kameraassistenten Bernd Upnmoor organisiert, der auch den Ton machte. Die Drei-

Minuten-Rollen wurden jeweils in einem Stück gedreht. Das gab Luzi und Dietmar Zeit, sich ein- und auszuspielen – und doch nicht Zeit genug. Praunheim berichtet vom Gefühl der beiden, im Film nicht richtig zu Wort gekommen zu sein.

Beide spielen sich selbst, das heißt sie treiben sich im Film (mittels des Films) ins äußerste. Luzi, nach dem Krieg aus Zoppot ausgewandert, reüssierte an der kieler Universitätsklinik als Sekretärin. Dietmar, von Stiefeltern und Heimerziehern terrorisiert, fand im kriminellen Milieu Trost. Der BETTWURST-Film, schon länger geplant, hatte sich verzögert, weil Dietmar, auf der Flucht vor der Schwester eines Freiers, beim Sprung aus dem 1. Stock eines Hauses beide Arme und Beine brach.

Gedreht hat Praunheim den Film in der kieler Wohnung seiner Tante. An der Ausstattung brauchte er nichts zu ändern. Auch nichts an den Dialogen, die Luzi und Dietmar vor der Kamera improvisierten. Der Film ist (bis auf den Thriller-Schluß) authentisch. Man könnte ihn einen Dokumentarfilm nennen. Und doch ist er ein solcher nicht. Denn allzu ostentativ und kokett-naiv spielen die Darsteller ihre eigenen Rollen. Luzis Blicke in die Kamera verderben das Dokument. Sie gibt sich nicht als Objekt her.

Der Verstoß gegen die heilige Regel der Filmaufnahme (Nicht in die Kamera gucken!) verstört und betört den Zuschauer gleichermaßen. Die Direktheit des Augenkontakts ist ästhetisch nicht vermittelbar, etwa als geplante Provokation. Zu offensichtlich ist, daß den Hauptdarstellern dergleichen nicht in den Sinn kommt. Die Kamera ist ihnen lediglich Stimulanz, sich zu entfalten. Die Aufnahmetechnik ist ihnen dienlich, nicht uns. Keine Frage, daß sie nicht vorhaben, sich unseren Erwartungen anzupassen. Da sie ihre eigene Rolle spielen, ist ihnen die Rolle, die sie für andere spielen, schnuppe.

Grade durch diese Nicht-Anpassung wird jedoch das Medium selbst bewußt – und die Rolle, die der Zuschauer innerhalb der Klischees spielt, in denen er sich selbst befindet. Die BETTWURST bietet ein nicht nur für das Jahr 1970 radikales Nicht-Anpassungs-Konzept. Während sich damals in der Kultur-Szene das Gegen-Klischee des Aussteigers entwickelte, der zur (klein-)bürgerlichen Ordnung auf Konfrontationskurs ging (wie man 1984 weiß: mit mäßigem Erfolg), schlugen die BETTWURST-Darsteller einen anderen Kurs ein. Die Fahrt

ging durch die Klischees hindurch, nicht von ihnen weg. Die Inbesitznahme und Intensivierung der Konsumwelt der 70er Jahre traf den Spießer ins Mark. Die unverschämte Privatisierung der schönen Dinge dieser Welt (von Woolworth bis Hertie) zeugte von einer Position der Stärke. Das, vielleicht, ist das Geheimnis des BETTWURST-Erfolges. Während 1970 die nichtangepaßten Aussteiger die Position der Angst einnahmen, sich bürokratisch genau abgrenzten und ein unersättliches Legitimationsbedürfnis entwickelten, zeigen Luzi und Dietmar Mut und beziehen alle Dinge ein: von Hitlers Judenvergasung über Shakespeares *Macbeth*-Monolog (Dietmar hatte die Rolle für den MACBETH-Film gelernt, aber er sprang, wie gesagt, aus dem 1. Stock) bis zur rosa Reizwäsche. Und es gibt keinerlei Anlaß, dafür Strategien zu entwickeln.
Praunheim stimmt sich ihnen ein, indem er im Schlußteil des Films seinerseits vormacht, was es heißt, von einem Medienklischee wie dem action-Film Besitz zu ergreifen. DIE BETTWURST reizt zur Nachahmung. Sie macht Mut und appelliert – unausgesprochen – an Minderheiten, an Praunheim »als Schwulen, Künstler und schöpferischen Menschen«, an die

Die Bettwurst

Frau (Luzi), an den Asozialen (Dietmar) und an alle anderen. Das Programm ist human und einfach, und wenn es nicht zu bürgerlich-begrifflich klänge, müßte man es ein Minderheitenprogramm nennen.
Das Spezifische dieses Konzepts ist jedoch, daß BETTWURST-Darsteller und -Regisseur sich nicht in Randschichten, gar den Underground abdrängen lassen, sondern fröhlich und zentral durch die Mitte des Bürgerlichen gehen. Luzi Kryn läßt sich noch heute in Kiel als Star (und nicht als Super-Star) feiern. Dietmar Kracht ist durch den Film mit Erfolg den Zwängen und der Repression im kriminellen Milieu entfremdet worden (sagt jedenfalls Rosa von Praunheim). Während des Films ist mit den Augen zu sehen und mit den Ohren zu hören, daß die beiden Hauptdarsteller die Filmaufnahmen für sich auszubeuten wußten.
Es würde nicht erstaunen, wenn die Repräsentanten der Mitte das Konzept des Films als Unverschämtheit empfanden. Als »grausam« und »peinlich« empfand ihn in der Tat der berliner *Tagesspiegel*[33]. Doch davon abgesehen, stieß der Film, der die politischen Barrieren abgeschafft hatte, auf freudige Zustimmung in allen Presselagern, gerade auch auf der Rechten. Das Springer-Blatt *Funkuhr* jubelte nach der ersten Fernsehsendung: »Für Millionen ein Lachschlager« und forderte eine Wiederholung für die 20-Uhr-Zeit[34] (Sendezeit war 22.45 Uhr gewesen). »Auch das nicht-kommerzielle Kino hat seine Meister, ihr größter in Deutschland: Rosa von Praunheim«, stimmte die konservative *Frankfurter Allgemeine Zeitung*[35] ein. In der *Süddeutschen Zeitung* fand Günther Pflaum im BETTWURST-Film dagegen Soziologisches, nämlich »eher das Protokoll der Verkümmerung sozial unterprivilegierter Menschen durch ihre Lebensbedingungen«[36], während *Film + Fernsehen* Pädagogisch-Ästhetisches entdeckte: »Wie Form frei macht«[37].
Breitenwirkung hatte DIE BETTWURST. Günter Herburger leitete daraus in einem Brief an Praunheim, geschrieben am Tag nach der Sendung, den Wunsch ab nach »noch vieler solcher ›Filme für Kioske‹. Ich meine, man sollte sie wie Heftchen an Kiosken kaufen können.« Wenige Stunden nach der Sendung hatten Peter Lilienthal und sein Freund Ingo in einem Telegramm an Rosa von Praunheim die allgemeine Meinung formuliert: »Wir umarmen dich!«

Nicht der Homosexuelle ist pervers, sondern die Situation, in der er lebt. 1970

Die sowohl exemplarische als fragwürdige Geschichte vom schwulen Daniel (Bernd Feuerhelm). Seine Stationen sind Sentimentalität, Luxus, Strandbad, Park, Klappe – und die rettende Kommune. – Daniel, frisch in Berlin, trinkt mit Clemens (Berryt Bohlen) Kaffee, sie kopieren die bürgerliche Ehe. »Schwule wollen nicht schwul sein, sondern so spießig und kitschig leben wie der Durchschnittsbürger. Schwule fordern vom Schwulen, ein Ästhet zu sein. Da die Schwulen vom Spießer als krank und minderwertig verachtet werden, versuchen sie, noch spießiger zu werden, um ihr Schuldgefühl abzutragen mit einem Übermaß an bürgerlichen Tugenden. Ihre politische Passivität und ihr konservatives Verhalten sind der Dank dafür, daß sie nicht totgeschlagen werden. Nicht die Homosexuellen sind pervers, sondern die Situation, in der sie zu leben haben.« (Filmkommentar) – Vier Monate später. Daniel zieht zu einem reichen, älteren Mann (Ernst Kuchling) in die Grunewaldvilla und lauscht dem Hauskonzert: »Kennst du das Land«, die Arie der Mignon aus der Oper von Ambroise Thomas. Der Filmkommentar erinnert an den Klavierspieler Heydrich. »Solange Bildung und Kunst ein Mittel der Reichen und Mächtigen ist, über die menschlichen und wirtschaftlichen Schwierigkeiten auf der Welt hinwegzutäuschen, sind sie radikal abzulehnen. Gerade den reichen Schwulen ist die Hilflosigkeit der Unterdrückten gerade recht, um sie besser ins Bett zu bekommen. Sie sind faschistisch, wie Träume es immer sind. – Daniel entflieht dem Luxusbett, um die Freuden der Konsumwelt zu genießen. Seine Arbeit als Kellner im Schwulencafé (man erkennt das ehemalige Moby Dick in der Grolmannstraße) verschafft ihm »interessante Gespräche über Film, Mode und Körperpflege« mit den dort verkehrenden Freizeitschwulen (man erkennt Dietmar Kracht). Auf der Wannseeterrasse Deck 4 läßt Daniel sich eincremen. »Trotzdem haßt ein Schwuler den anderen, denn er sieht in ihm sein eigenes Unglück. Statt gegen eine Gesellschaft zu kämpfen, der sie ihr Unglück verdanken, geben sie sich lieber selber die Schuld.« – Zwei Jahre später findet Daniel schnellen Sex auf der Straße und in Nachtlokalen. »An jeder Ecke bieten

8 KODAK SAFE.TY
7 KODAK SAFE.TY
6 KODAK SAFE.TY

Schwule sich wie Nutten an.« Mit einer Rose im Eingang einer Kneipe steht ein Partner (Manfred Salzgeber). »2000 wechselnde Sexualpartner im Leben eines Schwulen sind oft der Ersatz für den einen«: der Kommentar zur Fassade des Kleist-Casinos. Die Kleist-Quelle und die Haci-Bar am Savignyplatz kommen ins Bild, während der off-Sprecher für die Tunten plädiert: »Sie sind nicht so verlogen wie der spießige Schwule.« Die Musik stimmt sich ein: »Was ist das Ziel in diesem Spiel, das der Natur gefiel.« – Das Schwulsein wird zur Sucht. Daniel trifft im Park (es ist der Volkspark beim RIAS) mit exotischen Lederleuten von der Sadomasoszene zusammen, einer ist als Steven Adamczewski zu erkennen. »Ähnlich wie bei den Nazis, in Cowboyfilmen und beim Militär sehnen sich die Ledermänner in eine Welt der Gewalt.« Es herrscht konzentrierte Stille. Die he-Schwulen befingern Ketten, Ringe, Reißverschlüsse: »Sexuelle Hilfsmittel«. – Daniel sinkt zum Pißbudenschwulen hinab. In den Klappen erfährt er, daß Stricher und Rocker die Schwulen hassen. Auf der Straße möchten die Passanten Schwule vergasen und kastrieren. Daniel sucht Trost in der Transvestitenkneipe (Ellis Bierbar): »Ja, ich bin die tolle Frau von der Tingeltangelschau«. Paul nimmt ihn in die schwule Wohngemeinschaft mit. Nackt läßt sich Daniel von den emanzipierten Schwulen ein Manifest vortragen (es ist von Martin Dannecker theoretisch abgesichert). Dieses will »den Pißbudenschwulen und Parkfickern helfen, aus ihrer beschissenen Situation herauszukommen«. Disziplin und Moral sind erforderlich, bewußt »schwuler zu werden« und »mit den Negern der Black Panther und der Frauenbewegung gegen die Unterdrückung von Minderheiten zu kämpfen«.

Mit dem Aufruf »Werdet stolz auf eure Homosexualität! Raus aus den Toiletten, rein in die Straßen! FREIHEIT FÜR DIE SCHWULEN!« hätte der Film sein happy end, wenn nicht zu den starken Worten die abgebildeten jungen Männer ein allzu hilfloses Bild böten. Mit bürgerlichen Tunten ist keine Revolution zu machen. Hatte dies der Film nicht zuvor ausgiebig zu beweisen versucht?
Darf man nun lachen oder nicht? Der analytische Filmkom-

mentar ist offensichtlich parodistisch und ernstgemeint in einem. Ernsthaft vorbereitet hat Praunheim Film und Text bereits im Jahr 1969, zusammen mit dem ambitionierten Taxenfahrer Sigurd Wurl. Das war das Jahr, in welchem der § 175 des Strafgesetzbuches fiel und damit die Kriminalisierung der *widernatürlichen Unzucht* unter Männern. Mit den ersten Aufführungen des Films, 1971, begann die Schwulenbewegung in der Bundesrepublik. Praunheims Schwulenfilm und seine Ausstrahlung im Fernsehen (1972 im 3. Programm des WDR, 1973 im 1. Programm – außer Bayern –) ist als Ereignis mit dem 26. Juni 1969 zu vergleichen – dem Tag, als sich in der new yorker Stonewall Bar zum erstenmal Schwule (gegen die Polizei) zur Wehr setzten – auf der Christopher Street, deren Namen zum Inbegriff der schwulen Freiheitsbewegung wurde.

Der Vergleich führt jedoch nicht weiter. Denn erstens hat Praunheim während der Produktion von NICHT DER HOMOSEXUELLE nicht von den Vorgängen im fernen Amerika, wie er beteuert[38], gewußt. Und zweitens richten sich seine vehementen Attacken nicht gegen fremde Unterdrücker – wie gegen die Heterobullen in der Stonewall Bar –, sondern gegen das eigene Lager. Die Situation, in der der Homosexuelle lebt, ist hausgemacht: das ist die These des Films. Praunheim trat als Nestbeschmutzer auf. Verwirrung, Empörung, Bestürzung im Schwulenlager war die Folge, aber auch Bewegung, Aktion, coming out und Solidarität. Rückblickend zeigt sich, daß der Schwulenfilm etwas bewirkt, ja Epoche gemacht hat. Er ist »mittlerweile legendär«[39].

Die kämpferisch-pathetischen Manifestsätze des Films verlieren angesichts der professionell-kühlen Bilder Robert van Ackerens ihre Verbindlichkeit und werden selbst eins der Phänomene, die der Film beschreibt: der analytische Berufsschwule ist *eine* der vielen Facetten, die den Reichtum des Films ausmachen. Der Film unternimmt Unvereinbares (Wirkliches/Fiktives, Beschriebenes/Analysiertes, Dokumentiertes/Inszeniertes) und gewinnt doch Balance und Authentizität in der vorsätzlichen »diffusen Künstlereinstellung« (Praunheim) des Filmmachers. Indem dieser Material organisiert, das er quasi als Feldforscher gefunden hat, macht er sich gleichzeitig zum Gegenstand der Beschreibung selbst. Der Film funktioniert, da Praunheim die Vielfalt der Daniel-Identitäten ist; der Film, den Gesetzen des Zeitablaufs gehorchend, führt sie nacheinander vor. Der Lederfreund, der Antiquitätenhändler-Freund: das privat Vorgefundene wird im Film öffentlich gemacht. Praunheim selbst wird öffentlich. NICHT DER HOMOSEXUELLE ist sein coming out. Seine Eltern, so berichtet er[40], erfuhren erst durch den Film, daß ihr Sohn homosexuell ist. Gerade weil die Modelle des Schwulenfilms auch Travestie sind – das politische Pathos in rosa Licht getaucht wird –, die schlimmsten Heteroklischees über die Welt der Perversen bestätigt und gleichzeitig zerstört werden – Bild und Ton einander zum Zeugen aufrufen und dementieren –: gerade in dieser überreichen Widersprüchlichkeit stellt sich etwas her, was – in der Person des Filmmachers – wirklich ist, authentisch, lebendig und menschlich. Mit anderen Worten: der Film sprach, nachhaltig, an.

Denn Praunheim reagierte als Betroffener, der persönlich erfahren hat, was im Schwulenlager Selbstunterdrückung bedeutet, Selbsthaß und Schuldgefühle. Der Film tut grad nicht, was in dieser Situation sonst als wohlfeiler Ausweg dient, nämlich den Schwulen als Opfer der (Hetero-)Gesellschaft hinzustellen und über die Diskriminierung von außen zu klagen. Statt dessen soll Praunheims aggressive und provozierende Selbstkritik aus der schwulen Subkultur hinaushelfen. Gegenstand der Kritik ist damit der schwule, verlogene, anpassungswillige Kleinbürger, der sich vom kommerziellen Sexgetto bereitwillig aufs Sexuelle reduzieren läßt, gesprächsunfähig wird, Gefühl und Kommunikation verliert und mit Lust sich selbst gegenüber repressiv verhält, obwohl die alte Unterdrückung durch die Gesellschaft längst ihre Wirksamkeit verloren hat. »Die Situation, die die Schwulen in Clubs und Saunen treibt, das eben ist die schizophrene Subkultur« (Praunheim).

Praunheim reibt sich mit seinem Film als Minderheit in der Minderheit an der schweigenden Mehrheit konservativer und reaktionärer Schwulengesinnung. Er will das (schwule) System verändern, dessen Teil er bleibt. Das gewährleistet in der Tat intensive Lernprozesse. Zu lernen ist etwas aus der schwulen *Wende,* die Praunheim schon im Jahr 1970 konstatiert. Das ist für ihn die Änderung des schwulen Rollenverhaltens:

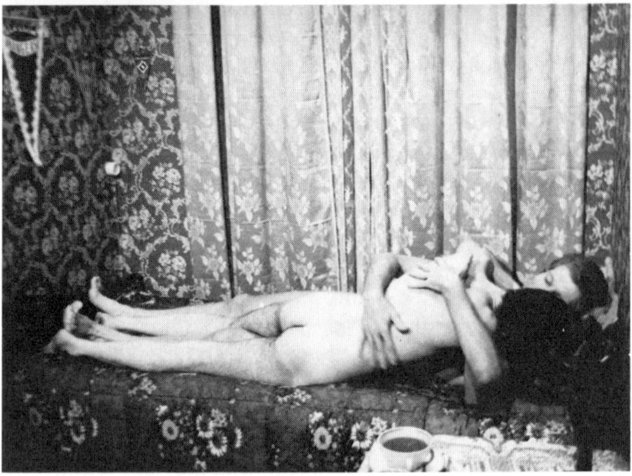

vom femininen zum maskulinen Ideal, nämlich von der Tunte, deren Gebaren Protest gegen die Rollenerwartung war, zum Lederschwulen, dessen Gebaren Anpassung (Überanpassung) an die Repressionsmechanismen der Gesellschaft sind. Glaubt man dem Film, haben die Schwulen damit selbst ihre Situation ins politisch Perverse verkehrt, ins Reaktionär-Faschistische. Der Film setzt gegenüber dieser Wende heilsam Aggressionen und Selbst-Haß frei. Schluß mit der Augenwischerei des »Schwul ist gut und fick, bist du die Hepatitis kriegst« (Praunheim)[41]. Statt dessen verraten im Film die Karikaturen und Stereotypen, werden sie nur genug freigelegt, ihren Mechanismus. Vergessen wir nicht, daß zu den Stereotypen auch der Kommentar selbst gehört; die hohe Stimme Volker Eschkes sagt neunzigmal »schwul«, und das war vor vierzehn Jahren ein Wort, das Emotionen freisetzte, böse vor allem. Auch die schwule Subkultur fühlte sich getroffen. Was eben der Film bezwecken wollte.

Da Praunheim mit diesem Film auch sich selbst treffen wollte, oder doch eine seiner Identitäten, ist der Film gleichzeitig eine einverständliche Beschreibung der berliner schwulen Subkultur. Dieser Aspekt macht das Entertainment aus, das den Film der Eindimensionalität dogmatischer Indoktrination enthebt. Wahrscheinlich ist es der Unterhaltungswert, der den Film schließlich doch in die Fernsehprogramme hievte. Hofnarr von Praunheim – ein bis zwei Narren hielten die höfisch-rechtlichen Anstalten damals aus – stellte sich und seine Szene dort mit deutlicher Resonanz aus, wobei er durchaus auf die Ausgewogenheit zwischen Botschaft und Parodie achtete. Die ersten Sequenzen des Films hatte er sowohl mit Bernd Feuerhelm als auch mit Dietmar Kracht gedreht, noch unentschieden, wer die Rolle des Daniel spielen sollte. Schließlich nahm er Bernd Feuerhelm, um das parodistische Element zu mäßigen. Es ging ihm darum, den Freiraum politisch zweckmäßig zu nutzen, den ihm die Aufbruchsstimmung jener Jahre verschafft hatte, konkreter: der Dramaturg der Produktionsfirma Bavaria in München, Werner Kließ. Dieser, zuvor Redakteur der Zeitschrift *film* und Praunheim-Rezensent, hatte die Möglichkeit der Produktion »eines Homosexuellen-Films« erkannt (Etat: 250000 Mark).

Das Unschickliche und Ungeschickte des Schwulenfilms war es, das Realität aufdeckte. Der vorsätzliche Dilettantismus machte Provokation – und aus Ästhetik Politik. Die Abwesenheit von Professionalität und Kommerzialität brachte das Unikum eines Kampffilms zuwege, der sich jederzeit genießen ließ. Er sprach, damals durchaus ungewohnt, Kopf und Bauch an und vermittelte die real existierenden Widersprüche. Nicht als ästhetisches Werk besteht der Film, sondern als Waffe, als Provokation im Einsatz. Der Einsatz des Films (die Aufführung) erfolgte überall, auch in den USA und in Kanada, zum Zwecke nachfolgender Diskussion. »Die Diskussionen, die dieser Film sowohl bei Hetero- als bei Homosexuellen ausgelöst hat, sind möglicherweise wichtiger als der Film selbst.«[42] Die Diskussion, meist die wenig kontrollierte Freisetzung von Emotion, war ihrerseits Mittel: für eine Therapie, in der Praunheim in der Doppelrolle von Therapeut und Patient auftrat. Sie verfolgte das Ziel, das Selbstbewußtsein der Minderheit zu entwickeln (schwul bleibt schwul) und eine Solidarität der Minderheiten zu schaffen (Schwule, Frauen, Neger, Juden). Ersteres war im Film angelegt, letzteres war ihm aufgesetzt – als verbales Postulat.
Das erste pädagogische Ziel wurde durch den Film erreicht. Die Kommunikation unter den deutschen Schwulen setzte ein. Die Schwulenbewegung Anfang der 70er Jahre war die Folge; Höhepunkt war 1973 der Demonstrationszug beim Pfingsttreffen schwuler Aktionsgruppen auf dem Kurfürstendamm in Berlin. Das zweite Ziel, mit Hilfe der diversen Minderheiten das bürgerliche System zu verändern, erreichte, wie man heute weiß, weder Praunheim noch ein anderer.
Die Aufführung des Films im deutschen Fernsehen wurde zum Skandal. Der WDR, der den Film bei der Bavaria (München) in Auftrag gegeben hatte, zeigte ihn am 31. Januar 1972 in seinem Programm allein. Die für dasselbe Datum vorgesehene gemeinsame Ausstrahlung im ARD-Programm scheiterte im letzten Moment. Mit einer Mehrheit von sechs gegen vier Stimmen hatte die Ständige Programmkonferenz der ARD in München auf Vorschlag des Südwestfunk-Programmdirektors Hans Joachim Lange die Absetzung des Films beschlossen – aus Gründen der Fürsorge für die homosexuelle Minderheit. Befürchtung: »Der Film könnte geeignet sein, Vorurteile gegen Homosexuelle zu bestätigen oder zu

verstärken.« Der Fernsehdirektor des Bayerischen Fernsehens, Helmut Oeller, gab für den Mehrheitsbeschluß jedoch das Argument preis: »Wir stehen als öffentliche Anstalt im Dienste der Mehrheit.« Als ein Jahr später, am 15. Januar 1973, doch eine Aufführung im ARD-Programm zustandekam, schaltete sich Bayern, da es sich nun einmal in den Dienst der Heteros gestellt hatte, aus dem Programm aus. Es erntete dafür Lob und Tadel. Karlheinz Böhm, Kolumnist einer populären TV-Zeitschrift, verurteilte in seiner Kolumne (»Mein Programm«) die Absetzung. »Aus Protest bleibt heute die Röhre kalt.« Der Schwulenfilm fand seine ersten Engagierten.

Das Fernsehen hatte im unmittelbaren Anschluß an den Film für die Ausstrahlung modellhafter Diskussionen gesorgt. Deren Zweck illustrierte im ARD-Programm Moderator Reinhard Münchenhagen. Er verließ seinen Platz, sagte: »Es war einmal einer, der sagte, er sei ein Berliner, obwohl er keiner war. Ich sage nichts, sondern handele« – und setzte sich unter die Schwulen. Im übrigen wurde zum Schluß der Sendung eine Organisationsadresse für alle Schwulen bekanntgegeben. In Münster. Dort fand die erste Demonstration der deutschen Schwulenbewegung statt.

Die Fernsehdiskussion gab Volkes Stimme nicht wieder. »Fernsehen propagiert Sittenzersetzung«, notierte die Presse. »Ist es pervers, nicht homosexuell zu sein?« Zur »öffentlichen Zusammenrottung schwuler Intellektuellenhaufen zum Kampf gegen die vom Grundgesetz geschützte Familie« gibt eine Zeitung unter dem Titel »Aufstand der Perversen« das Urteil eines Taxifahrers wieder: »Jetzt weiß ich, warum Hitler die schwulen Säue ins KZ gesteckt hat.« Diese Meinung »wundert uns in der Tat nicht« nach dem »Auftritt des Anarchokommunisten Rosa von Praunheim in der Runde intellektueller Gesäßsexualisten«. »Menschen unterster Kulturstufe« »dürfen im Fernsehen straffrei junge Menschen fürs schwule Heerlager rekrutieren«: diese Pressesätze[43] stellen ein Bürgerkriegsinszenarium auf: der Kampf gegen die Untermenschen im eigenen Land. Praunheim hatte die Emotionen erfolgreich aufgeheizt. Das ging auch der intellektuellen Presse zu weit. Wolf Donner bemängelte, daß der Film so »unpolitisch« ist: »Daß Homosexualität eine Klassenfrage ist – das mußte man in Praunheims Film eher erraten.«[44]

Nicht der Homosexuelle ist pervers

In den Diskussionen, die den Filmaufführungen folgten, bekam Praunheim gerade von seiner Zielgruppe, den Schwulen, böse Worte zu hören. Diese bezogen sich freilich nicht auf das Versäumnis, die Klassenfrage zu erörtern. Sie war statt dessen Gefühlsausbruch. Schon die Erstaufführung des Films, auf dem Forum des Jungen Films während der Berliner Filmfestspiele 1971, platzte unter dem betroffenen Publikum wie eine Bombe. »Es gab eine wütende, nahezu brutale Diskussion, voller Anschuldigungen, Ausfälle, Gehässigkeiten und widersprüchlichen Analysen der homosexuellen Lage«, schrieb die *Süddeutsche Zeitung* und kommentierte diese »immense Provokation« als »richtig, nützlich, notwendig«[45]. Praunheim gelang es, die schwule Entrüstung, deren Ausmaß ihn allerdings überraschte, strategiegemäß zu kanalisieren. 1971 gründete sich im Anschluß an die Aufführung des Films im berliner Arsenal-Kino die erste deutsche politische Schwulengruppe, 39 weitere folgten in den nächsten Jahren.

Große Resonanz hatte Praunheim in den USA und in Kanada. Da dort die Schwulen bereits organisiert waren, stieß die Inauguration der Schwulenbewegung freilich ins Leere. Gegenstand der Diskussionen war das Kampfmittel selbst: der

Nutzen von Provokation und Entrüstung. 1972 lief der Film in New York im Museum of Modern Art. Die anschließende kontroverse Diskussion wurde auf einem halbstündigen Film festgehalten. Er dokumentiert die Entrüstung eines Publikums, das sich im Schwulenfilm nicht wiedererkannt hatte und den Film als schwulenfeindlich einzustufen bereit war. Das Diskussionsdokument wurde in Amerika im Anschluß an die Filmaufführung in den folgenden Jahren gezeigt. So auch 1977 in der Veranstaltung des Film Forums in New York, das den Film zwei Wochen lang im ausverkauften Vandam Street Theatre wiederaufführte. Dort erfuhr Praunheim überraschenderweise Zustimmung. Der Schwulenfilm wurde als Insiderkritik akzeptiert.[46] Die Aufführungen im new yorker Firehouse der Gay Activists Alliance und im Glines Gay Art Center zeitigten zweierlei Reaktion. Spontan zollte »eine militante Gemeinde von radikalen Tunten, Lederleuten, Päderasten, alten und jungen Schwulen ungeheuren Applaus«; in der Diskussion gab es eine aggressive und wilde Wortschlacht, Wutgeheul und Beschimpfungen, deren Ausmaß und Erfindungsreichtum »die Sex Pistols übertreffen«[47]. Ein Filmdokument dieser Diskussion, gefilmt von Wieland Schultz-Keil, ist

Nicht der Homosexuelle ist pervers

im Besitz Praunheims[48], ein Videoband[49], in den USA eingesetzt, dokumentiert die schwulenpolitische Brisanz des Films. Die Reaktionsfilme zwangen das amerikanische Publikum, sich nicht nur mit Praunheims Schwulenfilm, sondern auch mit den eigenen – aufgezeichneten – Reaktionen zu befassen, so während der Aufführung von NICHT DER HOMOSEXUELLE 1978 auf dem Gay Cultural Festival der Christian Association at the University of Pennsylvania und der Gays at Penn in Philadelphia.[50]

Die Publikumsreaktionen anläßlich der Aufführung 1979 in Montreal veranlaßten Praunheim, sich mit Anita Bryant zu vergleichen, der publikumswirksamen Schwulenjägerin jener Jahre – jedoch als Kritiker des *eigenen* Lagers und des therapeutischen Effekts halber. Von *Le Berdache,* dem Verbandsorgan der Vereinigung für die Rechte der schwulen Gemeinde in Quebec, wurde ihm vorgeworfen, nur das Negative zu zeigen.[51] Der Artikel erschien sogleich in englischer Übersetzung in Boston.[52] Die Empörung erledigte sich nicht mit der jeweiligen Veranstaltung. Sie hievte Praunheim auf die Titelseiten der schwulen Zeitungen. Ebenfalls im Jahr 1979 wurde er als »Trouble-Shooter« auf dem Titel der Zweiwochen-Zeitung *Gay News* vorgestellt – neben Anita Bryant. Riesenversalien zielen auf sein Konterfei: IS THIS HOMOSEXUAL GIVING US A BAD NAME?[53] Innerhalb der Schwulenbewegung und ihrer Presse war Praunheims Rolle als »Gay Cinema's Enfant Terrible« – so die Überschrift in *The Advocate* im Januar 1980 – fixiert.[54] Nicht seine Argumentation, sondern seine Bilder zählten und ihr Vermögen, die alleräußersten Effekte: Hysterie im schwulen Publikum zu erzeugen, es aus der beharrlichen Anpassung wenigstens an diesem Punkt herauszulösen. Doch Ende der 70er Jahre wollte das Publikum eine Bestätigung für die Erfolge der Schwulenbewegung haben, und Praunheims Film von 1970 bot keine schwule Love Story, sondern erinnerte an das, was immer noch nicht erledigt war.

Der Heteropresse in den Staaten verschloß sich die Dimension des Films. Vincent Canbys Statement in der *New York Times* zufolge ging es dem Film lediglich ums verbale Manifest: »ein militant marxistischer Aufruf für ein Ende der Schwulenunterdrückung«[55].

Was die Rechte nicht sieht . . ., kommt erst recht aus dem Ohr hinaus. 1970

Die Politkommune ergießt am Luxusswimmingpool opernhaft-pathetische Gefühle. Carla Aulaulu serviert mit der Anmut eines pin-up-Girls den Tee, begleitet auf der Tonspur von einem DDR-Sprecher (Originalton), der eine weitere Anerkennung des Arbeiter- und Bauernstaates meldet sowie dessen Willen zur Entspannung. Für Entspannung sorgen jedoch praktisch amerikanische Liebeslieder, die jedem eine Chance geben (»for you can take the chance«). Zu Andy-Williams-Schlagern liest Steven Adamczewski stockend und mühsam, aber auf englisch, aus einem politischen Buch vor: »Zum Unterschied zum Faschismus ist der Terrorismus kein Schnellverfahren für Revolutionäre.« Während Magdalena Montezuma auf dem gepflegten Rasen die scheußlichen Brandwunden des Revolutionärs (Rainer Kranich) pflegt, verschmilzt Revolutionär Steven Adamczewski, dem Becken entsteigend, mit Carla in einem langen feuchten Kuß. Luzi Kryn wird belehrt, daß es zunächst gelte, Kader aufzustellen und eine Parteiorganisation zu schaffen. Doch Carla folgt dem Mao-Wort, daß die politische Macht aus den Gewehrläufen komme, und vereinigt sich in sehr erotischen Posen mit einem Schnellfeuergewehr, dieses aufs Publikum, das heißt in die Kamera abfeuernd. Rainer, sterbend, erinnert sich der fleischlichen Liebe zu Carla. In einer Rückblende sieht man die entsprechende Sequenz aus ROSA ARBEITER AUF GOLDENER STRASSE I. TEIL. Das Largo von Händel, gespielt vom Orchester Mantovani, versüßt ihm den Tod ebenso wie Zarah Leanders Erfolgslied aus dem Film *Gabriela*[56]: »Weil man niemals weiß«.

Gedreht hat Praunheim den Film 1970 in Berlin, noch vor dem Schwulenfilm. Gedacht war das Material (17 Minuten) als »Probeaufnahmen beziehungsweise erste Zusammenarbeit mit dem Kameramann Robert van Ackeren« (Praunheim) für die Schlußsequenz des Films NICHT DER HOMOSEXUELLE IST PERVERS. Da Dietmar Kracht in diesem Film jedoch nicht mehr Hauptdarsteller sein sollte, machte der Regisseur aus den extravaganten Kommunardenszenen einen eigenen Film.
Aufgeführt wurde der Film zwei Jahre später, am 4. Juli 1972,

Was die Rechte nicht sieht ...

im ZDF – kurz nach der Baader-Meinhof-Aktion. Das gefiel keinem mehr. Die *Frankfurter Rundschau* erklärte den Regisseur zum Hiwi der Rechten: »Mit diesem konzeptionslosen Streifen füllt Rosa von Praunheim Augen und Ohren der Rechten und betreibt damit deren Geschäfte.«[57] Die *Frankfurter Allgemeine Zeitung* erkannte Praunheims Konzept der doppelten Ironie – »Er macht sich lustig über die, die sich über Terroristen lustig machen« –, trat jedoch für die Zensurierung des Films ein: »Das Fernsehen hätte diese Sendung weglassen sollen. Die Dinge sind zu ernst.«[58] Elf Jahre später wiederholte das ZDF den Film. Jetzt hatte niemand etwas dagegen.

Der Ärger von damals ist nachvollziehbar. Praunheim hatte die diversen Werte zu Sperrmüll umgewidmet und sich ihrer für den Privatgebrauch bedient. Indem er Hollywood (die Kamera van Ackerens) und Mao benutzte, Händel und Jary, den modernen Terrorismus und die moderne Konsumwelt, löste er Versatzstücke aus Sinnzusammenhängen, die Klischee geworden waren oder doch im Begriff, dies zu werden, und stellte in seiner eigenen Welt den Sinnzusammenhang des Expropriateurs her, dessen Rechte wieder weiß, was die Linke tut. In sein Ohr geht der DDR-Funk ein *und* die Westmusik. Nebeneffekt ist in der Tat die Bloßstellung der Eindimensionalität, und damit des Klischees der Stadtrevolutionäre, und die Bloßstellung der eindimensionalen und ihrerseits klischeehaften Vorstellung der (Klein-)Bürger von der Revolution. Beide Lager, das linke und das rechte, mußte sich expropriiert fühlen. Der Film war nicht koalitionsfähig.

Homosexuelle in New York. 1971

Homosexuellendemonstration der Christopher Street in New York. Bunte Schnappschüsse, Schwenks und Zooms bringen exotische Schwule und Slogans zusammen: einen Schwulen in den Ledergurten eines Halbharnisches; einen Jesus, der am Kreuz die gestreckte Hand zur Faust ballt; Gay Vietnam Veterans; Cops – mit Losungen wie »Happy Birthday to us« (es ist der zweite) und »Off the Couches into the Streets«. Der pathetische Schlußgesang erklärt: »What we are singing: give peace/gay a chance!«

Die Aufnahmen verraten unmittelbare Beteiligung. Neben dem Plakat, mit dem die Gay Liberation Front auf sich auf-

Homosexuelle in New York

merksam macht, reckt ein Demonstrant ein Schild »Thank You West Germany Danke schön«. Ein Arbeitsfoto zeigt Hildegard Knef neben der Kamera Praunheims.
Von den 12 Minuten der Originalfassung sind vier erhalten. Den Rest hat Praunheim für andere Filme ausgeschlachtet.

Leidenschaften. 1971/72

In der Arbeiterstadt Glasgow sucht Frietz (Frietz Mikesch), von Ängsten gepeinigt, den wahren Glauben. Nackt liegt er bäuchlings, von Kerzen matt erleuchtet, auf den Fliesen, vom jähen Orgelton zu Tode erschreckt. Der Himmel kommt nicht auf die Erde. Street Boys überfallen ihn. Er sucht in der Millionenstadt New York irdisches Glück. In einer Textilfabrik ausgebeutet, nutzt er die Abendstunden zu Kontakten. Er trifft Tony Carol (ex-Mr. World), Taylor Mead und Tally Brown. Er nimmt sie nicht als die Superstars wahr, die sie dem Zuschauer sind. Die Kontakte im Pornokino reduzieren sich auf das voyeurhafte Wahrnehmen von Gekeuche. Dem Alkohol verfallen, liegt er in der Gosse der Bowery. – Der Leidensweg führt ihn nach Kalkutta. Auch hier paßt er sich bis zur Unkenntlichkeit dem Bild einer Stadt an, das sich jeder gebildete Europäer längst gemacht hat. Als gelungenes Klischee eines Inder/Pakistani schleppt er sich auf der – übrigens erfolgreichen – Suche nach einem Krumen Brot durch Schutt und Müll. Gestärkt, fristet er in Tokio sein Leben als Straßenräuber. Im Hauptbahnhof lauert er den Opfern auf. Mit bloßer Brust, Lederjacke und Halsband gleicht er einem Neosamurai – inmitten der Geschäftsleute mit weißem Hemd und Schlips. Eine sadistische Ledergang schlägt ihn ans Kreuz. Den Kopf rücklings nach unten, windet er sich unter den Schlägen der Folterpeitsche. Masochistisch-wollüstig scheint ihm die Sonne durch die Beine – in die Kamera. – In Singapur kommt er durch Prostitution zu Geld: als Zuhälter von Transvestiten: »Ich will Macht, ihr blöden Tunten, ich bin der Chef.« In einer Rikscha genießt er den Luxus von Hongkong. Zum Jetset gehörend, läßt er sich im Luxuspalast auf Hawai von bar-

PAINTS

Leidenschaften

füßigen Mädchen zu ortsüblichen Klängen zur Cocktailstunde unterhalten. Doch füllt ihn dies Leben nicht aus. Durch Mexiko City und Acapulco eilend, verstreut er seinen Reichtum, um frei zu sein für die Leidenschaften asiatischer Mystik. Unter dem (indischen) Hakenkreuz: »Mein Gott, brenne, entflamme mich, läutere mich bis zur vollkommenen Vernichtung meiner selbst.« Nackt die Höhenlinien balinesischer Terrassenkulturen abschreitend, wird er zu den Klängen chinesischer und europäischer Unterhaltungsmusik eins mit Wasser und Wolken, die ihn in zauberhaften Aquarelltönen betören. Doch entflieht er der Exotik. In der innsbrucker Bergwelt kehrt er »zum Einfachen und Naheliegenden« zurück. Die Gestalt eines Luis Trenker annehmend, zieht er in Schnee und Eis an der Pfeife und »bereitet sich in der gesegneten Zeit des Winters auf das Frühjahr vor«. Den Sinn des Lebens hat er gefunden. Doch »des werden Worte nicht mächtig sein«.

LEIDENSCHAFTEN ist Praunheims schönster Film, eine Passion mit umgekehrtem Vorzeichen. Die auf attraktive Weise ins Klischee getriebenen Lebensstationen führen den Helden Frietz vom tiefsten Leid rund um die Welt empor in die gesunde Höhenluft der Alpen, in denen der Irrende und Suchende die ersehnte geistige und moralische Festung findet. Die Leidenschaften führen vom fall zum rise. Frietz ist europäischer Hippie, der die Kunst der Anpassung beherrscht und auf seiner Dauerflucht um die Welt sich der Anpassung gleichzeitig entzieht. Was in den zwölf Drehorten des Films inszeniert ist, ist das exzessive Klischee, das sich die Heimat von der Welt draußen gemacht hat: Kalkutta ist arm, Hongkong reich, Tokio brutal und Hawai schön. Der Film hätte auch in einem Studio gedreht werden können, doch dann wäre die Perfidie nicht herausgekommen, die Städte der Welt, ihre Armut und Anmut zu benutzen: auszubeuten fürs hauseigene Zerrbild (und Praunheim hätte die Weltreise nicht machen können, über die er 1972 in der Zeitschrift *Filmkritik*[59] dreist-naiv berichtet hat). Verraten wird also nicht nur die Welt, sondern auch das Bild, das wir uns von ihr gemacht haben. Diese Verräterei, ihrerseits kostümiert als Bildungsroman abendländischer Tradition, hat jedoch die Attraktion einer originellen Travestieshow. Die verantwortungslosen Verlockungen der LEIDENSCHAFTEN erwecken durchaus die beabsichtigte Verunsicherung und Bereitschaft, sich abseits der gewohnten Klischees auf etwas einzulassen, das freilich nicht definiert wird. Der Blut- & Boden-Bauer ob Innsbruck kann das Ziel nicht gewesen sein.

Für die LEIDENSCHAFTEN reiste Praunheim mit Frietz Mikesch,

Leidenschaften

dem dämonischen Maler aus Österreich, und Elfi Mikesch (Oh Muvie) um die Welt. Reisekosten: zwei Drittel des 60000-Mark-Etats des ZDF. Die drei Reisenden führten ihre eigene Welt mit sich, deren Innerstes bereits 1967 mit dem Buch *Die Leidenschaften der Rosa von Praunheim* veröffentlicht war. Oh Muvie war im selben Jahr von Praunheim im Fotoroman *Oh Muvie* porträtiert worden. Im LEIDENSCHAFTEN-Film war sie für Maske und Kostüm verantwortlich und für die zweite Kamera. Gedreht wurde mit zwei Super-8-Kameras mit automatischer Belichtung, Marke Canon. Das Material wurde auf 16 mm aufgeblasen und gewann dadurch die schöne Aquarell-Stimmung. Sorgfältig achtete der Regisseur darauf, die exotischen Klischees nicht durch dokumentarische Aufnahmen zu stören. In Kalkutta fliegt das Team – vor Ausbruch des indisch-pakistanischen Krieges – mit dem letzten Flugzeug ein. Während der Aufnahmen werden sie der Spionage bezichtigt und entfliehen.

Nichts davon stört die Kalkuttasequenz, die, statt die überall ins Auge springende Armut zu dokumentieren, deren europäisches Klischee inszeniert. Flotte Klänge unterstreichen das Spiel: chinesische Schlager (ausgewogen das Verhältnis zwischen Rot- und Nationalchina), thailändische Militärmusik

Leidenschaften

und polnische Chansons. Sie unterstreichen das Spiel so sehr, daß sie es ins Exzessiv-Groteske und Geschmacklose übersteigern. Da dies dem Delektieren keinen Abbruch tut, bringen die LEIDENSCHAFTEN den Zuschauer um den abendländischen Geschmack, welcher womöglich auch nur Klischee ist. Wie der Bericht der *South China Morning Post* über die zehn Tage Dreharbeit in Hongkong. Darin wird der 29jährige Regisseur im Klatschtantenstil beschrieben: »Er sieht eher konventionell aus, mit sehr unauffälliger Kleidung und Frisur. Er ist groß und schön mit angenehm gesunder Gesichtsfarbe. Die hat er zweifellos von den Außenaufnahmen. Die beiden anderen Teamangehörigen, der eine Schauspieler, die andere Kameraassistentin, sehen dagegen äußerst ungepflegt aus.«[60]
Dieser Bericht ist genial. Er trifft den Stil, mit dem Praunheim die Hongkongsequenz gedreht hat, denn Hongkong ist in den LEIDENSCHAFTEN groß und schön, wenn auch die eine und andere Straße ungepflegt aussieht.
Das ZDF zensierte den Film für die Fernsehsendung (am 9. Mai 1972) um zwei sogenannte Pornoszenen. In den Kinoaufführungen, die im Mai 1972 mit der Hamburger Filmschau begannen, lief der Film ungekürzt.

Berliner Bettwurst. 1973

Luzi und Dietmar werden durch ein Ehe- und Einrichtungsdarlehen (in Höhe von 13 000 Mark) nach Berlin gelockt. Sie heiraten in der Gedächtniskirche und fahren mit der weißen Hochzeitskutsche zum Tanzcafé Resi in Neukölln, wo sie sich von Tischtelefonen und Wasserfarbspielen faszinieren lassen. Dietmar wirft sich nach der Arbeit (als Raumpfleger und Aktmodell) in den allerextremsten Freizeitdreß. – Dietmar und Luzi posieren an der Mauer vor dem Todeskreuz in der Bernauerstraße und vor leerstehenden Häusern im von Türken bevölkerten Kreuzberg. In der konsumbewußt eingerichteten Wohnung beantworten sie Preisausschreiben. Sie gewinnen eine Mallorcareise. Dem modern air-Jet entsteigend, bewundern sie sogleich die rege Neubautätigkeit auf der Ferieninsel. Luzi schreibt in der Cafeteria Alt-Frankfurt Ansichtskarten und besteigt, im Flitterkleid mit schwarzer Mantilla, ein Kamel. Dietmar folgt ihr im Mexikanerlook. – Wieder zu Hause, gerät die junge Ehe in eine jähe Krise. Dietmar, im offenen Overall mit Pelzbesatz und hochgekrempelten Hosen, wird am Schultheiss-Schnellimbiß Opfer eines stirnbandgeschmückten Verführers (Berryt Bohlen), der ihn dem Rauschgift zuführt. Betrunken und bekifft, folgt er dem Transvestiten

Berliner Bettwurst

Sonja (Friedhelm) in die Sexkommune, um sich dessen Lebensgeschichte anzuhören. Die geht von der kommunistischen Erziehung durch den Vater (»unwahrscheinlich großer Rosa-Luxemburg-Anhänger«) über den Transistrich in Hamburg zur Eheschließung und der Erziehung des Transvestitensohns Mathias. – Derweil plauscht Luzi mit der Freundin (Lotte Becker) über die ostpreußische Heimat. »Brandt und

Berliner Bettwurst

Bahr verkaufen uns für ein Butterbrot«, empört sich die Vertriebene. Luzi läßt sich vom Playboy (Lou van Burg) in die Luxuswelt des Showgeschäfts entführen. In einer Glitzerdekoration singt sie mit ihm das Duett »Laß dir die Liebe von mir schenken«. Im silbernen Anzug geht ein Geiger (Holger Münzer) durchs Bild. Luzi erwacht allein. Ihr lieber kleiner

Berliner Bettwurst

Hund liegt tot am Boden, vergiftet. Doch da tritt Dietmar in die Tür: »Luzi, o Gott, o Gott, nein.« Auf dem Hundefriedhof finden sie wieder zusammen. Überm Grab hängt ein Lorbeerkranz. Ein Heldenfriedhof.

Die Fortsetzung der kieler BETTWURST stellt Sprachmüll, Banalität, kleinbürgerliche Verhaltensweisen aus. Praunheim inszeniert das peinlich genau, voyeurhaft. Peinlich ist der Film für den, der sich als Voyeur vorkommt. Grad dies ist die Absicht des Regisseurs, der in der BERLINER BETTWURST parodistisch und moralisch-pädagogisch die Kleinbürgerlichkeit und Klischeehaftigkeit des mutmaßlichen Zuschauers herausbringen wollte. Das ist ihm auch zu gutem Teil gelungen. Die Reaktion auf Luzi und Dietmar ist jedoch ambivalent. Das Lachen bleibt im Halse stecken: Luzi und Dietmar strahlen soviel Selbstsicherheit, Stärke und Zuversicht aus, daß sich offensichtlich davon profitieren läßt. Luzis ungehemmte Lebensfreude setzt alle Mechanismen der Kontrolle und Reflektion außer Kraft. Die Wirkung des Films ist daher nicht voyeurhaft und peinlich. Im Gegenteil; er vermittelt Energien für denjenigen, der sich in seinem Getto nicht eingrenzen lassen möchte. Freilich fließt der Stärkestrom der BERLINER BETTWURST nicht ungebremst. Der Fortsetzungsfilm wurde nicht der erhoffte Kinoerfolg. Ursache sind wohl die Produktionsbedingungen gewesen, die Bedingungen einer Spielfilmproduktion.
Praunheim hatte 250000 Mark Drehbuchprämie vom Bundesinnenministerium bekommen. Das Drehbuch bestand aus der Abschrift von Tonbändern, auf denen Luzi und Dietmar die Story an Originalschauplätzen improvisiert hatten. Für die Filmaufnahmen lernten sie ihre eigenen Texte auswendig. Das allein tat der Spontaneität kaum merklichen Abbruch. Schwerer tat sich Praunheim mit dem für ihn neuen 35-mm-Format, das die Produktion schwerfälliger und steriler machte. Gedreht hat er den Film zum Teil im Atelier, in einer vom Abriß bedrohten Fabrik in einem Hinterhof der schöneberger Dennewitzstraße, Frühjahr 1973. Diese Art von Produktion, erstmals von Regina Ziegler geleitet, legte dem Team ungewohnte Zwänge auf. Das ging bei Luzi Kryn gut, die sich freudig in den Fummel zwängte, den Praunheim eigens in Hollywood gekauft hatte; ebenso freudig nutzte sie die Situation zum Versuch, mit Lou van Burg ein Verhältnis einzuge-

hen. Anders ging es mit Dietmar Kracht, welcher, »Alkoholiker« (Praunheim), in Quarantäne gehalten werden mußte, um seine Präsenz zu sichern: »Lieber hat er auf Toiletten übernachtet und ist auf den Strich gegangen.«[61]

Praunheim widerspricht Gerüchten, die ihm die Ausbeutung des Hauptdarstellers zum Vorwurf machen. Er habe ihm fürsorglicherweise die 7000 Mark Gage nicht in die Hand gegeben, sondern jahrelang in kleinen Raten zugeteilt und ihm Wohnung und Stellung besorgt, zum Beispiel als Dienstmädchen bei Evelyn Künneke. Hinzugefügt sei, daß Dietmar Kracht drei Jahre später, in der Nacht zum 3. Juli 1976, betrunken im Grunewaldsee ertrank. In der ersten Reihe der Trauergäste saßen Praunheim und Evelyn Künneke. – Transvestit Friedhelm (Susi) erkannte während der Dreharbeiten, daß »Rosa mich entdeckt und mein Bewußtsein gestärkt hat«. Der Film half ihm weiter: »Heute gibt es nicht einmal mehr Schwierigkeiten mit den Nachbarn, die über der Coco-Bar wohnen.«[62]

Schwierigkeiten gab es mit der FSK, deren Zensur die Gruppensexszenen der Politkommune zum Opfer fielen. Zu sehen sind daher auch nicht die Leninplakate, die im Orgienzimmer zur internationalen Solidarität aufriefen.[63] Die Fernsehfassung des Films kürzte Praunheim von 90 auf 70 Minuten. Die Kinofassungen sollen nach einem Bericht der *Süddeutschen Zeitung*[64] gewechselt haben. Sie halfen der BERLINER BETTWURST jedoch nicht, den Erfolg der kieler BETTWURST zu erreichen.

Axel von Auersperg. 1973

1. Akt. In einem mittelalterlichen Kloster sorgt sich die Äbtissin (Peggy von Schnottgenberg = Frank Ripploh) um die Novizin Sara de Mauper (Gundula von Woyna): »Sara ist mit einer gefährlichen Macht begabt: mit Intelligenz.« Der Archediakon (Evelyn Künneke) erteilt der Novizin im liturgischen Bluesrhythmus (sie singt ohne Musikbegleitung) kirchlichen Rat: »Hör auf, menschlich zu sein; sei göttlich.« Saras Augen treffen auf die wüst geschminkte Schwester Aloisia (Milli Büttner). Sara legt das Gelübde der Keuschheit nicht ab. Äbtissin und Nonnen kreischen laut. Sara entflieht. – 2. Akt. Mei-

Axel von Auersperg

ster Janus (Michael Otto), kahlköpfig, nackt, thront im Schneidersitz unter dem siebenzackigen Stern. Seine okkulte Botschaft: »Sooft du liebst, wird dich der Tod ereilen. Deshalb richte all deine Gedanken auf das unerschaff'ne Licht.« Sein Zuhörer nimmt den Rat nicht an. Es ist Graf Axel von Auersperg (Vincent Kluwe). – 3. Akt. Sara, einerseits auf der Flucht, andererseits auf der Suche nach dem Familienschatz, zückt den Dolch und stößt ihn in die Augenhöhle eines Totenschädels. Der Film, schwarzweiß bisher, wird farbig, und alle Schätze der Welt prasseln auf Axel und Sara hernieder. Geigen schluchzen, und vor dem Teppich-mit-dem-röhrenden-Hirsch werden beide ein Liebespaar. »Es ist die Vollendung einer Wonne«: Axel posiert im Stil der Kitschpostkarte. Um das Glück ewig zu bewahren, treffen ihre Lippen über dem Giftkelch zusammen. Die Rosenscheibe dreht sich, und die Kamera (Bernd Upnmoor) fährt mit kreisenden Überblendungen zurück, diese Welt verlassend. Wohl nur versehentlich bleibt ein Scheinwerfer am linken Bildrand zurück.

Der Atelier- und Kostümfilm, der nach der Vorlage des Theaterstücks von Villiers de l'Isle-Adam (1838-1889) im Hochsommer 1973 in Berlin gedreht wurde, sollte nach dem Wunsch des Auftraggebers (ZDF) die damals anrollende Nostalgiewelle entlarven. Doch Praunheim parodierte nicht nur den spätromantisch-symbolistischen Schwulst des Theaterstücks, sondern machte ihn sich gleichzeitig auf die liebevollste Weise zueigen. Der Film verdoppelt die übergroßen Gefühle und die Worte, die der Dichter und Nazibarde Hanns Heinz Ewers ins Deutsche übertragen hatte. Das war out und wurde vor zehn Jahren nicht verstanden. Die Dreiheit Kirche, Mystik, Liebestod war im AXEL VON AUERSPERG keine ferne,

die man hätte »entlarven« können, sondern eine distanzlos gegenwärtige. Sie sitzt in diesem Film auf der Haut wie ein Fummel, mit dem man die Obsession öffentlich macht. Praunheim beruft sich auf Cocteau und Genet, die das Gegenwärtige der abgelebten großen Gefühle zu formulieren gewußt hätten. Er braucht jedoch keine Bürgen. Der Film ist ohne Vorbild. Er ist home made.
Als Filmatelier diente wieder die Abrißfabrik in einem Hinterhof der Dennewitzstraße. Das Format war 35 mm, die Arbeit langsam und präzis. Der Regisseur, der das »irgendwie lernen wollte«, litt jedoch unter der »unspontanen und sterilen« Atmosphäre.[65] Aufgenommen wurden die Szenen im play back-Verfahren, das heißt: agiert wurde zu einem vorher fertiggestellten Tonband, das während der Aufnahmen ablief. Der Archediakon-Darstellerin Evelyn Künneke brachte das Verfahren ein glänzendes Comeback. Ihre Stimme ist hörenswert. Peggy von Schnottgenberg (Frank Ripploh) ist sehenswert. Praunheim hatte ihn, der als politisierter Schwuler aus Münster, der Stadt der ersten deutschen Homodemo, nach Berlin gekommen war, in einem Stockwerk unterhalb des Filmateliers kennengelernt, welches er an die Homosexuelle Aktion Berlin untervermietet hatte. Die Drehzeit wurde eigens für den Lehrer Ripploh auf die Schulferien abgestimmt. Die Rolle des Grafen von Auersperg war mit einem ungewöhnlich hübschen Rocker aus Kreuzberg besetzt. Vincent Kluwe nutzte den Geldjob und fraß alle Schokoladenmünzen auf, die zum Dekor gehörten. Die Professionalität der Aufnahmen verhinderte, daß solche Disziplinlosigkeiten in den Film eingingen.
Das ZDF hatte den Film mit 170000 Mark finanziert, Praunheim gab 27000 Mark dazu. Das Fernsehen war mit dem Produkt nicht einverstanden. Nach einer halbjährigen internen Diskussion kürzte es den Film um eine halbe Stunde, nämlich um den ersten Akt, der Evelyn Künneke in der Rolle des Archediakons zeigt. Als Praunheim wenige Tage vor der Sendung (20. Februar 1974) den kompletten Film im hamburger Abaton-Kino der Presse vorstellen wollte, verhinderte das ZDF diese Aufführung durch eine Einstweilige Verfügung. Der Zensurakt schlug Wellen in der Öffentlichkeit. Da rief das ZDF seinerseits die Presse zusammen. In der Konferenz traten die höchsten Funktionäre auf: der Programmdirektor

Dreharbeiten Axel von Auersberg

(Gerhard Prager), der Fernsehspiel-Leiter (Hajo Schedlich) und der Redakteur vom Kleinen Fernsehspiel (Christoph Holch). Holch begründete die Streichung des Archediakon-Teils damit, daß »alles um die Künneke einfach schlecht inszeniert« sei.[66] Praunheim sah sich dem überraschenden Vorwurf ausgesetzt, der Film sei rechtskonservativ. Er protestierte gegen Zensur und Willkür. Das Fernsehen berief sich auf Staatsvertrag und die religiösen Gefühle der Zuschauer. – Gesendet wurde der Film als »mißlungenes Experiment«; der erste Akt wurde durch eine verbale Inhaltsangabe ersetzt. Praunheim bekam fünf Jahre lang beim ZDF nichts mehr zu tun.

In den Kinos lief der Film ungekürzt. Resonanz fand er in Paris. Dort war im Juni 1974 eine Kopie in der Originalversion mit – wenigen – französischen Untertiteln im neu eröffneten Le Marais in der Rue du Temple zu sehen. Die Kritiker rezensierten den Film nach literarischen und cineastischen Maßstäben. Gilles Jacob empfahl den Film für Villiers-Kenner, da die Filminszenierung mit den düstren Villiers-Lyrismen in der Tat Affinität habe.[67] Robert Chazal empfahl dagegen den Film für eingefleischte Cinephile.[68] Louis Chauvet tat den Film als »bi-

zarre Fantasie« ab, wobei er der Sache näher kam.[69] Ähnlich stellte Colette Godard Praunheim als einen von den deutschen sophisticated Regisseuren vor und beschrieb ihn liebevoll-mütterlich als einen, der »diskret« auftritt, »wie ein schüchterner junger Mann, mit kurzen Haaren, Lederjacke und T-Shirt«.[70] Die persönliche Adresse war die passende Antwort auf einen Film, der in der Tat keine literarischen und cineastischen Meriten erwerben wollte. Die Formulierung, der Film sei eine »köstliche respektvolle Parodie«[71], berechtigt zur Annahme, daß Praunheims Doppelstrategie wenigstens hier verstanden war.
Freilich fanden nicht alle charmant, was »kindlich, naiv und penetrant« ist (so Praunheims Selbsteinschätzung). Praunheim, verunsichert, stellte später aus den 75 Filmminuten – einschließlich der 30 Minuten des wegzensierten 1. Akts – eine Kurzfassung von 28 Minuten her. Diese Version ist von den Autoren dieses Bandes besichtigt worden.

Rosa von Praunheim zeigt. 1974

Dietmar Kracht (Mannheim), Star der BETTWURST-Filme, trägt das von ihm selbst geschaffene Lied »Die Straße ohne Ende« vor: »bis die Nacht mich aus dem Leben nahm«. Ein wunderschöner Glitzerphallus besetzt den Hintergrund, und Dietmar singt mit Evelyn Künneke, dem Schlagerstar der 40er und 50er Jahre, das Duett »Haben Sie schon mal im Dunkeln geküßt?« Dietmar hat noch lange nicht genug geprobt. Den Ton trifft er nur gelegentlich, der Text sitzt gar nicht. Evelyn Künneke fordert nunmehr: »Zeig mir noch einmal deine Muskeln, Tommy«. Ihr Partner ist stumm, es ist Mr. Frankfurt. Den Text hat sie noch nicht, auch ist sie deutlich unsicher auf den Beinen. Sie bricht ab. Die Kamera konzentriert sich lieber auf den Bodybuilder. Dann schleppen Bühnenarbeiter einen gläsernen Sarg herbei. Ihm entsteigt glamour boy Peter Schneider (Amsterdam) und singt am Klavier »Smooth Road« und »La vie en rose«, neben ihm eine rosa Amphore, gefüllt mit roten Rosen. Vom Schnürboden wird ein Riesenherz heruntergelassen, mit Glühlampen besetzt. »Bitte geh

Rosa von Praunheim zeigt

nicht fort«, bittet Peter Schneider. Adressat ist Evelyn Künneke, deren erster Schlager, mit dem sie ihre Karriere begann, nun von Peter Schneider vorgetragen wird: »Kannst du mir verzeih'n?« Die Künneke ist währenddessen anwesend, auf der Bühne, aber stumm. Schneider singt wunderbar, da ist nichts mehr zu proben. Evelyn streckt sich glücklich auf der Ottomane zurück, selig funkelt sie durch ihre großen Brillengläser den jungen Mann an. Stimmlich ist sie schon nicht mehr da.

Der Film, der einen Probentag für Praunheims »Internationale Schlagerparade« zeigt (die Bühnenshow hatte am 16. Mai 1974 im frankfurter Theater am Turm Premiere), beginnt als Künneke-Comeback und endet als Gedächtnisfeier. In ROSA VON PRAUNHEIM ZEIGT gilt vom Gezeigten auch das Gegenteil. Die Hommage an die Schlagerwelt der 50er Jahre ist gleichzeitig ihr Verriß. Die schwerfüßige und mißgestimmte Kün-

neke wird neben dem jungen glatten Bodybuilder zum Zerrbild ihrer selbst. In den Aufnahmen wird das, was die Nostalgie verklärt, schon konzeptionell (Probendokument) unvollkommen, ja dürftig. Der Film stellt das aus und nutzt das aus. Und doch ist er promotion für die internationalen Stars, und Evelyn Künneke gelingt, wie man weiß, über die Station Rosa von Praunheim das Supercomeback. Sie wußte die Situation ROSA VON PRAUNHEIM ZEIGT für sich zu nutzen. Praunheim und Künneke beuten einander aus. Aber damit ist nicht genug gesagt, denn die Ambivalenzen des Films schaffen kräftige und angenehme Emotionen. Der Film ist nicht nur fatal, sondern auch faszinierend. Der Außenseiter, der ungehemmt sein Lied singt, homespun; fast identisch der Bodybuilder, der gefällig seine Muskeln zur Schau stellt; der abgetakelte Schlagerstar, der Text und Ton nicht mehr zusammenkriegt –: all das, was ein Bild des Elends hätte werden können, wird im Film ein Bild der Stärke.

Die Unbeholfenheit, die sich selbstbewußt zur Schau stellt, wird zur Hilfe für ein Publikum, das sich nicht mit den Stars, wohl aber mit der Geste identifizieren kann, mit der Praunheim das Unprofessionell-Kümmerliche verklärt und das Verklärte ironisiert. Neuer Mut entsteht durch die Ruinierung aller bisher bekannten ästhetischen Maßstäbe. Emotionell ist der Film ein Ergebnis sorgfältiger Restaurierung von Bereichen, über die die Hochkultur gnadenlos hinweggefahren ist. ROSA VON PRAUNHEIM ZEIGT ist ein ideales Feuchtgebiet für Grundsehnsüchte und Urängste. Die Hochkultur, die sich einem solchen Gefühls-Klima vornehm fernhielt, machte dadurch Platz für die (praunheimsche) Trivialkunst, und wer sie als Kitsch denunziert, hat sie dazu gemacht.

Im Film fehlt der Auftritt von Tally Brown (New York). Sie war am Probentag nicht dabei. In der Bühnenshow war sie der Star; sie konnte ihre physische Unbeholfenheit und Häßlichkeit auf der Bühne in Kraft und Stärke verwandeln. Das Ensemble des TAT verabschiedete sich mit den Aufführungen vom 16. bis 18. Mai 1974. Es löste sich auf. Die Rosa von Praunheim-Show war der matte Abglanz eines sehr ehrgeizigen Projekts, die Mitbestimmungsdebatte, in die das Ensemble sich verstrickt hatte, gleichzeitig zu persiflieren und zu dokumentieren. »Die mitbestimmte Operette« war die Idee eines Theaterstücks von Rosa von Praunheim in Zusammen-

arbeit mit dem Ensemble des TAT und mit Evelyn Künneke. Nach vier Monaten Vorbereitung scheiterte es. Praunheims Absicht war es gewesen, »eine Dialektik aus Kitsch und Analyse, Sinnlichkeit und Sachlichkeit, Spaß und Politik entstehen zu lassen«[72] und das Künneke-Comeback zu erreichen. Die große Theaterlähmung sollte sich durch die Magie der großen Gegensätze in Mut und Belebung verwandeln.
Die Kritiker der Bühnenshow sahen »Verstörendes und Verunsichernd-Weiterwirkendes«[73] an »diesem seltsamen, plumpen, doch auch zweideutigen Abend«[74]. »Die Verwirrung in den Köpfen ist groß«, schrieb Peter Iden[75], denn er konnte es nicht fassen, daß die gleichen Leute in Frankfurt mit der Polizei um besetzte Häuser kämpften und es mit Rosa und Evelyn hielten. – Der Film ROSA VON PRAUNHEIM ZEIGT zeigt Leute, die um einen Platz auf der Bühne kämpfen. Es wird klar, daß man für den Kampf Energie braucht und Mut. Und da nicht alle geübt sind, sich solches durch die Lektüre der *Zeit* vermitteln zu lassen, erklärt sich vielleicht doch der »sonderbare« (Peter Iden) Gang zu Rosa und Evelyn.

Monolog eines Stars. 1974

Aufnahmen der Autobahnausfahrt Hollywood Exit. – Der erfolgreiche Star Milli Molton (Milli Büttner) hält einen ekstatischen Monolog: »Ich gehöre zu ihnen, den Großen dieser Welt, und ich bin glücklich. Mein Publikum feiert mich.« In einer komplizierten Position läßt sie sich von einem gänzlich unkomplizierten Bodybuilder ficken. Eine Journalistin stellt die Interviewfrage, wie sie sich die Liebe vorstelle. Das gibt Anlaß für einen inneren Monolog, der mit vielen Rosen bebildert wird. Im Stretchpaillettenkleid erscheint eine Kollegin (Evelyn Künneke): »Ein Filmmacher hat mich entdeckt.« Das Gespräch stockt. Im off hört man Praunheims Regieanweisung: »Sag, daß du sie bewunderst.« Der Dialogsatz »Ich bewundere dich« ist die Folge, und das Gespräch nimmt seinen Fortgang. »Ich hab die Genugtuung, daß ich ein ganzer Kerl bin«, schließt Evelyn Künneke. Das aber ist der Molton zu viel. Sie greift zu Alkohol und Drogen und wird erfolgreich einer stationären psychiatrischen Behandlung unterzogen. Milli Molton erkennt, daß ihr Starsein »vielmehr die Arbeit einer Nutte« war. Im einfachen schwarzen Hemd erfährt sie, daß sie sich selbst entfremdet war. Da helfen nur Stanislawski, Brecht und Grotowski. Ihr Monolog führt zur Erkenntnis: »Durch Kunst hat der Mensch die Möglichkeit, den göttlichen Funken, der in jedem von uns schlummert, zu erwekken.« Sie entdeckt die Liebe, und das ist der bildhübsche junge Dean (Rosa von Praunheim), gekleidet in einen weißen Anzug mit schwarzem Hemd. Pat Boone singt von seinen »Star Dust Memories«, aber schon zeigen Außenaufnahmen einen Nahverkehrszug der Deutschen Bundesbahn, und Dean verläßt sie, für immer. Schwarz sind die Lippen geschminkt, die Fingernägel lackiert. Ein Bubikopf gibt ihr harte Konturen, und sie hat Angst, »Angst vor der Liebe, der Welt, der Realität. ... Die vielen Bücher haben mir nicht geholfen, sie machen mich nur noch selbst verwirrt.« Ihre Vorbilder sind jetzt Marilyn Monroe, Jane Mansfield, Candy Darling. Sie fühlt, daß sie eine ausgebeutete Frau ist, wie alle anderen. Und im Tempo des Seewetterberichts-zum-Mitschreiben verkündet sie den Merksatz »Wir Frauen sollten es lernen, daß die Liebe nicht der einzige Lebensinhalt ist«. Zwischen roten Rosen liegen die Tablettenröhrchen. Sie folgt den Vorbildern in den Tod.

Monolog eines Stars

Monolog eines Stars

Das Starklischee ist ausgespielt. Im Lauf des Films kommt des Regisseurs eigene Biografie hindurch. (Ein Jahr später malte Milli Büttner Praunheim inmitten von Rosen und einem Kranz sich ekstatisch reckender Männerleiber. Das Bild, auf dem Cover des *Sex-und-Karriere*-Buchs, erfreut sich eines hohen Bekanntheitsgrades.) Der Film treibt die Kleinbürgerphantasie von der Großen Welt ins Extrem – und beschädigt sie (etwa wenn der Regisseur Anweisungen hineinspricht). Das Bühnenhafte der Frau ist für Praunheim das stilistische Mittel, eigene Erfahrungen widerzuspiegeln: »Die totale Fixierung auf den Mann, die Unselbständigkeit, das Desinteresse an sich selbst, die Rituale der Äußerlichkeit, die Lust an der Unterdrückung weisen so viele Parallelen zum Schwulenproblem auf und finden sich überspitzt und parodiert im Transvestiten. Vor allem aber interessiert mich der Aspekt der Vereinzelung, der Vereinsamung der Frau, ihre Unfähigkeit, sich mit anderen Frauen zu solidarisieren.«[76]

Gesehen haben die Mitarbeiter dieses Bandes die Fernsehfassung des Films, die Praunheim um 18 Minuten gekürzt hatte. Es fehlen die Sequenzen mit Hannes Eyber, dem ständigen Mitarbeiter Praunheims – er spielte einen Mörder –, und mit Peggy von Schnottgenberg, welcher den Lehrer spielte, dessen

Bücher Millie Molton nicht geholfen hatten. Gedreht wurde der Film, abgesehen von den Außenaufnahmen in Hollywood, in Frankfurt.

MONOLOG EINES STARS ist ein Film für Zuschauer, eine therapeutisch gemeinte Hilfestellung, Kunst und Kitsch zur eigenen Sache und damit für sich selbst produktiv zu machen. Der Zuschauer soll »dadurch selbst zum Künstler, zur phantasievollen Produktivkraft«[77] werden. Praunheim sagt den Satz aufrichtig, nimmt ihn aber, so überspitzt, wie er ist, wieder zurück. Dadurch kommt Spiel in den herbeigewünschten Kommunikationsprozeß zwischen Film und Publikum. Daß der MONOLOG EINES STARS zu Dialogen mit den Zuschauern geführt hat, kann man der deutschen Presse freilich nicht entnehmen.

Underground and Emigrants. 1975/76

Der Film erläutert sogleich die Absicht, dem sterilen deutschen Kulturbetrieb eine Alternative aufzuweisen. Diese ist das New York des Underground, der off-off-theatres und derjenigen deutschen Emigranten, die dort ihren Platz eingenommen haben. Praunheim spürt den vielen Stars der Subkultur nach. Mit Charme und Geschick weiß er sie in seinem Hotelzimmer zu versammeln: als Gäste zu seinem 33. Geburtstag. Wehmütig verabschiedet er sich von New York, doch er ist voll Tatendrang: in Deutschland gilt es das (kulturelle) System zu verändern.

Praunheim verliest im off ein Manifest: »Ich bin nach New York gefahren aus Wut auf den sterilen deutschen Kulturbetrieb, der akademisch, steif und unvital ist. Beamtetes Theater ohne Risiko. Die Schauspieler ohne Persönlichkeit und Identität, mit einer falschen Ausbildung und voller Angst, privat zu sein. – Marionetten verklemmter Theoretiker. – Freie Gruppen gibt es kaum. Das todsubventionierte Kultursystem und der mittelständisch behäbige Status der Deutschen verhindern es, und es ist kein Ende abzusehen. Wir fühlen uns wohl, wir nehmen es hin und rechtfertigen diese beschissene Situation, denn die, die auf dem subventionierten Thron sitzen, haben kein Interesse, es zu ändern. Sie sind unfähig, arrogant und

spießig, ohne Fantasie, unerotisch und unendlich feige. In New York sind die Theater finanziell schlechter dran. Viele Schauspieler müssen auf den Strich gehen oder mit Drogen handeln, aber sie lieben ihren Beruf, sie können, ohne kreativ zu sein, nicht leben. Unter dem Druck der großen kommerziellen Broadwaytheater ... ist Anfang der 60er Jahre eine Gegenbewegung entstanden: das off-off-Broadway-theatre, ein armes Theater in Kellern, Fabriken, Kneipen und auf der Straße. Ein verrücktes, poetisches, expressives, sinnliches Theater voller Glamour, Vitalität und Spaß. ... Die meisten Theaterleute sind schwul, Schwule, die durch ihre Unterdrükkung mehr als andere an Sensibilität und Phantasie entwickelt haben, die der Kunst in allen Sparten zugute kommt, und Schwule, die Glitzer, Transvestiten und alte Showstars lieben.«
Der Film präsentiert als erste legendäre Figur Greta Keller. Praunheim kommentiert: »Sie hatte Halsschmerzen. Ihr junger Freund die Grippe. Wir wurden Freunde. Ich wurde krank.« Dann wird der Film euphorisch. Eine wilde Schnittfolge reagiert auf das Bild »We Turn Manhattan in a Night of Joy«. Kontrastbilder führen Stadtstreicher vor und The Toilet, die wildeste Pornobar in New York. Auch dort wird off off geprobt. Der Regisseur treibt einen Nackten, der ein Manuskript in den Händen hält, mit den Zurufen »fucker, killer« zu Höchstleistungen an. In einer Fabrik an der Bowery wohnt W.S. Burroughs, »der größte Dichter Amerikas.« »Ich durfte ihn fotografieren.« Ernst schaut er in die Kamera, doch bleibt er stumm.
Im puertoricanischen Poets Café tritt Praunheim mit dem Mikrofon in der Hand als Reporter auf. Er wird von Lloyd Williams gefilmt. Fred Newman beruft sich auf Stanislawski, Grotowski und Brecht. Die Kamera zeigt derweil in Großaufnahme seinen Fuß. Er trägt Sandalen. – John Vaccaro inszeniert ein Tarzanmusical mit Tony Carol, dem Bodybuilder Mr. World (»King of the YMCA), welcher anschließend auf dem Hochhausdach von Praunheim interviewt wird. Die Antworten sind schwer verständlich, doch kommt Praunheims Englisch voll rüber: »O.k., I wish you good luck for the show.«
Höhepunkt des Films ist der 25. November 1975. Praunheim feiert seinen 33. Geburtstag. Im Chelsea Hotel. Der Ansturm und Glamour der Gäste sind umwerfend. Die Kamera, home

Underground and Emigrants

movie, filmt jeden, der ins Zimmer tritt, und der Ton nennt Namen, die jeder Insider kennt: die Luetze aus Berlin und Gabi Larifari. Aber das ist doch die große Tally Brown. Und Taylor Mead, die Supertunte? Der Filmmacher ist im Herzen der Millionenstadt. Ecke 2nd Avenue/11th St., The Tavern: Jackie Curtis singt ihr schönstes Lied, und Transistar Holly Woodlawn bringt ihre große Vergangenheit (Warhols *Trash*) in einer eigenen Show unter.

Der Film ändert abrupt das Klima. Praunheim wechselt das Sujet und filmt Alice Carey, Chefreporterin einer TV-Station, die auf der Lafayette Street vor den Fassaden des Astor Place Theatre und Joseph Papp's Public Theatre im bekannten pausenlosen Stil die Geschichte der off-off-Theatres referiert. Da der schnelle Text, der unübersetzt bleibt, schwer aufzunehmen ist, wandert des Zuschauers Blick – und das ist jetzt die UNDERGROUND AND EMIGRANTS-Kamera, die offenbar auch Verständnisschwierigkeiten hat – die Fassaden rauf und run-

Underground and Emigrants

Underground and Emigrants

ter. Blende, Schärfe, überhaupt die Optik ist fehlerhaft. Es bleibt ungewiß, ob das Vorsatz oder Fahrlässigkeit ist.
Auf deutsch erfahren wir dann, daß Ellen Stewarts (La Mamma) Erfolg auf »viel Liebe, Freude und harte Arbeit« zurückzuführen ist. Aufs Wort kommt es aber nicht an. Fernando Arrabal kommt ins Bild; »ich verstand kein Wort«, gesteht Rosa von Praunheim und fährt fort: »Ich verliebte mich sofort in ihn und saß zu seinen Füßen.« Der Ton des Interviews mit Grete Mosheim ist merkwürdigerweise nicht zu hören. Die Kamera notiert einen Probenbesuch im Theater Robert Wilsons sowie einen Gang in die Al Carmino-Kirche, eine Visite bei Stephen Holt, an dessen Stücken, wie gesagt wird, das Schauspielhaus Bochum interessiert ist. Auf einer Straße zieht Stuart Sherman einen Schuh aus und an und aus und an und aus. Sogar das »Theater als Mittel zur Resozialisation und als soziale Anklage« ist durch The Family vertreten, aber auch durch Danny Partridge aus San Francisco, der hier in New

Underground and Emigrants

York, das erfahren wir an dieser Stelle auch, ohne jede Foundation-Mittel auskommen muß.
Doch grade wenn das Geld knapp ist, wird New York kreativ. Schon singt ein Glatzkopf mit langen schwarzen Strümpfen sein »Come back to me, I will make you happy«. Das ist Paul Venase. Und dann erscheint Untergrundveteran Jack Smith *(Flaming Creatures)*, »ein Verrückter in seinem Appartement«; »er lebt in grausamer Armut« und führt der UNDERGROUND AND EMIGRANTS-Kamera ein praktisches Performance/Ritual vor: vorm geladenen Publikum vergipst er seine Zimmerdecke, da, wo die eisernen aber nässenden Abflußröhren durchstoßen *(Plaster in Paradise)*.
Nachdem sich Divine *(Pink Flamingo)* verbeugt hat, erscheint Lil Picard in Praunheims Panoptikum. Es wird zunächst mitgeteilt, daß sie für *Die Welt* und *Das Kunstwerk* schrieb und Ende der 50er Jahre Warhol entdeckte. Dieser erscheint auf einer Party. »Er macht jetzt Society« (Picard), weil er aus schäbigen Verhältnissen kam (Vater Arbeiter, Pole) und diesen entrinnen will (Mutter senil, Tschechin, lebt bei Andy). Dieser Analyse folgt Schlußbild und Krönung des Films: Rosa von Praunheim. Durch ihn ging alles hindurch, er repräsentiert die Szene New Yorks. Das Bild zeigt ihn dem Spiegel gegenüber. Zu sentimentaler Westernmusik überblendet sich sein Kopf, und er spricht die letzten Worte: »Ich verlasse New York in Wehmut und Trauer.« Was bleibt, ist die Hoffnung, »bei sich im eigenen Land etwas produktiv zu verändern«.
Ernst und Spiel, Botschaft und Farce sind in der Schlußsequenz unheilbar vermischt. Der Film selbst ist die erstrebte »Alternative zum langweiligen deutschen Kulturbetrieb«, welchletzterer eben diesen Film ermöglichte (finanziert mit 30000 Mark vom SFB und 20000 vom Deutschen Akademischen Austauschdienst). Dem Kunstgenuß entzieht sich der Film. Er hat »Kratzer, dicke Laufschrammen, starke Über- und Unterbelichtungen, Lichteinfälle. Er ist sehr oft asynchron und ich bin stolz darauf.«[78]
Mit der 16 mm-Beaulieu-Kamera und einem winzigen Sony-Kassettengerät zog Rosa von Praunheim begeistert durch die new yorker Szene oder doch auf ihren Spuren und vermittelte vor allem den Elan der off-off-Bewegung der sechziger Jahre. Auf die Emigranten kommt er nur zu sprechen, wenn sie zur Bewegung gehören. Er hatte schon viele Szenen gedreht, be-

vor er mit den Geldgebern einig wurde. Geplant war anfangs ein autobiografischer Film über das Thema Homosexualität und Kulturbetrieb. Das Material entstand im entsprechenden Kommunikationsbereich Party, Straße, schwule Subkultur (Orgienbars und Saunas) und vor dem Spiegel, der ihn selbst zeigt. Die Hektik der Aufnahmen ist begründet, die Zeit des Undergrounds war damals, 1975/76, schon vorbei. Es galt, die Spuren zu sichern. Auch für diese Arbeit ist der Film ein Dokument.
In den USA wurde besonders die Alice Carey-Sequenz, in der die lediglich verbal mitgeteilten Erfolge von Papp's Public Theatre zu höchst mangelhafter Filmtechnik kontrastieren, als »freakishly funny« bejubelt. Daryl Chin hält es für unmöglich herauszufinden, ob dieser Kontrast beabsichtigt ist oder nicht. Sie sieht darin den Punkt des Films, denn die Frage werde angesichts des »moral fervor« irrelevant.[79]

Porträt Marianne Rosenberg. 1976

Rosa von Praunheim wird von Albert Krogmann interviewt. Das gibt ihm Gelegenheit, die hohe Stimme der Sängerin zu rühmen; sie reiche an Qualitäten chinesischer Schlagersängerinnen heran. Er lobt die amerikanische Kitschigkeit des

Porträt Marianne Rosenberg

Stars; sie erziele das durch eine Übertreibung, die eventuell jedenfalls teilweise Parodie sei. Die Tonspur bringt »Fremder Mann«. In der folgenden Sequenz ist wiederum Rosa von Praunheim zu sehen. Er steht aufgeregt am Flughafen, eine rote Rose in der Hand, und holt Marianne Rosenberg ab. Erste Frage: »Ich darf doch du sagen? Bist du glücklich?« Antwort: »Man jagt dem Glück hinterher.« Hinter einem durchsichtigen Vorhang läßt sie nunmehr die deutsche Version des amerikanischen Schlagers erklingen: »Wenn es Nacht wird in Harlem«. Das gibt Praunheim Anlaß zur Frage: »Wie stehst du zur Homosexualität?« Antwort: »Es stört mich nicht.« Praunheim: »Erzähl von den Tieren.« Sie tuts. Nunmehr ertönt »Liebe kann so weh tun« (Joachim Heide). Dann tritt Marianne Rosenberg vor einen Rosenherz-Vorhang. Praunheim: »Dein Name läßt darauf schließen, daß du Jüdin bist. Wurdet ihr rassisch diskriminiert?« Antwort: »Nein.«

Die Ausstattung des 12-Minuten-Films, der von einem Fernsehteam für die Reihe »Treffpunkte« gedreht wurde, ist dreist ins Überkitschige gesteigert. Marianne Rosenberg fand nichts dabei. Sagt Rosa von Praunheim. »Sie hat gestutzt.« In den Draperien der Interview-Wohnung (es ist die von Ulrike Ottinger) und in den Tanzbewegungen einer Dritten (Tabea Blumenschein) entwickelt sich eine Sub-Bild-Ebene, die allerlei lesbische Signale enthält. Diese bieten sich jedoch primär nicht zum Entschlüsseln an. Die Mutter der Marianne Rosenberg, die während der Filmaufnahmen dabeisaß, griff nur bei der Frage nach der rassischen Verfolgung ein. »Das geht ans Image.« Unterbrechung der Aufnahme. Und dann kam das schlichte »Nein«.
Praunheim erzählt, daß Marianne Rosenberg erkältet war und Fieber hatte. Das störte weder sie noch ihn, da sie sich gegenseitig vom Fernsehinterview etwas versprachen, und das sollte eh fiebrig sein. Wie anders als im Fieberwahn kann man die Interviewfragen stellen, die Christoph Eichhorn für Praunheim zuvor eiskalt ersonnen hatte? Der Kitsch der Regenbogenpresse wird verdoppelt und mit halbem Einverständnis entlarvt. Praunheim steht auf Du und Du mit dem deutschen Popstar und berauscht sich an der bezaubernden Kopfstimme. »Wenn sie ihr Lied ›Wenn es Nacht wird in Harlem‹ singt, zerspringen die Gläser.«[80] Und gleichzeitig ironisiert er

sie, liebevoll. Das Klischee der Fernsehsendung und der Starpresse ist gleich mitgemeint. Niemand kann Praunheim deshalb böse sein. Weil er die vielen Klischees nicht attackiert, sondern benutzt, ja überhaupt erstmalig mit Leben füllt. Drum ist das PORTRÄT ein genialer Film, zu dem alle, gewiß widerstrebend, ja sagen können.

Ich bin ein Antistar. Das skandalöse Leben der Evelyn Künneke. 1976

Die Sängerin Evelyn Künneke erzählt aus ihrem Leben. Sie kramt in alten Fotos und empfängt Freunde: alte (Kolleginnen von einst) und junge (aktuelle Liebhaber). Filmausschnitte zeigen sie jung und schön. Der Film folgt ihr auf dem Weg in die Subkultur und die eine oder andere Homobar. Dieser Weg führt sie wieder ganz nach oben. Sie singt »Ich bin ein Antistar« und ist Praunheim dankbar. Auf dem Bahnhof Bochum erwarten sie Ensemblemitglieder des Schauspielhauses. Rüdiger Kuhlbrodt wirft ihr einen schmelzenden Blick zu: er ist ihr neuer Partner (Baron von Geigern) in der Praunheim-Inszenierung *Menschen im Hotel,* in der sie, wie könnte es anders sein, der Star ist (Eva Garden).

Eine lange Einstellung zeigt das aufgequollene Gesicht der 57jährigen, knallrote Lippen zum Kußmund verzogen, die Augen schwarz zugeschminkt, drum herum gelb (Locken) und weiß (Boa). »Singen können viele Leute«, doch Evelyn Künneke bekennt: »Ich bin ein Antistar.« Die Star-Zeiten sind Fotos zu entnehmen, von früher. »Sing, Nachtigall, sing«. Ihr berühmtestes Lied (von Michael Jary). Es wurde sechs Millionen Mal verkauft. Eine Schnittfolge aus Fotos und Filmausschnitten führt zum großen Step-Auftritt im Film *Karneval der Liebe* (1942. R: Paul Martin). Erst 1940 war Evelyn Künneke als Sängerin entdeckt worden, von Michael Jary in Berlins Ciro-Bar. Evelyn erzählt ihr Leben. Sie sitzt in der Badewanne, zusammen mit dem Reporter. Sie hat Mühe, ausreichend Schaum auf ihrem großen Busen zu verteilen, auch wird sie vom Knie des Reporters abgelenkt: »Ich habe dein Knie gesehn, es war wunderschön.« Außerdem muß sie den Regieanweisungen Praunheims gehorchen, der mehrfach vernehm-

Ich bin ein Antistar / Karneval der Liebe

lich in die Szene spricht. Sie berichtet unter diesen Umständen, daß sie einerseits mit fünfzehneinhalb Jahren von einem jüdischen Steptänzer begattet worden sei, andererseits das Kriegsverdienstkreuz mit Schwertern erhalten habe und wiederum andererseits wegen Wehrkraftzersetzung zum Tode verurteilt worden sei.

Die Goldenen Schallplatten-Jahre der 50er verblassen. Die Kamera zeigt die Bilder, die sie, allein und depressiv, gemalt hat. Ein Sonnenuntergang in Öl. Ein Pferd. Eine Katze. Und Rosa von Praunheim. Evelyn, aufgekratzt: »Streit mal mit mir, Holgerlein.« Dann kommt schon – »Mutter muß sich jetzt schminken« – der Auftritt mit »Surabaja Johnny«. Sie steht direkt vor der Wand und erzählt von Tabletten und Alkohol, aber schon werden rettende Fotos gezeigt: Rosa von Praunheim tanzt mit ihr, 1973 auf dem berliner Tuntenball. »Seine homosexuellen Freunde haben mir sehr geholfen.« Eingeschnitten wird der Archediakon-Akt aus AXEL VON AUERSPERG: »meine interessanteste Rolle«.

Der Film bringt sie zu Maurus Pacher. Im Club David singt sie von den Maronen, die laut auf dem Ofen krachen, und von Kikilala Hawai. Über Michael Jary führte der Weg zu Walter

Haas, und schon ist die Platte mit dem Clublied produziert: »Ich bin wieder da.« Ein Besuch der Kollegin Angèle Durand führt zum Duett »Die Girls von Little Rock«: ein frisch inszeniertes Dokument deutscher Starkultur.
In ihrer Wohnung findet sie die Tasche nicht. Man hört, wie sie einem, der nicht im Bild ist, entnervt zuruft: »Röschen, es ist sinnlos, daß du mitsuchst.« Dann erscheint auch schon Jürgen Hartmann, ihr Schneider und ihr Freund, sowie Martin Jason, ihr Friseur und ihr Freund. Zum Männer-Striptease trägt sie »Allerdings, sprach die Sphinx« vor. Schriftverkehr ist zu erledigen. Als Libretto wird ihr »Frühling in Berlin« vorgeschlagen: »o mein Berlin / du bist im Frühling wunderschön / wenn wir durch den Frühling gehn / o Berlin, du wirst nie untergehn«. Sie lehnt ab (und Praunheim hat den Titel für FRÜHLING IN FRANKFURT gefunden).
Eine Kartenlegerin sieht Unheil nahen. Die Künneke trägt vor: »Ich bin nur ein armer Wandergesell«, »Gute Nacht, liebe Freunde, gut Nacht«. Sie singt am Sarge von Dietmar Kracht (er starb am 3. Juli 1976, dem ersten Drehtag von ICH BIN EIN ANTISTAR). Die Aufnahmen sind dokumentarisch. Auch das rote Herz im Rosenkranz auf der Grabkiste. »Auf Wiedersehn, Dietmar Kracht, in einer anderen Welt«, spricht Evelyn Künneke. Dann sieht man sie – eine Sequenz aus ROSA VON PRAUNHEIM ZEIGT – mit ihm im Duett unter dem Symbol des flammenden Phallus: das noch unvollkommene, wenig geprobte, aber herzliche »Haben Sie schon mal im Dunkeln geküßt«. »Ich glaube, wenn wir deine Beerdigung filmen, daß das in deinem Sinne wäre«, sagt Evelyn mit tränenerstickter Stimme. Ein kurzer Blick auf den Unglückssee beschließt die inszenierte Dokumentarsequenz.
Die ostentative Sentimentalität wird überführt in die Konzertsequenz. Edvard Lieber spielt das sonst nie zu hörende Klavierkonzert Nr. 2 von Eduard Künneke. Schlußbild ist das Straßenschild »Eduard-Künneke-Str.« in Emmerich. Stimmungswechsel. Die Badewannenszene setzt sich fort. Die Künneke dementiert die Presseberichte über die Zahl ihrer Liebhaber. Wenn's 350 sind, dann sind es viel. Dann umringen sie schon die nächsten Liebhaber. Auf dem Bahnhof. Es sind Ensemblemitglieder des Schauspielhauses Bochum. Dort spielt sie die Sängerin Eva Garden in dem Stück *Menschen im Hotel,* inszeniert von Rosa von Praunheim. Von der Büh-

neninszenierung, die ein sehr lautes Presseecho ausgelöst hatte, erfährt man so gut wie nichts. Doch ist dokumentiert, wie die Künneke »Röschens Charme« beschreibt: »gähnt, wäscht sich nicht, hört nicht, hat den Ausdruck eines störrischen Maulesels«. Hingegen sie: ein rosaroter Elefant. Sie singt das Lied. Zuguterletzt antwortet sie auf die Interviewfrage »Wie stellst du dir die Zukunft vor?«: »Ich will gern Psychotherapeutin für Minderbemittelte werden.«
Der Film dokumentiert die Herstellung eines Dokuments (des Porträts der großen Sängerin). Das geschieht in der Form einer totalen Inszenierung. Den Einzelteilen (zum Beispiel der

Ich bin ein Antistar

Schlußantwort) ist ebenso viel und ebenso wenig zu trauen wie dem Titel des Films. Der Film nimmt das, was er zeigt, wieder zurück; der Regisseur greift ein. Aber dennoch bleibt dem Zuschauer überlassen, stets neu zu entscheiden, was er glaubt (den Tränen am Grab von Dietmar, der Evelyns Hausgenosse gewesen war) und was nicht (der beruflichen Zukunft des Stars). Sicherlich bewirkt der attraktive Zwang, sich von den einzelnen Zügen des Porträts eine halbe, dreiviertel oder gar ganze Überzeugung zu verschaffen, die Anteilnahme des Zuschauers. Evelyn Künneke kann keinem gleichgültig bleiben. Übrigens ist sie weder Antistar noch Star, sondern in all

Ich bin ein Antistar

den offensichtlichen Klischees höchst unklischeehaft, ganz gegenwärtig. Sie kommt zum Schluß des Films so nah, wie der Minderbemittelte sich den Therapeuten wünscht. Von diesem Film gibt es viel zu lernen. Hatte Praunheim nicht gesagt, daß

Ich bin ein Antistar

er sich Typen in seinen Filmen sucht (und eben nicht Schauspieler), damit *er* etwas lernen kann (und nicht umgekehrt)? ICH BIN EIN ANTISTAR ist der zärtliche Versuch des Paares Künneke-Praunheim, sich gegenseitig zu übertölpeln. Evelyn Künneke war zuvor vor Praunheim gewarnt worden, der sie reinlegen wolle. Sie kehrte die Bedrohung mit Wonne um. Praunheim erzählt, wie sie ihm – übrigens erfolgreich – die bochumer Theateraufführung »kaputtgemacht« habe (dort verweigerte sie sich listenreich dem Antistar-Konzept und trat als sich begnadet fühlende Schauspielerin auf die Bühne). Die gegenseitige Ausbeutung war gleichzeitig gegenseitige Unterstützung. Künneke und ihr Regisseur erscheinen im ANTISTAR-Film solidarisch. Trotz aller Zynismen, Parodien, Entblößungen und vorsätzlichen Unvollkommenheiten erscheint die Porträtierte respektiert. Das ist eine Frage der Ästhetik des Films. Die Künneke, von engen Freunden in Szene gesetzt, verliert ihre Funktion als ausgestelltes Porträtobjekt und wird Mensch, entspannt, selbstverständlich, ernsthaft. Das Exhibitionistische, Exzentrische, Ferne schlägt in dampfende Wärme um. Die naiv-listige Kunstlosigkeit des Films legt den Weg frei – durch das Porträt hindurch auf die Porträtierte. Diese kann sich selbst in Szene setzen: zum Selbstporträt. Sie kann dominieren, und sie tut es. Praunheim erzählt, wie sie während der Proben zu *Menschen im Hotel* hinter seinem Rücken ihre eigene Regie führte. Während Praunheim die Stepkünste seines Darstellers Christoph Eichhorn unverfälscht zeigen wollte (Eichhorn war Regieassistent für das Theaterstück und spielte im Stück verschiedene sehr schöne Rollen als Stubenmädchen und Putzfrau), versuchte die Künneke, den Eichhorn-Step zu professionalisieren. Bei einer heimlichen Probe in der Kantine kam zwar nicht Eichhorn, wohl aber seine heimliche Meisterin zu Fall und brach sich die Hand. Das sorgte für Publicity, ohnehin angeheizt durch die Heiratsabsichten, die Künneke und Praunheim kunstvoll bestätigten und dementierten.

Entwickelt hatte sich ICH BIN EIN ANTISTAR aus dem praunheimschen Projekt der »mitbestimmten Operette« für das TAT, das frankfurter Theater am Turm. Evelyn Künneke sollte darin dem kulturpolitischen Teil Gegengewicht bieten. (Ihr Auftritt in ROSA VON PRAUNHEIM ZEIGT ist das, was vom Projekt geblieben ist.) Der weitere Plan, den »Operetten«-Teil des

Projekts zur Künneke-Biografie auszugestalten, sollte ursprünglich auf Videoband verwirklicht werden.
Der Film, der schließlich gedreht wurde, und dessen Fernsehausstrahlung fanden in Deutschland wohlmeinende Stimmen. »Was man von Evelyn Künneke auch halten mag: nach diesem Film wird man doch Respekt empfinden für dieses manchmal so schrecklich aufgedonnerte Weib, dessen neuerwachte Lebensstärke die Summe ihrer Schwächen ist«, schrieb Peter Buchka.[81] Helmut Schödel ließ sich zu einer »Ästhetik der schwulen Subkultur« anregen und stellte einen literarischen Vergleich mit Thomas Manns *Tod in Venedig* an: »Der falsche Jüngling, das alte Kind, ist Aschenbachs wahres Spiegelbild. Der falsche Showstar, das alte Kind, ist Rosa von Praunheims wahres Spiegelbild.«[82] – Im Gegensatz zum Film wurde die bochumer Theateraufführung *(Menschen im Hotel)* gnadenlos verrissen: »abstoßend, inhuman, unaufrichtig, zynisch«[83], denn Praunheim sei kein Regie-Profi, sondern Dilettant und treibe Schindluder mit den Theatersubventionen, die immerhin öffentliche Gelder seien[84].
In New York lief ICH BIN EIN ANTISTAR im Museum of Modern Art. Das Publikum war durch eine Praunheim-Retrospektive in den Anthology Film Archives sachkundig gemacht worden. Daryl Chin[85] meinte, daß ICH BIN EIN ANTISTAR von allen Praunheim-Filmen auf allen Ebenen am meisten engagiert sei, und sie lobt die Integrität, die Rosa von Praunheim in diesem Film gezeigt habe, der vorsätzlich ohne Kunst auskomme.

Frühling für Frankfurt. 1977

Ein Plakat fordert für den 20. März 1977 ein »Ja: Frühling für Frankfurt«. Zooms und Schwenks stellen ostentativ eine Beziehung zwischen dem Kameramann und den Hochhäusern vom Frankfurter Berg her. Dazu hört man das Statement einer Bewohnerin des 24. Stocks. Sie kommt sich »wie im Krankenhaus« vor. Ist es ein Lob? Das Bild zeigt jedenfalls ein Hakenkreuz, das an die Wand gesprayt ist. Das gibt Anlaß, vom Krieg zu erzählen und von der Beerdigung des Ehemanns. Andere Stimmen mischen sich ein: »Das muß gesäubert werden. Es muß endlich eine andere Jugend geboren werden.«

An dieser Stelle wird Pfarrer Freiberger vor seiner Kirche gezeigt, und eine Frau (Frau Porabczil) berichtet im off von ihrem halbjährigen Aufenthalt in der Irrenanstalt Merxhausen. Auf Fragen des Interviewers (Praunheim) bejaht sie: »Jawohl, Kinderbetreuung würd ich mitmachen.« Mit einem Wiederholungsblick auf das Plakat »Frühling für Frankfurt« endet der 13-Minuten-Film.

Der Film ist eine Vorstudie für den fast drei Stunden langen Film DER 24. STOCK. Gleichzeitig weist er die Verwendung einer Kurzfilmprämie des Bundesministers für Inneres nach. Er wurde ein einziges Mal aufgeführt (1978 am Rand der berliner Filmfestspiele) und gibt nach wie vor allen Eiligen Auskunft über den langen 24. STOCK. – Der Titel bezieht sich ironisch auf ein nicht realisiertes Projekt des Regisseurs: »Frühling in Frankfurt am Main« ist der Entwurf eines Handlungsballetts (1974). – Im übrigen war der am 20. März annoncierte Frühling in Frankfurt nicht aufzuhalten. Wallman war Bürgermeister und die Wirkung des Films gleich Null.

Der 24. Stock. 1977

In einem Hochhaus des Frankfurter Bergs kommen die Mieter des 24. Stocks zu Wort. Die Kamera zeigt ihre Lebensumstände, den Seniorenclub, den Weg zum Einkaufszentrum. Als Kontrast erscheinen Altbauwohnungen, die Fassade des frankfurter Hauptbahnhofs und – gleich zu Beginn – ein Ausdruckstanz auf dem Dach des Kommunalen Kinos (Maria Christiana Leven). – Im zweiten Teil des Films interviewt Praunheim Kommunalpolitiker und Vermieter (Neue Heimat). Ein Trickfilm-Teil macht Verbesserungs- und Verschönerungsvorschläge. Die städtebauliche Alternative findet sich jedoch in den Niederlanden. Praunheim zeigt Bilder von einer Rundreise im Architektenbus. Für den Frankfurter Berg fordert er Neubausanierung und Eigeninitiative. Die zuständige Ortsgruppe der Grauen Panther ist dafür ein Beispiel.

1. Teil:
Als erstes ist Praunheim selbst zu sehen. Er berichtet, wie er »versonnen am Ufer der Nidda saß und den giftigen Abwäs-

sern nachträumte«. »Die Städte, die ich durch meine internationale Filmtätigkeit kannte«, boten ein anderes Bild als die elf Hochhäuser im frankfurter Stadtteil Berkersheim, dem Frankfurter Berg. Der Tristesse und Misere dieses Kunstbaus wird gleich in der zweiten Sequenz Kontra geboten; die große Tänzerin Maria Christiana Leven zeigt im Flattergewand ihr expressives Können. Mitten in der City. Auf dem Dach des Kommunalen Kinos. Den Römer im Hintergrund. Und das ist das Stichwort/-bild für Frau Leven, von den Ersten Römerberggesprächen zu berichten, deren Veranstaltung sie durchgeführt hatte. Sie verspricht sich und macht einen neuen Ansatz.
Der Film stellt die Mieter des 24. Stock vor. Frau Vogt singt, allein und einsam, »Gott gehorchen macht frei«, die Kamera stöbert in der Hl. Schrift herum, in der die Merksätze unterstrichen sind. Dann flüstert die religiöse, aber kranke Mieterin vernehmlich: »Ich kann jetzt nicht mehr.« Das Straßenschild »Julius-Brecht-Straße« erinnert an die Neue Heimat, die Vermieterin. – Eine ostpreußische Witwe zeigt die Briefmarkensammlung ihres Mannes, der nach 39 Jahren Ehe verstarb. Es wird im Film nicht ausdrücklich gesagt, daß dies die 70jährige Frau Mischwitzky ist; doch hat der Regisseur publiziert, daß es sich um seine Mutter handelt. Sie lobt den 63er Bus, der in

Der 24. Stock, 1. Teil

der einen Richtung direkt zum Hauptfriedhof, in der anderen zum Einkaufszentrum am Weißen Stein in Eschersheim fährt. Sie weist mit Recht darauf hin, daß man Betunien (»mein ganzer Stolz«) möglichst frühzeitig pflanzen muß. Mit dem Fernstecher guckt sie auf einen der schönen Sonnenuntergänge hinter dem Balkon. Die Kamera verliert sich in Aquarelltönen.

Eine Nachbarin wird gezeigt. Sie lobt Frau Mischwitzky: »Ihre Mutter war die einzige, die mich zum Fernsehen einge-

Der 24. Stock, 1. Teil

laden hat, zum Farbfernsehen.« Sie sagt das dem – im Bild abwesenden – Gesprächspartner asynchron. Auf der Mattscheibe läuft »Mainz bleibt Mainz«. Im Seniorenclub, und das ist wieder dokumentierte Wirklichkeit, sitzen traurige Greisinnen mit Narrenkappen. Ein Kinderchor ermuntert: »Oma hilf uns doch mal aus, die Kinder sind allein zu Haus.« Es ist das traurigste Bild des Films.

Zu Aufnahmen von Altbauwohnungen hört man Rentnerstatements übers Wohnen auf dem Frankfurter Berg. Die Antwort des Beinamputierten, der über lange Unterhosen eine

Karnevalsjacke trägt, erscheint als Insert: »Ich habe hier nichts zu leiden, wenn ich mich nicht schummrig verhalten tu.« Doch er fürchtet: »Die kommen bald, die verhaften mich. Ich bin der Drahtzieher hier, der die Regierung stürzt, Adolf, Adolf II.« Die greisen Mieterinnen fürchten Adolf II. nicht, wohl aber die Amerikaner aus der nahegelegenen Kaserne, denn »es gibt auch Schwarze, die den Alten die Tasche wegnehmen: am Bahnhof Bonames«. Daher begleitet Praunheim eine Mieterin auf der Fahrt nach Frankfurt. »Ich bin froh,

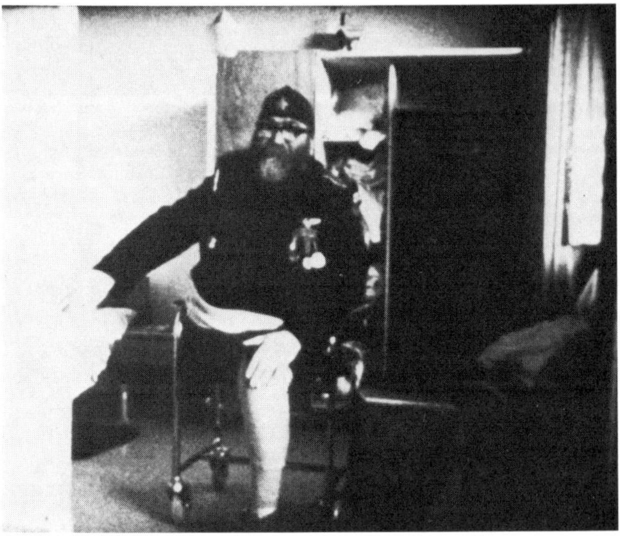

Der 24. Stock, 1. Teil

Herr Mischwitzky.« Die Kamera zeigt den Ornamentenschmuck der Fassade des frankfurter Hauptbahnhofs. Bilder einer Prozession. Und dann wildes Gezoome auf die Fassaden vom Frankfurter Berg. Die Architekturen werden filmisch vereinnahmt. Der I. Teil endet mit einem Kurz-Manifest (Praunheim, off): »Wir können *selbst* dazu beitragen, menschlicher zu wohnen. Von den Politikern halten wir nichts mehr.«

Der 24. Stock, 1. Teil

2. Teil:
Die Phänomene des 1. Teils werden analysiert. Kommentar (Praunheim, off): »Die Profitsucht siegte.« Bild: knüppelnde Bullen sowie ein Plakat, auf dem Wallmann strahlt. »Sozialdemokratische Gesetzgebung ließ das zu« (Praunheim). Das Bild führt den optischen Beweis für die verbale Behauptung: »Die Neue Heimat bringt nichts in Ordnung.« Wer hilft ab? Der Film schneidet Szenen eines Fernsehfeatures über die Grauen Panther in Philadelphia ein. Eine im 24. STOCK reichlich ölig klingende Moderatorenstimme: »Margrit Cohn zeigt, daß man auch vom Lehnstuhl aus soziale Kritik üben kann.« Praunheim zeigt Graue Panther vom Frankfurter Berg. Der Kommentar (jetzt im praunheimschen Manifeststil): »Wir wollen uns nicht mit Heintje-Liedern betäuben. Das System muß sich ändern.«
Den Grauen Panthern folgt die Vorstellung weiterer lokalpolitischer Gruppierungen. Der Bürgerverein vom Frankfurter Berg singt zusammen mit amerikanischen Soldaten »The German O Tannenbaum«. Everybody enjoys this song, und Herr Hoffmann bedankt sich für die freiwillige Soldatenarbeit für den neuen Playground am Berkesheimer Weg. Weil Herr Hoffmann die Wohnwagensiedlung »in Sichtweite der Hochhäuser« nicht eben beifällig erwähnt, sucht die Filmkamera den Schandfleck auf und kommt zu einem positiven Urteil. Herr Sauer, der in einem Insert als Vorsitzender des Mieterbeirats Frankfurter Berg vorgestellt wird, beklagt die Nichtbeteiligung des Bürgervereins am Stadtteilfest. Der SPD-Ortsverein gibt ein unbefriedigendes Statement zum geplanten Jugendzentrum ab. Der Film geht dem Vorwurf nach, Kaisers bescheiße als Monopol-Markt die Kunden vom Frankfurter Berg. Martin Berg, Bürgermeister, macht in seinem Amtszimmer das »System des sozialen Wohnungsbaus« verantwortlich. Doch Dr. Haverkamp will die – mangelnde – Infrastruktur nicht der Neuen Heimat angelastet wissen. Der Film hat von den Politikern genug. Er zeigt selbst die Utopie.
Nach dem Vorher/nachher-Prinzip demonstrieren Fotoübermalungen in Animationstechnik Reformmöglichkeiten. Private Gärten statt öffentlicher Rasen, Abenteuerspielplätze, Werkstätten, ein Grillplatz, ein Café-Restaurant, ein Dachgarten mit Swimmingpool, ein Freilichtfilmtheater. Statt der Hochhäuser wären jedoch erdnahe Modelle besser. Die Ani-

Der 24. Stock, 2. Teil

mation zeigt Risse in den Hochhäusern, sie zerplatzen. Alternativen sind in Holland zu sehen. DER 24. STOCK fährt mit. Es wird fantastisch. Das Wohnschiff »Marihuana«, die Wohnungen in den Bäumen. Der Praunheim-Kommentar fordert Neubausanierung und Eigeninitiative (statt Vertrauen auf die Entscheidungen der Politiker): »Vereint sind wir stärker.« Ein Gitarrist spielt vorm Abrißhaus: »Daddy, geh nicht fort von Alabama«.

Der fast drei Stunden lange Film ist in erster Linie eine Dokumentation, die durch die intime Kenntnis besticht, die Praunheim vom 24. Stock hat. Die Dreharbeiten dauerten mehr als ein Jahr, und das Drehverhältnis war 1:10. Die Asynchronität von Bild und Ton erhöht die Glaubwürdigkeit der Beschreibung. Es erscheint plausibel, daß die alten Mieterinnen ihre Meinung nicht vor aufgebauter Kamera, womöglich ausgeleuchtet und einer Maskenbehandlung unterworfen, sagen, sondern ohne technischen Aufwand neben dem schnell vergessenen Mikrofon. Das nicht-synchrone Bild zu den vielen Statements dokumentiert die Beteiligung und das Engagement des Regisseurs, der selbst Betroffener ist. Praunheims

Konzept, die Regeln des – nur vordergründig sachlichen – Features zu verletzen, führt zu einer, befreienden, Weiterentwicklung der Dokumentation. Der Verstoß gegen journalistische Dogmen (sich vom Interviewten persönlich-vertraulich ansprechen zu lassen, kommerzielle Firmen beim Namen nennen, etwas sagen, was nicht zur »Sache« gehört) machen den 1. Teil mehr als sachlich, nämlich gefühlvoll und fantasieerfüllt. Die Verschmelzung von Architektur und Menschen, von Praunheim angestrebt, wird freilich durch die vielen Zooms aufs Hochhaus nicht erreicht. Andererseits paßt die Aggressivität, die die Zooms auslösen, ins Konzept des Films.

Im 2. Teil wird das Kaleidoskop sowohl typischer wie expressiver Bilder von einer Anzahl Politikerstatements belastet, in denen das Bild Amtsstuben und der Ton politisch abgesicherte Formulierungen registriert. Dem Featurestil fehlt hier die Nähe und die intime Kenntnis der Personen, über die Praunheim im 1. Teil eindrucksvoll verfügt hatte. All das ist zu sehr handwerklich-journalistisch. Einzelne Sequenzen (wie die animierte Eigensanierung der Hochhäuser) behalten gleichwohl ihren starken Eindruck. Von den Manifest-Sätzen der Grauen Panther, Ortsgruppe Frankfurter Berg, die mit dem Pathos des Schwulenfilms verlesen werden, hätte man sich wünschen mögen, daß sie den ganzen 2. Teil des Films zur privaten Angelegenheit gemacht hätten.

Praunheims Absicht, die er mit dem 24. STOCK verfolgte, war eine doppelte: eine öffentliche und eine private. Einerseits sollte durch den Film bewirkt werden, mit den Bewohnern der Hochhäuser etwas zu verändern, gar eine Bewegung zu initiieren, wie sie dem Schwulenfilm folgte. Private Absicht war, das extreme Potential der Situation im 24. Stock als Kraft- und Mutquelle zu nutzen. Im Gespräch mit Lindzee Smith[86] berichtet er von seiner Entdeckung, »daß die durchschnittliche Kleinbürgerklasse, meist Frauen zwischen 50 und 70, viel verrückter sind als all die Superstars, die ich in New York traf ... (Sie) sind weitaus mehr paranoid und neurotisch, und was das System ihnen antut, ist unglaublich. Eine Frau schlägt hin, wenn die Klingel geht, sie hat jedesmal neue Prellungen oder Brüche. Sie ist total neurotisch. Eine andere Frau kreischt. Die Nachbarn lauschen vor ihrer Tür. Eine andere versucht, Opfer eines Unfalls zu werden, für den sie den Staat haftbar machen kann. Wir als sogenannte Künstler mit all unserer Fantasie können nicht extremer sein als diese Frauen.« – »Ich freue mich darauf, alt zu werden.«[87]

Das Hessische Fernsehen strahlte (am 29. Dezember 1977) nur den 1. Teil aus. Die Verweigerung der Sendung des 2. Teils wurde vom Fernsehen im offiziellen Ablehnungsbescheid damit begründet, daß dieser ein »verwirrendes, zerdehntes und nicht durchgeformtes Konglomerat« sei.[88] Vom Angriffsziel des 2. Teils – SPD und Neue Heimat – war nicht die Rede. Sie regierten damals unangefochten. Der Sendetermin war vor den Landtagswahlen. Die Mieter in Frankfurt wählten die CDU. Eine der Schwulenbewegung vergleichbare Mieterbewegung kam nicht zustande. Der Film entstand ohne Zusammenhang mit einer Basisbewegung wie den zeitgeschichtlich später folgenden Hausbesetzungen in Frankfurt. Praunheim war mit dem 24. STOCK zu weit vorgeprescht.

In den Programmkinos lief der Film in voller Länge. Die Rezeption war freundlich. Kraft Wetzel rühmte in der *Frankfurter Allgemeinen Zeitung* den »Schritt von der Beobachtung zur politischen Konsequenz«[89] und damit den vom Fernsehen (bei der Erstausstrahlung) zensierten 2. Teil des Films.

Der 24. Stock, 2. Teil

Portrait George and Mike Kuchar. 1977

George Kuchar hantiert in seiner Wohnung in San Francisco. Er ist dort Professor und an seinem Vollbart zu erkennen. Sein Bruder Mike, der einen Schnurrbart trägt, lebt bei seiner Mutter in New York und malte TV-Wetterkarten, bis er wieder zum Film zurückfand. Zu den Bildporträts läuft asynchron ein Ton-Interview. Die Kamera wandert im Haus herum und holt private Fotos heran, religiösen Nippes, Masken, Sex- und Kunstgegenstände. Eine Fotowand zeigt nackte Körper junger Männer. Praunheim, im Bild, im schwarzen Hemd: »Was sagten Mam und Dad dazu?« – Dann ist schließlich weniger Privates zu erfahren. George Kuchar erzählt von Ken Jacobs, Jack Smith, Andy Warhol und von der großen Zeit, als Mekas in der Zeitschrift *Film Culture* über die Kuchar-Brüder zu schreiben begann. Ein Filmausschnitt aus *Hold Me, While I'm Naked* von George Kuchar (1966) beschließt den Film.

Praunheim drehte das Porträt über die Zwillingsbrüder, die, wie dem Dauerkommentar zu entnehmen ist, »mit Beginn des Undergroundfilms weltberühmt wurden«, im Sommer 1977 in San Francisco. Mitarbeiter war Werner Schroeter. Beide teilten sich damals einen Lehrauftrag am San Francisco Art

Portrait George and Mike Kuchar

Portrait George and Mike Kuchar

Institute, Produktionsklasse Film. Praunheim produzierte den Film selbst und verkaufte ihn ans Hessische Fernsehen. Mike Kuchar wurde später Kameramann für Praunheims ROTE LIEBE.

Mit dem Kuchar-Porträt erklärte Praunheim seine Sympathie Filmmachern, die unprofessionell und dabei lukrativ mit den Mustern des großen Hollywood-Films umzugehen wußten. »Sie haben gezeigt, daß man Filme machen kann ohne Geld« (Praunheim). George und Mike Kuchar hatten – als Jünglinge – ihre gemeinsamen Filme in den 50er Jahren gedreht, in 8 mm (*The Wet Destruction of the Atlantic Empire:* 1954, *Screwball:* 1957, *The Naked and the Nude:* 1957). Sie hielten an der Spielhandlung fest, als im Underground der strukturelle Film in Mode kam. *Sins of the Fleshapoids* (1964; Mike Kuchar) und *Hold Me While I'm Naked* (1966; George Kuchar) »sind Parodien auf Kleinbürgergefühle. Sie legen die Hollywoodmaschinerie bloß in der Übertragung des großen Inhalts auf die viel kleineren Maßstäbe der unabhängigen Filmherstellung«.[90] In der Gruppe des New American Cinema (NAC), das Ende der sechziger Jahre zum Markenzeichen geworden war, gehören sie zu denen, die im Kino Erfolg haben und populär werden. Genau das ist Praunheims erklärtes Ziel.

Tally Brown, New York. 1977/78

Tally Brown singt »Heroes«, den David Bowie-Titel, und »Love in vain« (Rolling Stones). Auf ihren Wegen in Manhattan, in Las Vegas, in Miami erzählt sie von ihrer Karriere, von ihrem Entdecker (Leonard Bernstein), von ihrer Mutter. Ihre Freunde, Stars des new yorker Underground, werden vorgestellt; Holly Woodlawn singt »Dr. Jazz«. Vor der Skyline von Manhattan erklärt Tally Brown ihre Liebe für New York. Die Kamera setzt die Worte optisch um und drückt sich in einer Reihe von Zooms ein Hochhaus nach dem anderen an die Brust.

In der abendlichen Dämmerstunde sorgt die große Reklametafel des Times Square für bunte anheimelnde Farben. In einem langen langsamen Schwenk taucht die Kamera in die Tiefe, vorbei an Pornokinos, Peepshows, Imbißständen, Passanten, Geschäftsleuten, Asozialen. In einer Nachtbar sieht man hinten, fern, klein und karg, einen Haufen schwarzer Kleider, hinter einem Mikrofon. Ein Klavier spielt. Tally Brown steht auf und singt, mit ihrer Bluesstimme, David Bowies »Heroes«. Die Kamera, wiederum im Schneckentempo,

Tally Brown, New York

zoomt auf die Sängerin zu. Man erkennt jetzt, wie aufgedunsen, fett und häßlich sie ist. Sie hat grauenhafte Zähne, die Lippen sind grell geschminkt, die Augen schwarz zugeschmiert. »We could be heroes for just one day«. Die Kamera ist jetzt ganz nah. Tally Brown singt die Schlußverse auf deutsch. »Werden wir Helden für einen Tag. Wir sind dann wir an diesem Tag«. Tally Brown glaubt daran. Sie ist die Heldin, und der Zuschauer hat sich faszinieren lassen, Held auch er. Und sie ist die Größte. – Die Massen ihres Körpers bewegen sich durch eine Straße. Ein kleiner rosa Sonnenschirm ist ihr Halt und Zierde. Im Hintergrund der Hudson, New Jersey und die Brücke, von der sie spricht (West 125th St.). Ihre Fettwülste, ihr aufrechter Gang, ihre Würde, ihre Sicherheit: nicht sie ist fremd und exotisch, die Stadtlandschaft Manhattans wird neben ihr unwirklich. In ihr tritt auf Tally Brown, die in drei Filmsequenzen selbstverständlich und vertraut geworden ist, eine gute alte liebe Bekannte. »Love in vain«, sie singt im off den Rolling Stones-Titel. Und wenn die Sonne untergeht, vor dem Horizont, der unerwartet zu sehen ist, dann wird das »I could not help but cry« zum Gefühl, das allen Kitsch und alle Sentimentalität hinter sich läßt. Um Tally Brown herum, dem großen Star, ist New York endgültig zum grandiosen Bühnenbild geworden. – Der Film ändert das Tempo. Die Schnittfolgen passen sich dem Tempo des Tonbandinterviews an, das es zu bebildern gilt. Tally Brown erzählt Biografisches. Lenny (Leonard Bernstein) entdeckte ihre Stimme: »Eigentlich bist du eine weiße Billie Holiday.« Sie tritt am Broadway auf. Tourneen. In Las Vegas trat sie rund um die Uhr auf. Der Film zeigt dazu ordinär bunte Bilder. Praunheims Interviewfragen legen ihr nichts in den Mund (»Tally, how would you describe Las Vegas?«). Erinnerungen an Auftritte in New Orleans: in der Dream Bar, Bourbon St., traf sie auf Candy, die damals noch ohne den Darling-Zunamen auskam. Das Tempo wird ruhig: »Come on, sweet Virginia«. – 1964 wird sie Star des new yorker Underground. Das gibt Anlaß zu Bildzitaten: das Living Theatre, Jack Smith, Candy Darling, Warhol. Letzterer auf einer Party und links daneben, Eingeweihte wissen's, der Leiter des Goethe-Instituts. Taylor Mead, Warhols Superstar, tritt – innerlich weggetreten – äußerlich vor Praunheims Kamera. »This is the fourth take«, mahnt er sich selbst. Holly Woodlawn ist Tallys liebster Transvestit. Sie darf

Tally Brown, New York

als einzige in diesem Film neben ihr ein Lied zum besten geben. Es ist »Dr. Jazz«. – Tally Brown wird Kultfigur der Schwulenszene. Sie erzählt in The Continental Baths, der Schwulensauna, von ihrem ersten Film (*The Scarecrow in the Garden of Cucumbers*. Die Vogelscheuche im Gurkengarten). Bei Reno Sweeny's singt sie »Surabaja Johnny«, doch ist es ein zarter schmächtiger Asiate, den der Film im Chelsea Hotel als ehemaligen Geliebten identifiziert. Noch liegt ein rosiger Abglanz vergangener erotischer Freuden auf seinen Zügen. Ein Schwätzchen mit Divine *(Pink Flamingo)* bildet den Kontrast zur Fahrt nach Florida. Dort besucht Tally Brown ihre Mutter, »the best human being of the world«. In einem weiten Poncho, unter einem Riesenhut, promeniert sie am hellichten Tage unter den Palmen am Meer, asynchron übers Altwerden reflektierend. Miamis Strand erscheint im Film in fahlen Farben. Ist er neben Tally Brown verblaßt? Doch Praunheim hatte das Kunstlichtfilter vorgelassen (versehentlich, sagt er jetzt. Doch es war grad das Richtige gewesen). – In einer langen Sequenz hat Tally Brown Gelegenheit, in aller Ruhe von ihrem Bühnenunfall zu erzählen. Magische Zeichen des maurischen Zeitalters hatten das Unglück angekündigt. Die Film-Kamera tut das ihre, um – Menetekel – das World Trade Center bedeutungsvoll anzuzoomen. Tally Brown trägt hierzu den »Rock'n Roll Suicide« vor. Im Workman's Compensation Board. Sie schüttelt die Hände der Zuschauer: »You are not alone, you are beautiful.« Dann greift Praunheim ein. Er notiert ihre leidenschaftliche Liebe zu New York und zoomt wie verrückt auf die Skyline von Manhattan. Es ist, als ob der Schlußschwenk ihn zu Boden reißt.

Der Film ist gleichzeitig Liebeserklärung und Dokumentation. Tally Brown ist Freak, aber stolz auf ihre Besonderheit. Sie hat eine Billie Holiday-Stimme, singt aber Bowie, Weill und Rolling Stones. Sie hat eine Broadway-Karriere und ist Underground-Star. Sie schockiert die Bürger und kommt ihnen menschlich nah. Sie öffnet die Gettogrenzen und bringt Minderheiten mit der Mehrheit zusammen: in der einen, ihrer heroischen Geste. Das zu zeigen, ist dem Film geglückt. Vielleicht gerade dadurch, daß der Film technisch gegen die anerkannten Regeln des Handwerks verstößt.

Unscharfe Einstellungen, falsche Belichtung, übersatte Farben, eine undiszipliniert umherschweifende Kamera, das vergessene Kunstlichtfilter –: es ist, als ob es gerade diese Fehler sind, die das Porträt facettenreich, vielschichtig, ambivalent und richtig machen. Die langen takes, in denen das Filmmate-

Tally Brown, New York

rial unbearbeitet von der Kamera in den Projektor kommt, vermitteln das beruhigende Gefühl des Zeit-habens. Tally Browns korpulente Gegenwärtigkeit kann wirken, ohne daß jemand diesen Eindruck (mittels Schnitt, Montage oder anderem stilistischen Eingriff) vorschreibt. TALLY BROWN, NEW YORK ist das gelungenste Beispiel dafür, daß Praunheims Filmstrategie wunderschön funktioniert, wenn nur der Gegenstand seiner Zuneigung ausdrucksstark und eindrucksvoll genug ist. Das zeigt sich in der deutschen Version dieses Films, in der Magdalena Montezuma auf überaus manierierte Weise die Stimme Tally Browns spricht. Dieser Mißton ist sicherlich ein Fehler, er ist gänzlich inkongruent. Doch perlen die deutschen Sätze von TALLY BROWN, NEW YORK ab wie Wasser von einer Speckschicht.
Praunheim hatte Tally Brown 1971 in New York durch Andy Warhol auf einer Party kennengelernt, wo er sie sogleich für die LEIDENSCHAFTEN zu engagieren versuchte. 1974 holte er sie nach Frankfurt (ROSA VON PRAUNHEIM ZEIGT) und nach Berlin. Am 25. November 1977 war sie Gast seiner Geburtstagsparty. Praunheim, 35 Jahre alt, begann an diesem Tag mit den Dreharbeiten. Mitarbeiter war zum erstenmal Mike Shephard, sein Freund der folgenden sechs Jahre.
TALLY BROWN, NEW YORK wurde 1979 mit dem Bundesfilmpreis ausgezeichnet. Die Kritiker der Kinoaufführungen von 1979 registrierten, wie gut es ihrem Publikum tut, »dieser fetten, häßlichen, kranken, aber ungeheuer starken Frau zuzuhören, die mit ihrer Arbeit Anteil an der Verzweiflung der anderen nimmt«, schrieb Doris Dörrie[91], und Rudolf Thome fand: »Rosa von Praunheim ist einer der aufregendsten deutschen Filmemacher«[92].
In New York war der Film im Dezember 1979 im Museum of Modern Art zu sehen. Die Village Voice schrieb dazu: »In seiner Art ist TALLY BROWN, NEW YORK der beste Dokumentarfilm über New York seit Chantal Akermans *News From Home* (obwohl von Praunheims genialer Anti-Stil Akermans kühler Beobachtung fremder nicht sein könnte).«[93] Lindzee Smith sah TALLY BROWN als »sehr amerikanischen Film. Man spürt dort überhaupt nichts vom unzugänglichen deutschen Qualitätsfilm (there's no sense of any inaccessible German quality to them at all)«[94]. – Praunheim widersprach nicht. Er engagierte Lindzee Smith für die amerikanische Version der ROTEN

LIEBE (produziert wurde 1980 allerdings lediglich die 11-Minuten-Studie RED LOVE).

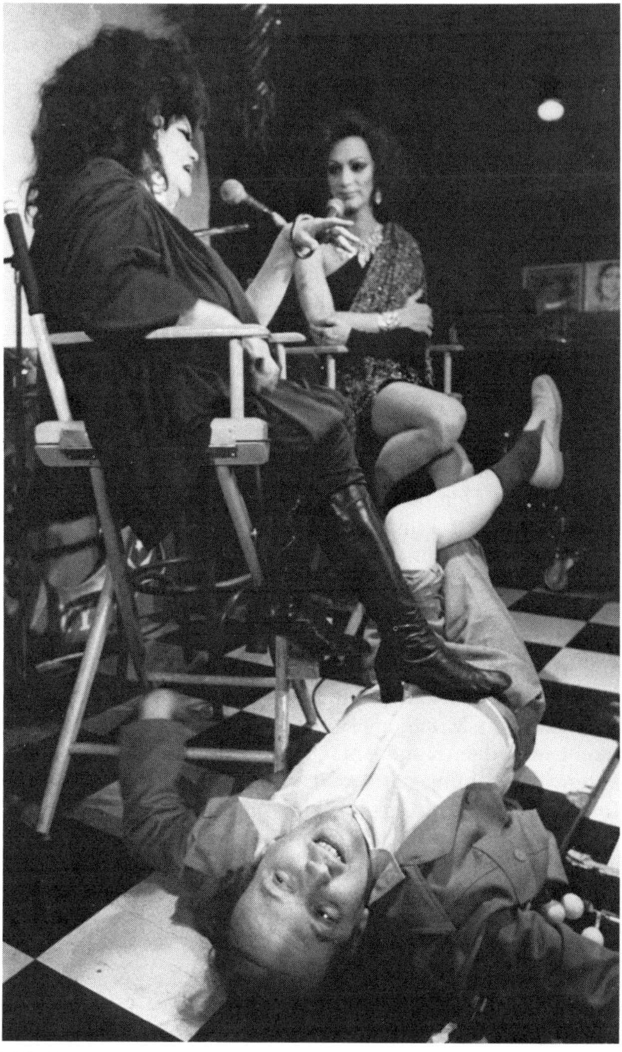

Tally Brown, New York

Armee der Liebenden oder Revolte der Perversen. 1972-1979

Die Gruppe Gay Sweatshop erinnert in einem Kurzmusical an »Dear Darling Dr. Magnus« Hirschfeld und damit an das Berlin von 1929, von dem aus sich das schwule Selbstbewußtsein entwickelte. – Die Gründer amerikanischer Schwulenorganisationen der fünfziger Jahre geben über die Entwicklung in den USA Auskunft. In Wort- und Bildzitaten wird der weitere Gang der Schwulenbewegung belegt: von der Christopher Street Gay Parade Juni 1971 in New York bis zur Schwulendemonstration im Juni 1977 in San Francisco mit ihren 250.000 Teilnehmern. Zu ihnen gehört Praunheim mit seinem lover Mike. Sie sind glücklich. Doch die Gruppe Gay Sweatshop erinnert an ein vergessen geglaubtes Kampflied: »SA marschiert, die Reihen fest geschlossen«.

Die Dokumentation der amerikanischen Schwulenbewegung verfolgt gleichzeitig den Zweck, die Privatheiten des Regisseurs – Neigungen, Ansichten, Urteile, Vorurteile – öffentlich zu machen. – Den Beginn der Geschichte der Schwulenbewegung datiert der Film auf das Jahr 1929, in welchem Dr. Hirschfeld in Berlin sein Institut gründete. Die Sternstunde wird von der Theatergruppe Gay Sweatshop in einem Kurzmusical dargestellt: »Dear Darling Dr. Magnus«. Ein Interview mit Christopher Isherwood, dessen Berlin-Geschichte *Mr. Norris steigt um*[95] den plot für den Film *Cabaret* abgab, leitet auf die USA über und insbesondere auf das tragische Schicksal von Montgomery Clift und James Dean, welche, glaubt man dem Kommentar, Opfer psychischer Repression waren: das coming out war damals unvorstellbar. Doch die Tom Robinson Band spielt »Power in the Darkness«, denn es regt sich etwas in einer Minderheit – einer Minderheit von schätzungsweise 20 Millionen schwuler Frauen und Männer. Zum erstenmal in ihrer Geschichte gibt es eine, in den 50er Jahren noch zaghafte, Organisation. Auf die Statements von Harry Hay, dem Gründer der ersten amerikanischen Schwulenorganisation (Mattachine Society, 1950, Los Angeles), sowie Del Martin und Phyllis Lyon, den Gründerinnen der ersten lesbischen Organisation (The Daughters of Bilitis, Mitte der 50er Jahre), folgen in einer Montagesequenz Fotos (Bettye

Lane) und Zeitungsausschnitte vom Stonewall-Bar-Aufstand 1969 in New York. Eine Million Schwule in New York waren die Basis für die Gay Liberation Front. In einem Interview erinnert sich Bob Kohler dieser Zeit, da der politische Kampf dieser Organisation um die Rechte *aller* Minderheiten ging. Arthur Bell (Redakteur von *The Village Voice*) erzählt, warum sich schon 1970 als Gegenreaktion eine rein schwule Organisation gründete: die Gay Activists Alliance. Die tausend Mitglieder im Firehouse waren militante Päderasten, radikale Tunten, solidarische Lederleute, Alte und Junge, Arm in Arm. Zum Stichwort New York schwenkt die Kamera Fassaden ab. Es sind die bekannten Aufnahmen von der Christopher Street Gay Parade, die Praunheim im Juni 1971 in New York aufgenommen hatte (Ausschnitt aus HOMOSEXUELLE IN NEW YORK). Eine längere Sequenz beschäftigt sich mit Bruce Voeller, dem ehemaligen Präsidenten der Gay Activists Alliance, der 1974 die mächtige National Gay Task Force gründete, welche erstmals die schwule Minderheit in allen Staaten der USA erfaßte. Während Voeller im Anzug mit weißem Hemd und Schlips durch die 5th Avenue schreitet, verdächtigt ihn Praunheim aus dem off, Cocktailparty-Politik zu betreiben und im Weißen Haus zu antichambrieren, statt kompromißlos und radikal das System zu verändern. Der Kommentar verdächtigt auch Jean O'Leary, die innerhalb der National Gay Task Force die Lesbierinnen repräsentiert, allzu eng mit Midge Constanza, einer Beraterin von Carter, zusammenzuarbeiten. Das laufe nur auf reformatorische Gesetzesänderungen hinaus und, vielleicht, auf eine private politische Karriere – für sie. Die Gruppe The Pink Satin Bomber bringt Praunheims offensichtliche Aversion gegen die Anpassung auf eine viel zitierte Formel: »Haben wir Schwule Revolution gemacht, um 700 neue Leder-Bars zu haben oder das Recht, in der Armee zu dienen?«

Das Jahr 1977 bringt die Lösung. Das absolute Feindbild – »es konnte nichts Besseres passieren« (Praunheim) – zwingt zur Solidarität der Schwulen. Anita Bryants antischwuler Kreuzzug löst die erste große Massenbewegung aus. DIE ARMEE DER LIEBENDEN präsentiert ein dessertsüßes Filmdokument von der Anita-Bryant-Pressekonferenz in Des Moines, Iowa: der schwule Tom Higgins aus Minneapolis schüttet der Totalfeindin eine Schüssel Bananencrème ins Gesicht. In der Nahaufnahme rutscht ihr das Dessert über Antlitz und Busen.

Ehemann Bob Green, verklemmt-souverän, spricht in eines der vielen Mikrofone: »We forgive you and we love you«; denn Gott ist mit ihnen.
Der Film geht die Ränder der neuen Schwulenbewegung ab. Sarah Montgomery, 79, berichtet vom schwulen coming out ihres Sohnes (da war er 35) und über seinen Selbstmord zusammen mit dem lover (da war er 46). – Die blinden Schwulen und die Dritte-Welt-Schwulen, gefilmt auf dem Gemeinschaftsdachgarten der new yorker Praunheim-Wohnung, bekommen ihren Platz im Film: der schwule Indianer Rainbow Silverfire und Salih-Michael Fisher (Tri Base Collectives). Die doppelte USA-Minderheit fühlt sich erstens als Dritte Welt und dann erst als schwul.
Discosuperstar Grace Jones singt während der Gay Pride Rallye 1978 in New Yorks Central Park – eine sehr häßliche Einstellung – »I need a man«. Haare und Hals sind unter einer kappenähnlichen Vermummung verborgen, doch werden ihre kleinen nackten Brüste von der Kamera erfaßt. Die lesbische Separatistin Rose Jordan, auf der Stelle von Praunheim interviewt, ist aufs äußerste empört: »Alle Männer sind gleich, ob hetero, ob schwul.«
Als ob Praunheim diesen Satz beweisen möchte, zieht er sich aus und geht mit dem Pornohelden und Supermacho Fred Halstead zum Fick in die freie Natur. In Anspielung auf den Halstead-Film *L. A. Plays Itself* weist der Kommentar darauf hin: Halstead plays himself. »Jeder weiß, daß ich eine Tunte bin«, bekennt der Held, der den schwulen Machotyp propagiert. Praunheim bemüht sich, den Mundverkehr zu bewerkstelligen. Der Versuch mißlingt.
Ein Höhepunkt des Films ist der Auftritt eines schwulen Nazis. Russel Veh ist Direktor der National Socialist League. Der schöne junge Mann posiert vor einer Hakenkreuzfahne, die Hakenkreuzbinde um den Arm. Die Kamera nimmt ihn imposant von unten auf, er reckt die Hand. Er erklärt die Demonstranten für Bolschewisten, Kommunisten und Anarchisten und nimmt für sich in Anspruch, die schwule schweigende Mehrheit zu vertreten, die konservative Mittelklasse. »Ich glaube, irgendwie werden wir die Endlösung für die Judenfrage finden müssen. Ich glaube nicht, daß Hitler die Juden

Armee der Liebenden

SAVE OUR HUMAN RIGHTS
SAVE OUR HUMAN RIGHTS
SAVE OUR HUMAN RIGHTS

SAVE my CHILDREN from Anita and other MURDERERS
Save my Dad from Anita Bryant
Thousands

vergast hat. Aber wenn, dann hätte er Deutschland für das westliche Christentum freigemacht.«
Der Film zeigt eine schwule kirchliche Trauung, die Rev. Troy Perry von der schwul-katholischen Church for the Beloved Disciple in Los Angeles vornimmt. Dann folgen beschwingte Aufnahmen von der »größten Schwulendemo der Welt«: Juni 1977, San Francisco, 250000 Teilnehmer. Eine der sieben Kameras der ARMEE DER LIEBENDEN zeigt Praunheim selbst mit seinem lover Mike. Mike war es, der sich bereiterklärte, mit Rosa von Praunheim (»Ich finde es wichtig, privates Leben öffentlich zu machen«) vor der Kamera zu ficken. Die entsprechende Sequenz wird gezeigt. Sie entstand, wie der Film mitteilt, im Sommer 1977 am San Francisco Art Institute. Praunheim hatte sich den Studenten seiner Produktionsklasse Film persönlich als Studienobjekt für das Thema Homosexualität zur Verfügung gestellt. Die Kamera (Werner Schroeter) nimmt im Vorlesungssaal auf, wie der Lehrbeauftragte Praunheim – eine Naheinstellung – den Schwanz seines Partners lutscht und mit vollem Mund selig die Augen schließt.
Der Film wendet sich nunmehr dem Thema schwuler Sex mit Kindern und Jugendlichen zu. Die schwulen Teenager von Boston geben sich im Gruppeninterview locker und fröhlich. Tom Reeves, Professor für Zeitgeschichte an einem College in Boston, erklärt im Kreise seiner Familie (das sind sein Freund und einige Knaben), daß er soviel wie möglich Teenagers verführe, die in einer repressiven, autoritären Familie großwerden, um ihnen zu zeigen, daß sie andere und freiere Möglichkeiten jenseits der Familie haben. Die Boston-Sequenzen schließen mit einer Demonstration »radikaler Tunten und Päderasten« die für »Sex mit Jugendlichen« kämpfen.
John Rechy berichtet in Hollywood über seine Erlebnisse als Strichjunge; er ist der gefeierte Autor des Buches *The Sexual Outlaw*. Die Kamera zeigt Bilder von Sexmodellen. – In New Orleans wird mardi gras als schwuler Karneval vorgestellt, als »größtes schwules Fickfest«. Die Kamera jagt geilem Fummel nach und freien Ärschen. Doch jäh drückt die Videoaufzeichnung eines Interviews mit State Senator Briggs auf die Stimmung, denn dieser fordert ein Berufsverbot für schwule Lehrer. Der 7. November 1978, die Abstimmung in Kalifornien über Briggs Antischwulen-Gesetze, wird erwähnt (der Film zeigt sie nicht, da die Aufnahmen im Sommer 1978 been-

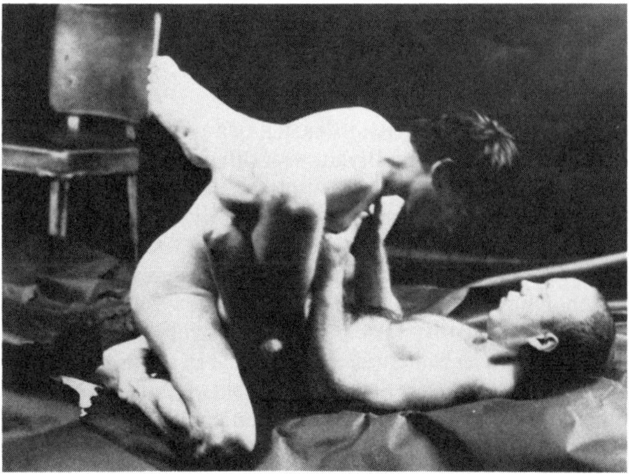

Armee der Liebenden

det waren), doch erfahren wir durch Praunheims off-Stimme zu seligen Bildern von Sonnenuntergängen, Palmen und Meer, daß die Wähler gegen Briggs entschieden haben. Daraufhin verliest Praunheim das Schlußmanifest: »Nicht Gesetze müssen wir ändern, sondern Stimmungen. Nur die Schwulen können das ändern – und die Gefahr sehen, daß die Bewegung mit einem kleinen Erfolg zufriedengestellt wird. Nur wenige begreifen, wie wichtig es ist, für alle Minderheiten zu kämpfen.« Schlußbild ist ein Gruppenhändedruck der Theatergruppe Gay Sweatshop. Als akustisches Menetekel ist ein altes Kampflied unterlegt: »SA marschiert, die Reihen fest geschlossen«.

ARMEE DER LIEBENDEN ist eine direkte Fortsetzung der Bestandsaufnahme des ersten Homosexuellenfilms (NICHT DER HOMOSEXUELLE IST PERVERS). Dieser endet mit dem Satz »Raus aus den Toiletten, rein in die Straßen! FREIHEIT FÜR DIE SCHWULEN!« – ARMEE DER LIEBENDEN zeigt die Freiheit auf den Straßen, die Organisation der Bewegung und die Geschichte der Organisationen. Der Untertitel AUFSTAND DER PERVERSEN, unter dem der Film ebenfalls gelaufen ist, ist einem haßerfüllten antischwulen Zeitungsartikel zum ersten Schwulenfilm entnommen.[96] *Armee der Liebenden oder Auf-*

stand der Perversen heißt auch das von Praunheim 1979 bei Trikont veröffentlichte Buch, das umfangreiches, über den Film hinausgehendes Material (Interviews, Statements) zugänglich macht.
Praunheim berauscht sich in ARMEE DER LIEBENDEN geradezu am Feindbild der Anita Bryant. Der öffentliche homosexuelle Akt im San Francisco Art Institute richtet sich expressis verbis[97] gegen die Kreuzfahrerin, die er sich als Voyeurin wünscht. Im Film trägt sie zickigzüchtig »You are my lucky star« vor (ein Filmausschnitt), während er den Satz von dem besten Ding sagt, das je der Schwulenbewegung passieren konnte. (Im Buch *Armee der Liebenden* schlägt er zwecks Erzielung ähnlicher Solidarisierungseffekte in Deutschland vor: »Wie wärs, wenn Herr Strauß die Macht ergreift.«[98])
Innerhalb des Films erliegt Praunheim eingestandenermaßen der Faszination dessen, was er gleichzeitig auf höherer Bewußtseinsebene angreift. Der schwule Nazi wird liebevoll als junger schöner Held fotografiert. Der schwule Macho Halstead vertritt die von Praunheim zentral befehdete Ideologie der schwulen Männlichkeit (macho clone) und des Faustficks; gleichwohl treibt er es mit ihm nackt auf der grünen Wiese (und beklagt sich im Buch bitter, daß er nur »einen kleinen zusammengeschrumpelten Schwanz« vorgefunden habe).
Die Abneigung und Faszination zugleich, die Praunheim mit dem Film öffentlich macht, überträgt sich auf den Zuschauer. Entsprechend unsicher bleibt die Einschätzung des Films. Die Zielrichtung ist klar. In Form einer subjektiven Dokumentation wendet sich Praunheim gegen die Entwicklung der amerikanischen Schwulenbewegung: gegen ihre Entpolitisierung auf der einen Seite, ihre Kommerzialisierung auf der anderen. Wenige Jahre nach dem Aufstand in der Stonewall Bar und in der Christopher St. findet er in New York weder ein schwules Kommunikationszentrum vor noch irgendeine politische Organisation, sondern nur noch Saunas, Orgienbars und Sextheater. Der Schwule kann nur noch fremde (vom Kommerz diktierte) Identitäten annehmen – als Leder-, Sadomaso-, Disco-, Drogenschwuler. Seine wahre (schwule) Identität zu entwickeln, wird ihm vom »System« verwehrt. Daher Praunheims erzieherisches Manifest: die »Haltung der Leute zu verändern«.

Die Forderung nach Systemveränderung und Entwicklung politischen Bewußtseins verdarb manchem, der dem Film den moralisch-pädagogischen Zeigefinger übelnahm, den Spaß. Andererseits – bildlich gesprochen – steckt Praunheim den Finger in des Nächsten Arsch, und das hinwiederum verdarb denjenigen den Spaß, die mitnichten Praunheims Lustknabe sein und statt dessen den Film als seriöses Argument benutzen wollten. »Diejenigen, die sich der Bewegung anschlossen, weil sie nicht mehr hören wollten, *daß* sie nicht schwul sein sollen, kriegen nun gesagt, *wie* sie schwul sein sollen. Dagegen müssen wir kämpfen, und Praunheim bringt uns dazu in die Stimmung«, drohen die *Gay News.*[99]
Adressat des Films ist in der Tat der Schwule selbst, dem in bezug auf das Wie entschiedene Ratschläge erteilt werden. Auf der Ebene des Bewußtseins vermittelt der Film daher Mutlosigkeit, auf einer darunter liegenden Schicht jedoch, und das gehört zu seiner kreativen Ambivalenz, das Gegenteil: Mut und Einladung zur Solidarität. Lähmend wirkt der Film, wenn er den Stand der schwulen Bewegung verdammt, die Schlips- und Kragen-Schwulen diffamiert, Fraktionskämpfe anheizt und in eine Art spießiger Argumentation des Früher-war-alles-besser verfällt. In der Geste jedoch, wie der Film extreme Facetten schwuler Bewegungen zusammenbringt, analytische und strukturelle Formen dreist mißachtet und sich selbst aufs Innigste mit allen (bösen und guten) Ausdrucksformen schwulen Seins verschmilzt –: in dieser lustvollen Anarchie ist der Film in der Tat die schönste Ermunterung, aus dem »kommerziellen« schwulen Getto auszubrechen, transschwule Freuden zu suchen und transschwule Minderheitenpolitik zu machen.
Die ARMEE DER LIEBENDEN macht klar, daß dazu nicht eine politische, sondern eine persönliche Entscheidung erforderlich ist. Praunheim ist selbstredend das persönliche Vorbild. Das ist Aspekt des »Weißt du noch?« des Films. Die alten Bilder und Ausschnitte, die Erinnerungen vor der Kamera sind ein gut Teil Heimkino. In Anlehnung an den Halstead-Film könnte man sagen: die Bewegung spricht zu sich selbst. Oder konsequenter: Praunheim spricht zu sich selbst. Spätestens hier stößt man auf sein Konzept, Privates publik zu machen. Seine Liebesgeschichte mit lover Mike, mit dem er, zusammen mit 249998 anderen, im Sommer 1977 durch San Fran-

cisco zog, küssend, schmusend, Händchen haltend, ist prototypisch. (Die ausführliche Liebeskorrespondenz ist im Buch *Sex und Karriere* abgedruckt.) Praunheim hatte Mike in einem Pornobuchladen in San Francisco kennengelernt. Es ist zu beachten, daß es sich nicht um den Filmmitarbeiter Mike Shephard handelt. Zwar hat Praunheim auch ihn im Jahr 1977 kennengelernt, jedoch in Florida als Hotelmanager in Sanibel Island unter pensionierten CIA-Agenten. Da beide Mikes gleichaltrig sind, ist Verwechslungen vorzubeugen.

Praunheim wollte so, wie er sich selbst in Szene setzt, ARMEE DER LIEBENDEN als Mittel benutzen, »eine Art Zentrum schwulen Bewußtseins zu bilden. Ich würde gern den Film in Verbindung mit schwulen Aktivitäten zeigen wie Diskussionen, Vorträgen, anderen Filmen, Parties«, um Schwule dazu zu bringen, wieder zu erwachen und (unkommerziell) zu kommunizieren.[100] Das Ziel war sehr positiv und sehr ehrgeizig, und natürlich hat er es nicht erreicht. Das feedback, das er sich von diesem Film erhoffte, hätte ein zwanzigmillionenfaches sein müssen. Davon ging in den USA nichts in Erfüllung. Der Film lief dort (und in Kanada) nur in einigen wenigen Kinovorstellungen. In Deutschland jedoch wurde der Film zu Praunheims bis dahin größtem Erfolg. Er lief in einzelnen Kinos bis zu sieben Wochen lang.

Die Uraufführung im März 1979 auf der Los Angeles International Film Exposition Hollywood (Filmex Society) brachte einen Publikumserfolg und böse Verrisse. Gezeigt wurde die längste Fassung (107 Minuten). Der *Hollywood Reporter* sah »eine krude, oft rüde Leistung« und sagte ahnungsvoll voraus, daß daran eine große Anzahl Menschen Anstoß nehmen würde, »sowohl Schwule als Heteros«[101]. *Variety* äußerte ernsthaft den Verdacht, Praunheim habe den Film nur gedreht, um zum (darin dokumentierten) Geschlechtsverkehr zu kommen. Damit aber stelle der Film eine Art von Homosexualität ins Rampenlicht, die der Schwulenbewegung einen schlechten Namen gebe.[102]

Die Schwulenpresse reagierte reserviert. Die *Gay News* schrieben im Mai 1979 zu den new yorker Aufführungen, daß ARMEE DER LIEBENDEN den »Fortschritt« in etwas suche, was als verlorene Schlacht erscheine, und daß aus dem spärlichen Besuch der letzten Aufführungen zu schließen sei, daß niemand das Schlachtfeld besichtigen wolle. Es wird moniert, daß dem

Film Menschlichkeit, Liebe und Sinn für Humor fehle. Mit dieser Einschränkung empfiehlt die Zeitschrift den Besuch des Films.[103] Dagegen entdeckte *The Advocate* im Januar 1980, daß der Film, den Praunheim »als Waffe für seinen Kreuzzug benutze«, »wie die Schwulenbewegung eine Fülle von Energie und Freude aufweist und daß die kumulative Wirkung in der Tat stark ist«[104]. *Le Berdache* würdigt den Film anläßlich der Aufführung im September 1979 auf dem Festival der Filme der Welt[105], und Lindzee Smith bringt im *East Village Eye* ebenfalls im September 1979 Praunheim zu diesem Film ausführlich zu Gehör[106]. Im *Village Voice* vergleicht Hoberman die ARMEE DER LIEBENDEN mit NICHT DER HOMOSEXUELLE IST PERVERS: »Während NICHT DER HOMOSEXUELLE IST PERVERS mehr vom Typ der Frankfurter Schule ist, ist ARMY OF LOVERS freischweifender und amerikanischer in seiner Vielfalt: eine gesunde Kakophonie von Stimmen.«[107]
Daß der Film für die schwule Massenbewegung keine Rolle spielen würde, stand schon im Juni 1979 fest, als er im Rahmen des umfangreichen Veranstaltungsprogramms zur 10. Wiederkehr des Christopher St.'s Day eingesetzt werden sollte und vom Veranstalter, dem Gay Pride Committee Christopher Street, abgelehnt wurde. Der Leiter des Schwulenmarsches Juni 1979 war Seth Lawrence von der Gay Activists Alliance, eben der Organisation, die einen ausführlichen Platz im Film (und im Buch) erhalten hatte. Die Organisatoren hatten den deutschen Störenfried ausgeschlossen. Praunheim fand das »in gewisser Hinsicht gut. Denn für mich ist es wichtiger einen Film zu machen, der zu einer Kontroverse führt.«[108]
In Deutschland war die Presse »von der Vielfalt der Aspekte überrascht«[109] und sprach von einem »Kampffilm«[110], der »eher Konfrontation als Koexistenz suche; trotzdem sind hier genügend Anregungen, die eigene Zagheit zu überwinden«[111].

Das Todesmagazin oder: Wie werde ich ein Blumentopf? 1979

Interviews, Statements, Archivmaterial, Reportage: die Klischees des Fernsehfeatures sind versammelt. Sie funktionieren jedoch nicht wie gewohnt. Der Regisseur benutzt sie auf seine sehr subjektive Weise. Darum ist in der allerersten Einstellung Praunheim selbst zu sehen. Er trägt ein Shirt mit der Aufschrift »Are you ready for death?«: Reklame für das *Death Magazine*. Herausgeber Al Goldstein, reich durch Porno- und Schwulenmagazine *(Screw)*, kommt in seinem Kabelfernsehstudio, in seinem Büro und in seiner Wohnung ausführlich zu Wort, während die Kamera sich an Prunk und Kitsch nicht sattsehen kann. Goldstein spricht von Enttabuisierung des Todes, das Bild eher von dessen kommerzieller Verwertung. – In der folgenden Sequenz rezitiert die greise Helen Adams, im knallroten Bikini, eines ihrer magischen Todesgedichte:

> Meine Krone ist von Aasfliegen überzogen
> und mein Kopf ist kahl
> und feucht.
> Aber bei mir wirst du selbst
> die schönste Frau
> aus lebendigem Fleisch vergessen.
> Wer Schlaf im Bett
> der Wurm-Königin findet,
> wird nie mehr leiden müssen.

Synchronsprecherin ist Hertha von Walther[112], die 1925 in der *Freudlosen Gasse* debütierte. Ihre Stimme trägt die poetischste und optimistischste Sequenz des TODESMAGAZINS. – Ein bissiges Statement gibt die Punkchinesin Anja Philipps (Managerin der Contortions) ab. Sie glaubt, daß »Beißen viel geiler ist als Küssen« und »daß ich selbst ein Vampir bin«. Dementsprechend geschminkt, schwärmt sie: »Nancy hätte sich nichts Besseres wünschen können, als von Sid Vicious getötet zu werden.« (Nach den Aufnahmen bekam sie Krebs und starb.) – Die Punkrockgruppe The Contortions tritt leibhaftig auf. James Chance verkündet im Smoking mit weißer Fliege, hennafarbenen Haaren und aggressiven Gebärden: »Wir leben um zu sterben/Gewalt ist die schönste Form des Seins« (»Design to kill«). Optisch bietet der Film dazu Ausschnitte aus dem Archiv-Material der heute-Redaktion des ZDF. Das sind: Leichenberge aus dem KZ; der saigoner Polizeipräsident erschießt einen Gefangenen; aufgespießte Köpfe; frisch massakrierte Frauen und Kinder in Vietnam; Männer, die vor unseren Augen erschlagen werden; ein Hund, der eine Leiche aus der Grube zerrt; Verkehrstote; frisch überfahrene Kinder usw. Dazwischen sieht man die bunten Punx den Contortions-

Das Todesmagazin

Sänger attackieren, bis dieser schreiend und schlagend von der Bühne ins Publikum springt. – Friedlich sitzt Praunheim inmitten einer Schulklasse und hält das Mikro hin. Schüler der John Dewey High School in Brooklyn haben Todesunterricht im Fach »Understanding Death«. Pflichtlektüre ist das Buch der kalifornischen Sterbeforscherin Elisabeth Kübler-Ross (Institute Shanti Nilaya). Zu den Schulaufgaben gehört: »Was versteht man unter Euthanasie? Wann ist sie gerechtfertigt? – Frage deine Eltern und Geschwister, wie sie gerne bestattet werden möchten.« – Praunheim begibt sich nunmehr auf eine Reportage rund um die Welt. Mit dem Mikrofon in der Hand steht er, elegant und lässig, im Zentrum des Bilds und erläutert die »Todesriten in aller Welt«. Vom Museum

Das Todesmagazin

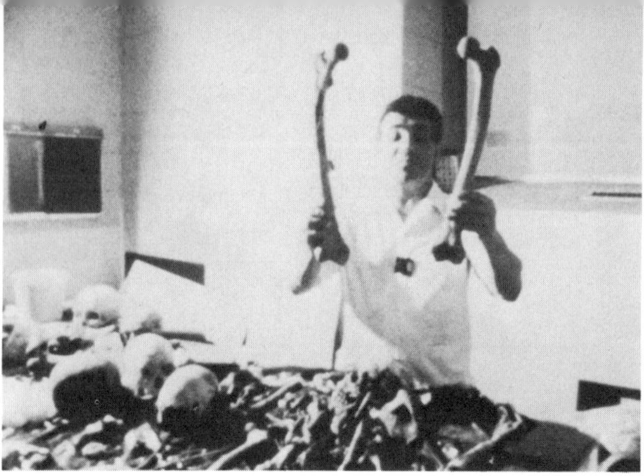

Das Todesmagazin

des Gerichtsmedizinischen Instituts in New York geht es nach Kairo, wo die Armen auf dem Friedhof hausen, und nach Bombay, wo die Geier hörbar ihre Schwingen schlagen; die Kamera zoomt ihnen nach. In Manila weist der Regisseur, ganz in Weiß, mit stummer Geste aufs pagodenartige Dach; die lockere und entspannte Stimmung auf dem Friedhof überträgt sich auf die Kamera, die einem jungen boy beziehungsweise dessen roten hot pants folgt, und dann wird der Zeitraffer eingesetzt: strahlend spritzt die Sonne aus dem Horizont und übergießt die Anwesenden mit lauem Licht. Dazu erklingt der 2. Satz des Violinkonzerts von Ludwig van Beethoven. Es folgen Todesriten von Stuttgart-Stammheim. Zur Beerdigung von Baader und Ensslin erklingen die Originalge-

Das Todesmagazin

räusche von Walkietalkies, Hubschraubern und Lautsprechern. Doch steht in Mexiko das Totenfest vor der Tür. Wie heiter, trivial und zynisch ist der Anblick der Kinder, die mit Skeletten beschenkt werden und zur Nacht einen Zuckerschädel als Betthupferl bekommen. – Jean-Pierre LaHary demonstriert die Schätze des Museums des Instituts für Gerichtsmedizin und erzählt von seiner Arbeit mit den jährlich 78 000 Toten in New York. Erholsamer sind jedoch die Aufnahmen aus der Sterbeklinik Riverside Hospital, in der Krebskranke, die durchschnittlich noch drei bis sechs Monate zu leben haben, auf den Tod vorbereitet werden – mit buntem Abend und einem täglichen Becher Bromton-Mixtur mit einer Dosis

Das Todesmagazin

Morphium und Kokain, die jeder Patient selbst bestimmen darf. – Der off-Kommentar des Films geht in ein Manifest über und fordert das Recht, nach eigener Façon sterben zu dürfen. »Der Tod soll natürlich aussehen. Die Toten haben eine eigene Schönheit.« Die Schluß-Farce wischt das Pathos wieder weg. Praunheim und Peggy von Schnottgenberg (Frank Ripploh) unterhalten sich angeregt und etwas albern übers Sterben. Praunheim: »Und dann hab ich noch aus der *Los Angeles Times* diesen Artikel ›How to become a flowerpot‹. Das ist ein Beerdigungsinstitut, das deine Asche in einem Blumentopf aufbewahrt.«

Das Tabu Sterben und Tod, das zumindest in der abendländischen Kultur gilt, wird von diesem Film erheblich verletzt. Keine Frage, daß der Film unangenehm berührt. Die Blumentopfsequenz ist völlig »unpassend«. Der Film weckt die größten Emotionen, die sich zunächst gegen den Film selbst richten. Der Zuschauer wird in die Rolle des Punk genötigt, der auf die Bühne/Leinwand klettert, um die von den Contortions/von Praunheim provozierten Aggressionen herauszulassen. Ob die Entrüstung über den Film auch zu einer Entrüstung über unsere Kultur führt, die Tod und Sterben unterdrückt, ist eine zweite Frage.
DAS TODESMAGAZIN läßt keine Vermittlung zu und kein Ausweichen in rettende ästhetische oder thematische Refugien. Das Prinzip, den Film mit den konventionellen und klischeehaften Formen des Fernsehfeatures zu machen, wird effektiv, und zwar dadurch, daß die formalen Mittel bis an ihre Grenzen getrieben werden – und darüber hinaus. Das Klischee des Statements führt zur ungebremsten Selbstinszenierung der Befragten (Praunheim unterläßt Gegenfragen und – die sich anbietenden – Einwürfe). Da das Bild nicht durch Schnitte und Montage aufgebaut wird, muß sich der Zuschauer selbst in den Bild-Räumen zurechtfinden; der Zoom bringt ihn unsynthetisch an das heran, was im Abendland als geschmacklos erscheinen muß. Das entsetzliche und grauenhafte Archivmaterial des ZDF wird nicht – wie üblich – Gegenstand der Argumentation und Information. Praunheim arbeitet mit dem Material nicht, sondern paßt sich ihm an und bringt damit das wahre Grauen und Entsetzen zum Vorschein. Und die Contortions-Musik erst öffnet das Material den – sonst unterdrückten – Gefühlen für das, was sterben heißt. Das »Material«, mit dem normalerweise umgegangen wird, verwandelt sich in Praunheims Film und wird etwas, das mit einem umgeht: den Zuschauer ergreift.
Ähnlich gut funktioniert der Einsatz des Klischees in der Manilasequenz. Der Kitsch des philippinischen Friedhofs, Sonnenaufgangsraffer und Beethovenviolonkonzert ergreifen den Zuschauer zentral. Denn die Kamera, die den roten pants des Philippinoboys nachguckt, teilt offensichtlich keine Informa-

tionen mit, mit deren Entgegennahme man sich begnügen könnte. Erst die Trivialität der Friedhofsszene übertritt, massiv, die Grenzen, die hier im Beethovenlande um Tod und Sterben gezogen sind. Praunheim macht als unverschämter Reporter und fröhlicher Spesenritter seine Privatheit publik (indezent). Die öffentliche Ausstellung zeigt das emotionelle und kulturelle Defizit der abendländischen Wertordnung, die für die Begegnung mit dem Tod nichts weiter als ein paar strenge Vorschriften parat hat. – Formal ist Praunheims Film (durch Extremisierung der Feature-Formen) geglückt.

Der Tod ist für Praunheim kein Thema, sondern, wie er behauptet, ein lebenslanger Begleiter. »Mit 19 feierte ich meine erste Beerdigung. Ich malte zur Feier viele abstrakte schwarze Bilder, bahrte mich auf dem Eßtisch auf und ließ alle meine Freunde kommen. Es endete in einer Orgie. Ich bekam die Kündigung. Auf der Hochschule der Künste in Berlin malte ich vornehmlich ermordete Könige und Königinnen. Ich ließ sie auf viele Weisen sterben, und immer war ich es, der da starb. Mit dem Künstlerehepaar Mikesch fotografierten wir ›Todesarten‹, Anfang der 60er Jahre. Ich hackte dem Poet Cäsar den Kopf durch. Im Keller meines Künstlerateliers plante ich, Polizisten einzugipsen und sie später als Plastiken auszustellen.«[113] 1977 wurde ihm in den USA gewahrsagt, daß er noch fünf Jahre ungeheuren Erfolg haben und dann tödlich erkranken werde. Praunheim glaubte daran. Als ich ihn nach Ablauf dieser Frist während der Produktion dieses Bandes aufsuchte, lebte er noch. Er malte zwei sehr schöne Leinwandbilder, die ein Beil tief in meinem Schädel zeigen; nicht um mich leiden zu lassen, sondern um mich zu öffnen (Interpretation Praunheim).

Der ZDF-Auftrag beendete die Pause von fünf Jahren, die der Skandal um AXEL VON AUERSPERG erzwungen hatte. Praunheim hatte mit Fernsehprofis zu tun. »Im Fernseharchiv, wo ich nach Nachrichtenmaterial suchte, beteuerte mir der Archivar schon am Telefon: ›Wir haben großartige Erschießungen aus Vietnam, tolle Erhängungen aus Kambodia und so weiter‹ ... Am Schneidetisch sortierten wir naserümpfend die unscharfen Erschießungen, Autounfälle, Massaker, Hungersnöte aus und waren begeistert und zufrieden, wenn wir satte Farben vor uns hatten.«[114] Die Institution Fernsehen zeigte sich durch die professionelle Archivarbeit verletzt. Programmdirektor Stolte setzte den Film eine Woche vor dem Sendetermin ab. Offizielle Begründung: »Der Autor bedient sich in seiner subjektiven Darstellung zum Thema Tod über weite Strecken dokumentarischer Aufnahmen von Tötungsvorgängen und Leichen, die ungenügend vorbereitete Zuschauer als Schock empfinden müssen.«[115] Offengelassen war, ob der Film oder Teile daraus nach entsprechender Vorbereitung des Publikums gesendet werden könnten. Aber nun änderten sich die Zeiten. Praunheim bekam zu hören: »Also jetzt gehts überhaupt nicht. Es ist alles viel konservativer geworden.«[116]

Für Praunheim war auch dieser Film Mittel gewesen, das öffentliche Bewußtsein (und damit auch das System) zu verändern. »Mir ging es mehr um die Diskussionen, die der Film auslöst, als um die Qualität des Films.« Die erste Diskussion mit dem Publikum fand am 26. Februar 1980 nach der Uraufführung des Films während der berliner Filmfestspiele im Broadway-Kino statt. Praunheim erklärte dort, daß der Tod »ein ungeheurer Orgasmus« sein könne und die abendländische Erziehung zum Trauern und Leiden »im Grunde wahnsinnig pervers« sei. Mindestens bei einem Zuschauer erreichte das Mittel TODESMAGAZIN seinen Zweck. Dieser Zuschauer sagte: »In unser westliches System, das erwerbswirtschaftlich, kapitalistisch ausgerichtet ist, paßt der Tod nicht hinein, weil wir rein materiell orientiert sind und rein diesseitig. Sobald man das relativieren würde, würde unser System zusammenbrechen.«[117]

Neben dem Film setzte Praunheim weitere Mittel zur speziellen Systemveränderung, gar zum Systemzusammenbruch ein. Er veröffentlichte das Buch *Gibt es Sex nach dem Tode?* und rief zu einem Wettbewerb auf: »Wer macht den schönsten Film über den Tod? Erster Preis: eine Nacht mit mir.«[118] Eine Zuschrift, die gleichermaßen Hilferuf wie Treatment ist, hat er abgedruckt: »Am chaotischsten wird das Ende des Films, wo ich mir einen Revolver an die Schläfe setze und sterbe. Du konntest ja nicht wissen, daß ich meinen eigenen scharfen mitbrachte. Nicht wahr. – Bitte habe den Mut dazu und antworte mir schnell: bis Heilig Abend lebe ich nur noch, und andere probieren sich schon zu Lebzeiten ein Denkmal setzen zu lassen; mir reicht der Film und du würdest auch daran profitieren. PS. Entschuldige meine Handschrift, aber ich habe zu viel speed im Körper und zittere zu sehr.«[119]

War das der Profit, den DAS TODESMAGAZIN bringen sollte? Selbst die *Tageszeitung* wußte nicht, was sie »über die Kommerzialität von Rosas Filmen« denken sollte; Praunheim gehöre »wohl auch mehr zu den Subkultur- als zu den Politschwulen«[120]. Karsten Witte hatte stilistische Einwände (»nicht morbide genug, um sich des Schreckens, der vom Thema ausgeht, inne zu werden«[121]). *Der Tagesspiegel* brachte »einiges Wohlwollen« auf, das sich der Regisseur freilich durch die Blumentopf-Sequenz verderbe, auch sei die Punkmusik zu den heute-News zu beanstanden.[122] Eben diese Sequenzen bewogen dagegen Thomas Petz zur Feststellung, daß darin »eine bewußte Radikalisierung des Themas« zu sehen sei und daß dies auf ein »außergewöhnliches moralisches Bewußtsein« schließen lasse: »Das abweisende Verhalten unserer Gesellschaft zu solchen Künstlern zeigt aber auch, daß man die Künstler immer dann am meisten mißachtet, wenn man sie am nötigsten hat.«[123] Über diese Kritik empörte sich die *Stuttgarter Zeitung,* die den Film »amoralisch« fand und Praunheim »Leichenfledderei« und »ordinäre, schocksüchtige Vermarktungsgesinnung« vorwarf.[124] *Die Zeit* faßte später die zwiespältige Rezeption zusammen: »Rosa, das rote Tuch«.[125]

Gräfin von Richthofen. 1979

Gräfin Sigrid von Richthofen steht oder liegt in ihrem Boudoir. Am liebsten auf dem roten Satinsofa. Das Kleid hochgerafft. Die schlanken, noch immer schönen Beine ausgestreckt. Die Perlenkette hängt bis zum Teppich hinunter. Aus der Entfernung machen Kleider und Aufmachung sie zur jungen Frau. Die Nahaufnahme zeigt ein altes, runzliges Gesicht. Sie strahlt Lebensfreude und Optimismus aus. Praunheim, mit einem Spitzbart, kommt ins Bild. Er lobt sie: »War ja toll, flüssig.« Sie posiert: »Ich bin die Unvollendete von Schubert.« Mit Dick Cavett, ja mit dem möchte sie gern eine Show machen. Früher hat sie in der Oper gesungen, 1925 die Marie in Bergs *Lulu,* in der Uraufführung. Aber ihre Rolle wäre *Hello Dolly* gewesen. Eine Talkshow würde sie jetzt machen, »weil ich schnell und schlagfertig bin«. Zum Beweis rezitiert sie ein Gedicht. Es ist der Text von »Parlez-moi d'amour«. Sie trägt

Gräfin von Richthofen

eine Tigerfellimitation. Während sie sich der schönen Zeit mit Sven Hedin erinnert, fährt die Kamera ihre Beine ab. Sie krault des Regisseurs Stoppeln, küßt ihm zärtlich die Wangen. Dieser fährt ihr zärtlich übers Haar, die Kamera folgt der Hand. Ein Insert: »Sigrid Gräfin von Richthofen geb. Johannsen gestorben 23.9. 1977«.

Gräfin von Richthofen war Ehefrau des Bruders des Roten Barons. Der Mann nahm sich auf seinen schlesischen Gütern nach dem ersten Weltkrieg das Leben. Praunheim hatte sie 1974 über Evelyn Künneke kennengelernt, als er zusammen mit ihr, der Künneke und Gisela Trowe ein Frauenstück für Boy Goberts Thaliatheater in Hamburg plante. Die Gräfin hatte in Fellinis *Guilietta degli spiriti* (Julia und die Geister. 1965) gespielt und in Chargenrollen für die Wallace-Filme. Sie war eine Schwulenkultfigur. Ihr zu Ehren hielt für den Film GRÄFIN VON RICHTHOFEN Frank Ripploh die Scheinwerfer. Praunheim hatte stundenlang Ton aufgenommen (und nicht gefilmt: um Filmmaterial zu sparen). Sie bestand auf expressiven Bildern. Die mädchenhaft-exzentrischen Posen kompensierten ihre Krankheit.
Während der Filmarbeiten (in Hamburg) war sie schon an den Beinen gelähmt. Vom Tod, der ihr bevorstand, sprach sie

nicht. Praunheim: »Ich finde, man soll wirklich nicht trauern, daß sie tot ist. Die ist sehr wahrscheinlich so fröhlich gestorben, wie sie gelebt hat.« Peggy von Schnottgenberg: »Die hat das überhaupt nicht begriffen, auch alt zu sein.« Praunheim: »Die hatte so viel Pläne, die war so voller Hoffnung, für die war der Tod wie Champagner.«[126]

GRÄFIN VON RICHTHOFEN war ursprünglich Bestandteil des TODESMAGAZINS und wurde aus der für das Fernsehen hergestellten Fassung ausgekoppelt. Er lief, einem Hinweis Karsten Wittes zufolge[127], als Vorfilm zum TODESMAGAZIN in den Kinos.

Red Love. 1980

Ein Paar setzt sich auseinander. Über innerkommunistische Probleme. In einem new yorker Kleinappartement. Kleidungsattribute sind das Palästinensertuch, der Parka, die dunkle Sonnenbrille – vor der nächtlichen Kulisse der Hochhäuser. Wladimir und Wassilissa sprechen über Parteiarbeit und Privatgefühle. Währenddessen ziehen sie sich aus. Die Kamera zeigt eine Nummer des *Esquire*. Wenn die Auseinandersetzung stockt, wird ins Textbuch geguckt. Es wird englisch

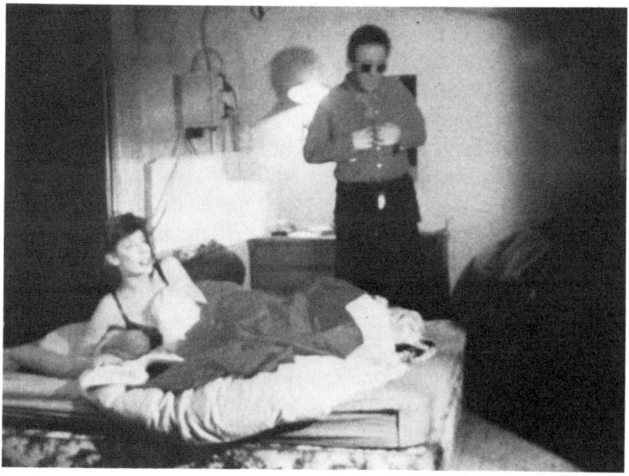

Red Love

gesprochen. Arbeiterheld Wladimir rechtfertigt sich: »I used to be an anarchist. I'm no communist anymore. I am going to the party committee to night to explain my actions.« Wassilissa spricht hinter einem Vorhang. »What about the fact what I feel.« Auf sein »shit« reagiert sie mit »I fuck you«. Beide liegen auf dem Bett. Der Gasofen brennt. Er träumt von Moskau. Da gibt es neue Möbel. Damit kann sie nichts anfangen: »I am no movie queen, I am no victim.« Sie denkt an die Parteiarbeit. Sie muß eine Rede halten: »I am working on a speech. This is *my* work.« Wladimir: »I am stronger as you. You are getting hysteric.« Ihr Schlußsatz: »I hate you.« Sie sagt ihn dreimal.

Der 11-Minuten-Film verlegt Szenen des Romans von Alexandra Kollontai aus der Sowjetunion der frühen 20er Jahre ins New York von 1980. Lindzee Smith und Betsy Sussler spielen mit der Hitze derer, die Angst vor Virginia Woolf haben. Durch den Blick in die Dialogliste legen sie offen, daß es sich um Theater, Experiment, Probe handelt. Im Spiel ist nichts Naives und Dilettantisches. Der kurze Film ist eine Probe dafür, wie ein Spielfilm Praunheims mit professionell auftretenden Schauspielern aussehen würde. Lindzee Smith und Betsy Sussler sind Mitglieder der new yorker Theater-, Film- und Videogruppe Nightshift.

In RED LOVE ist Praunheim als Person abwesend. Was er zu sagen hat, ist verarbeitet, in einem Werk. Die Szenen aus dem Roman der bolschewistischen Feministin sind nicht nur zeitlich und örtlich ins aktuelle New York verlagert, Praunheim hat durch den optischen Verweis auf die abgebildete Nummer des *Esquire* auch aktuelle deutsche Politik ins Spiel gebracht; die Baader-Meinhof-Story des Magazins ist mit Junkie-Texten von William S. Burroughs vermischt; Thema ist die white cell, die Isolationsfolter.

RED LOVE, gedreht an einem einzigen Tag, war Probe und erste Sequenz für einen langen Spielfilm, der in New York und Miami entstehen sollte. Zu diesem Film ist es, man muß wohl sagen: leider, nicht gekommen. Praunheim hatte Geld dafür zur Verfügung (Prämien des Bundesinnenministeriums und des Kuratoriums Junger Deutscher Film). Nach den Aufnah-

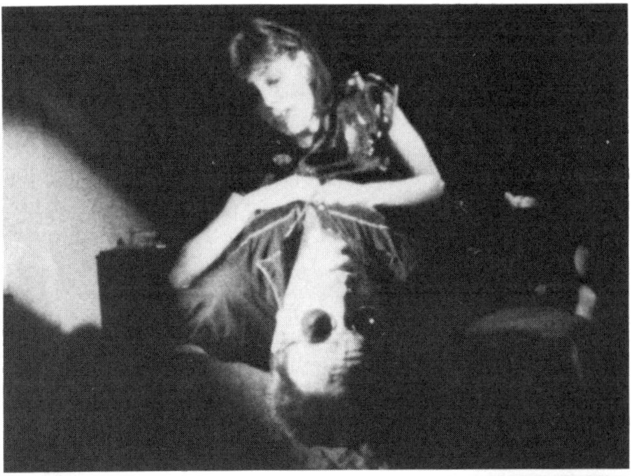

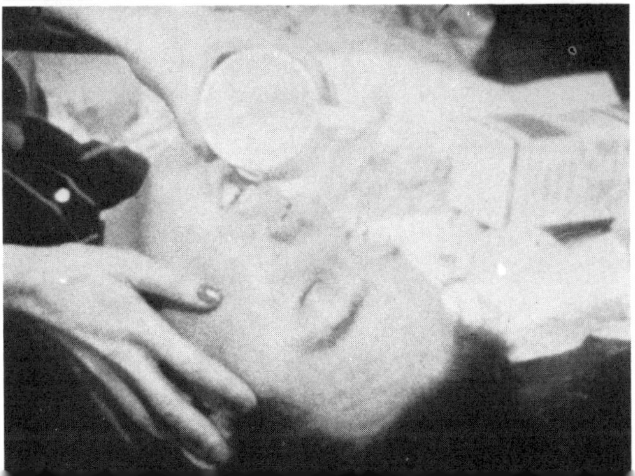

men der Lindzee Smith/Betsy Sussler-Sequenz wurden Praunheim jedoch Gelder der berliner Filmförderung offeriert. Er entschloß sich daraufhin, ROTE LIEBE in Deutschland zu drehen, notgedrungen mit anderen Darstellern. Und mit einem Etat von einer Million Mark.
Die RED LOVE-Sequenz wurde später in die erste Fassung der ROTEN LIEBE (WASSILISSA) aufgenommen; sie fehlt in der zweiten (mit Helga Goetze). Da es die zweite Fassung war, die in den Kinos ausgewertet wurde, gibt es RED LOVE als Extrafilm.

Rote Liebe (Wassilissa). 1980

Zu einer Art New Wave-Musik vergnügen sich jugendliche Demonstranten, die die Volksfeststimmung der 80er Jahre dieses Jahrhunderts verbreiten. Alexandra Kollontai (Olga Demetriescu) tritt als würdige alte Dame auf, mit Schärpe und Orden. Im off-Monolog, offenbar vom Blatt abgelesen, stellt sie sich, asynchron, sich räuspernd und stockend, als die ehemalige Ministerin für soziale Fürsorge in der ersten Leninregierung vor, die es sich zur Aufgabe gemacht habe, Arbeiterinnen bei Liebeskonflikten zu beraten. Nach dieser Exposi-

Dreharbeiten Rote Liebe

tion erklingt das Wassilissa-Motiv (komponiert von Jacob Lichtman), und Wassilissa (Sascha Hammer) erscheint im Bild, eine Mischung von Punk- und Popperfrau. Sie agiert recht ernsthaft. Der off-Kommentar (Praunheim) überbrückt die sechzig Jahre Zeitsprung explizit: »Wassilissa ist Arbeiterin. Sie ist eine Freundin von Nina Hagen« (was, bezogen auf Sascha Hammer, die reine Wahrheit ist), »sie liebt David Bowie und lebt in Berlin« (auch das ist auf der Darstellerebene die schiere Authentizität). Die Schirmlampe pendelt dramatisch, und Wassilissa spricht den ersten Dialogsatz: »Ach wäre doch der Geliebte hier. Sechs Monate sind wir getrennt« (das wiederum ist der authentische Novellentext). An der Wand hängen Poster von Marx, Nina Hagen und Lenin. Eine Sowjetfahne ergänzt die Dekoration. »Wassilissa, wo nimmst du die power her?« fragt eine Stimme (das ist Praunheims eigener Text). – Wassilissa liest in der Frauenwohnkommune einen Brief des Geliebten Wolodja (Mark Eins) vor. Dieser schwärmt von seiner neuen Position als Fabrikdirektor. Er, im weißen Hemd und mit weißem Schlips, erfreut sich eines herrschaftlichen Villenbesitzes mit Pfauen, Rhododendren und Rolls Royce. Das sind die Segnungen der Nowaja Ekonomitscheskaja Politika (der 1921 von Lenin eingeführten Neuen

Rote Liebe

Ökonomischen Politik, auch NEP genannt, welche, um der kriegskommunistischen Ernährungslage abzuhelfen, den freien Binnenhandel zuließ). – Wassilissa läßt die Parteiarbeit im Stich und macht sich auf die weite Reise. »Eine kleine Bahnstation« (es ist der Bahnhof Spandau) kommt ins Bild, geschmückt einerseits mit einem Plakat, das zum 15./16.9.1979 die Parole »Wir wollen keinen Atomstaat« ausgibt, zum anderen mit einem großen Hammer & Sichel-Symbol geschmückt ist. Die Kamera ergreift Partei fürs rote Symbol und zoomt heran. Dann kreist sie Vögeln am trüben Himmel nach, denn der Kommentar verfällt in einen rezitatorischen Singsang zu den Synthiklängen von Din A Testbild: »Die Saatkrähen sind aufgestiegen und krei-ei-eisen in der Luft«. In einer langen, volksopernhaft erhöhten Sequenz eilt Wassilissa über viele Eisenbahnschwellen, stolpernd, zwischen rostigen Schienen, dem Bahnhof zu, unaufhörlich beraten vom eindringlichen Kommentar: »Wassilissa, der Zug fährt ein, Wassilissa, du mußt einsteigen« usf. da capo ad libitum. – Eingefärbtes schwarzweißes Dokumentarfilmmaterial rekapituliert die Geschichte ihrer Liebe: Lenin, die Herrschaft der Menschewiki, die Massen in Petersburg, die Stürmung des Winterpalasts und die erste Begegnung des jungen Paares auf einem meeting (das ist freilich wieder die S-Bahn). Anarchist Wolodja: »Wir verschwenden unsere power doch nicht an den Krieg.« Für ihn ist die NEP das »Leben wie im Paradies«, in dem die Frau »an Dope, Sex und Rock'n'roll glaubt«. Er holt Wassilissa im Rolls Royce ab. »Immer im Rolls Royce«, kommentiert musikalisch die Neue Deutsche Welle (Ideal). In der rot eingefärbten Kapitalistenvilla residiert das avancierte Kommunistenpaar. Wassilissa trägt ein weißes Hemd mit blauem Schlips. Inmitten futuristischer Möbel der sowjetischen Avantgardekunst der beginnenden 20er Jahre labt sie sich an Fruchtkörben, überfüllt mit Erdbeeren, Melonen und Radieschen und verziert mit kleinen chinesischen Miniatursonnenschirmen, wie man sie von Eisbomben kennt. Als Alternative stellt die Haushälterin (Rose Hammer) Bücklinge, mit Paprika garniert, auf den Edelholztisch. – Der Spekulant Sawaljef (Rolf Eden) begrüßt Wassilissa, die NEP-Popperin, mit einem Handkuß. Champagner fließt. Doch das Glück wird getrübt. Die GPU beschlagnahmt Schiebergut, und Wolodja verfällt der Stripteasetänzerin Nina Konstantinowa, welche, von der

Transsexuellen Bettina Sukroff gespielt, in den buntesten Kinofarben dunkelstimmigen Charme entfaltet. Wassilissa, die sich zusammen mit Ferkeln und Flamingos unter den blühenden Rhododendren ergeht, braucht Trost. Der Kommentar liefert ihn im Recitato: »Nicht traurig sein. Einfach leben. Lie-ie-ie-iebe wie die Vögel Vögel joi-joi-joi-joi, die in den Zweigen tri-ri-ri-lie-ren.« In der Nahaufnahme wälzt sich eine Hummel im Blütenstaub. – Das Paar gerät in Streit. Wolodja, im weißen Dinnerjackett, beschimpft die Funktionäre, »diese Scheißbonzen, diese kleinen miesen Wichser«. Doch Wassilissa weiß: die KP hat immer recht. Ein Kommunist, ein Direktor, muß allen ein Beispiel sein. Hilfe kommt durch Pawel Pawlowitsch (Eddie Constantine). Im Zelt, das sich als Zirkus entpuppt, striegelt er Kamele: er ist Mitglied der Kontrollkommission. Die Mauer hinten ist von einem Plakat geziert, das für einen Teenager Jesus am 30.6. im S.O.36 wirbt. – Wolodja hat ein rotes Hemd mit Buttondown-Kragen angezogen. Mit schwarzer Hose und schwarzem Schlips, die blonde Tolle dazu, ist er eleganter Uniformträger. Er jubelt: »Ein Brief aus Moskau, ich bin befördert.« Doch Wassilissa arbeitet wieder mit den Massen. Ein Dokumentarfilm zeigt Fabrikarbeiterinnen in einem Saal, der von Neonröhren erhellt wird. Aber: eine Schlange kriecht herbei (Praunheims Mojo). Off-Text: »Schmerzhaft sticht die Schlange der Eifersucht.« Die Kamera gerät ins Zittern. – Wolodja trinkt auf einer Party mit Wieland Speck und anderen Spekulanten. Kleine Fähnchen mit Hammer und Sichel schmücken den Tisch, und die Kamera nimmt mit Fleiß die Fratzen der Betrunkenen auf, die nah und verzerrt in die Kamera grinsen. Der privatwirtschaftliche NEP-Direktor wird die ideologisch vorprogrammierten Konflikte haben. Und schon dringen Arbeiter ins Herrschaftszimmer, in Jeans, Leder und weißem Matrosendress. Es sind die Jungs von der Betoncombo. Sie spielen »Alles steht still, wenn ich es will«. Schwarzweißes Dokumentarfilmmaterial von Straßendemonstrationen – Rudi Dutschke ist dabei – aktualisiert die Bezüge. – Wassilissa trennt sich von Wolodja. Sie hat ein schwarzes Käppi mit einem geflügelten Emblem auf dem Kopf. Es sieht wie das Accessoire einer Stewardeß-Uniform aus. Sie klopft bei der Frauenkommune an. Lisa (Tu Tu) macht auf. Sie trägt eine schwarze Schirmmütze, um die ein rotes Band geschlungen ist. Um ein Mikrofon der 80er Jahre schart sich die Frauenband (Mania D.) und macht Musik. – Die Kamera verweilt vor einem historischen Plakat: »Bauer nimm dein rotes Bajonett und stoß es der Bestie Weltkapital in den Wanst«. Diesmal geht die Tonspur auf das Bild ein. Zu hören ist das Adagio von Albinoni, den Beerdigungsfall vorwegnehmend. Konkret stimmt die Musik jedoch auf den Selbstmord ein, den Wolodja versucht, während Wassilissa und Lisa im Bett liegen. Die Kamera schwenkt bedeutungsvoll auf den gelben Fruchtstempel des Anthuriums. An dieser Stelle wird der new yorker Suizidversuch aus dem Film RED LOVE eingeschnitten. Wladimir (Lindzee Smith) hat den Kopf im Gasofen. Wassilissa (Betsy Sussler) verspricht: »I help you, Wladimir.« Dieser nimmt das Angebot an: »Keep the dinner ready.« Denn er, der Mann, muß los, »to explain my actions before the committee«. – Eingeführt werden die RED LOVE-Szenen als new yorker Fernsehprogramm, das 1922 in die Sowjetunion übertragen wird. – Wieder Dokumentaraufnahmen aus der Textilfabrik. Die Frauen in den ärmellosen Kittelkleidern gucken amüsiert in die Kamera. Wassilissa und die Haushälterin geben sich auch keine Mühe, so zu tun, als ob das Team nicht dabei wäre. Sie lesen ihre Dialogsätze von den Zetteln ab, die neben dem leckeren Bücklingsgericht liegen. Total verklemmt versucht Wolodja, die Liebe zu retten. Er zieht sich seinen besten Kimono an und fährt mit der Zunge zwischen Wassilissas Beinen herum. Diese erstarrt vor Befangenheit. Lockerung und Ausbruch können nur weitere Szenen aus RED LOVE bringen. Und so hört man denn, in der off-Übersetzung, das new yorker Paar sich mit »Du blöde Votze« und »Du Arschloch« titulieren. Da zieht sich Wassilissa in Gestalt von Sascha Hammer endlich die rote Gesichtsmaske über. Kommentar: »Sie will Wolodja zerfleischen. Will sein Blut austrinken, um selbst stark zu werden.« Doch der Kommentar macht eine Kehrtwende: »Von der Punkerin zur queen und zur Emanze? Ein viel zu schöner Traum! Solange ihr die Liebe nicht abschafft, werdet ihr euch immer unterdrücken.« Alexandra Kollontai ist gescheitert. In der Schlußsequenz geht sie ins Grab, 1952, »hochdekoriert und ihre Schriften vergessen«. Zuvor beschwert sie sich noch über Lenin (»er und seine Freunde machten sich über meine Auffas-

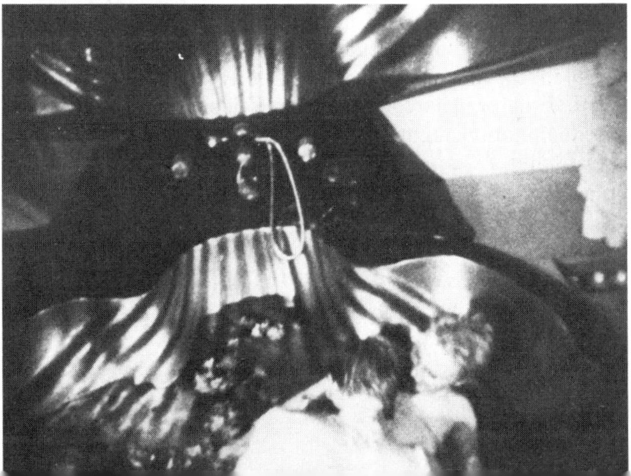

sung von freier Liebe lustig«) und Stalin (er machte 1936 ihre Reformgesetze von 1917 rückgängig). Das Schlußwort spricht eine moderne flotte Stimme: »Was braucht eine Frau? Einen starken Typen, der ihr Klamotten kauft.«

Das Titellied »Rote Liebe« ist von Annette Humpe (Ideal) und öffnet das Sowjetmelodram der Alexandra Kollontai den Liebessorgen der New Wave-Generation. Das Ergebnis ist das gleiche. Alexandra Kollontai (1872–1952) ist abermals gescheitert. Als Volkskommissarin für soziale Fürsorge hatte sie 1917 unter Lenin versucht, Reformgesetze für die neue Sowjetfrau durchzusetzen: staatlich finanzierten Mutterschutz, Abtreibungsurlaub von zehn Tagen, Abschaffung der Ehe als einzige legale Form der heterosexuellen Beziehung, Straffreiheit der Homosexualität, staatliche Alimentenversicherung, kollektive Kinderaufzucht. Als führende Vertreterin der Arbeiteropposition gegen die NEP-Politik war ihre Stellung jedoch unhaltbar. 1921 bat sie um Versetzung in den diplomatischen Dienst und amtierte seitdem als Botschafterin in Norwegen, Mexiko und Schweden. Sie gilt als wichtigste sozialistische Frauenrechtlerin.
Kollontais Absicht, im Unterhaltungsstil für die sowjetische Arbeiterin über eben die privaten Gefühle zu schreiben, die von den gesellschaftlichen Veränderungen betroffen oder vielmehr nicht betroffen werden, wird von Praunheims Film mit gleichem (gleich zweifelhaftem) Erfolg fortgesetzt. Es zeigt sich, daß das Thema aktuell ist. Das theoretische Bewußtsein trennt sich heute nach wie vor mühelos von der praktischen Umsetzung der revolutionären Erkenntnisse im Privatbereich. Bei erster Gelegenheit fällt daher der theoretische Anarchist/Sozialist/Kommunist in die praktischen Annehmlichkeiten der bürgerlichen Gesellschaft zurück, zu denen für den Mann vor allem die macho-Rolle gehört. Im Heterochauvi Wolodja, Fabrikdirektor, Anarchist zuvor, treffen sich die Kämpfer der 68er-Generation, heute Studiendirektor, Regierungsdirektor, Schriftleiter.
Praunheims Film setzt Kitsch und Sentimentalität als Mittel ein, das Scheitern der Revolution(en) mit ihren emotionalen Defiziten zu erklären. Die privaten Gefühle, die der (nurprofessionelle) Revolutionär ausgrenzt, bleiben auf die Dauer – damals wie heute – die stärkeren. Praunheims Konzept, die-

se Gefühle, die fast unangreifbar schon seit langem zu eben Kitsch und Sentimentalität geronnen sind, aufzubrechen, indem er sie zur Kenntnis nimmt und mit ihnen arbeitet, ist das Experiment der ROTEN LIEBE wert. Es war logisch, den Film in der Form eines Hollywood-Ausstattungsfilms zu produzieren. Die eine Million Mark Kosten sind sichtbar. Mike Kuchar nahm die Geschichte der Sowjetfrau im Stil amerikanischer Filme der 30er Jahre auf. Frietz Mikesch (LEIDENSCHAFTEN) und Filmarchitekt Uli Bergfelder statteten den Film mit Bildern und Dekorationen im Stil des frühen sowjetischen Konstruktivismus aus (eine Ähre, Maschinenräder, blauer Grund; aber auch die SS 20-Raketen, nachempfunden den Bildern von Kasimir Malewitsch). Mit Malewitsch und den Konstruktivisten machte Stalin genauso Schluß wie mit den Reformen der Alexandra Kollontai. Statt Malewitsch (1878–1935) regierte der Zuckerbäckerstil. Sowjetbürokratie und altes Spießertum herrschten im neuen sozialistischen Gewande.
Der Eisenbahn-Kulturzug, den Praunheim in seinem Film fahren läßt, ist mit Spruchbändern und Comics von Majakowski geschmückt: Praunheim mischt Kitsch *und* Kunst im Kampf gegen Spießertum (und sexuelle Reduktion) in der Sowjetunion, den USA und der berliner Jugendszene zur Zeit der Filmaufnahmen. Gleich dem Kulturzug macht die (Film-) Musik der New Wave-Gruppen der endsiebziger Jahre die Grenzen von Kunst und Kitsch unauffindbar und belanglos. Die Besetzung des Films macht vor, daß nicht Rollenbefolgung, sondern Rollenvermischung Voraussetzung ist, die Privatheit, die sich immer gegen den einzelnen richtet, nach außen zu tragen, öffentlich zu machen und so von innen heraus die großen Systeme zu verändern. Praunheim hat sich explizit für diese Strategie eingesetzt. Sie ist eine Bündnispolitik: Rudi Dutschke neben dem Transsexuellen Bettina Sukroff; der Komponist Jacob Lichtman (fünf Jahre zuvor noch in Odessa) und die Betoncombo; die Sowjetunion 1922, Hollywood 1933 und Berlin 1979; Dilettantismus (Sascha Hammer, Mark Eins) und Professionalität (Mike Kuchar); Trivialität und Politik (vereint in Praunheims off-Stimme himself).
Das Konzept war gut, es ließ Erwärmung, Gärung, Fermentierung erhoffen. Doch das Spiel der Hauptdarsteller senkt die Filmtemperatur. Offenbar werden sie ihres Dilettantismus' nicht froh. Das drückt auf die Stimmung, und mit dem

Vermischungs- und Solidaritätsfest wurde es nichts. Die lange Geschichte der ROTEN LIEBE schien mit den faden Gestalten der Hauptdarsteller ein frustrierendes Ende gefunden zu haben.

Angefangen hatte der große Plan mit einem Geschenk von Libgart Schwarz, verehelichte Handke. Sie schenkte Praunheim 1974 ein Exemplar der neu erschienenen Novelle von Alexandra Kollontai. Er, Praunheim, schrieb daraus flugs ein Theaterstück, schon mit dem Titel *Rote Liebe*, für das er die Aufführungsrechte an den S. Fischer Verlag vergab (Krista Jussenhoven) und das im Oktober 1976 als Lesestück im Theaterstudio der Zigarrenfabrik Gießen aufgeführt wurde (tryout in der Provinz). Richtig gespielt wurde es erst einmal: von einer Studentengruppe in Australien. Praunheim arbeitete das Stück zu einem Hörspiel um, das am 29. April 1977 vom RIAS gesendet wurde. Die »Ursendung« wurde am 24. Mai 1977 in der Berliner Autoren-Buchhandlung vorgestellt.

Als Drehbuch errang das Skript sodann Prämien des Kuratoriums Junger Deutscher Film (50000 Mark) und des Bundesinnenministeriums (250000 Mark). Praunheim plante eine Besetzung der Hauptrollen mit Jane Fonda und David Bowie

Rote Liebe

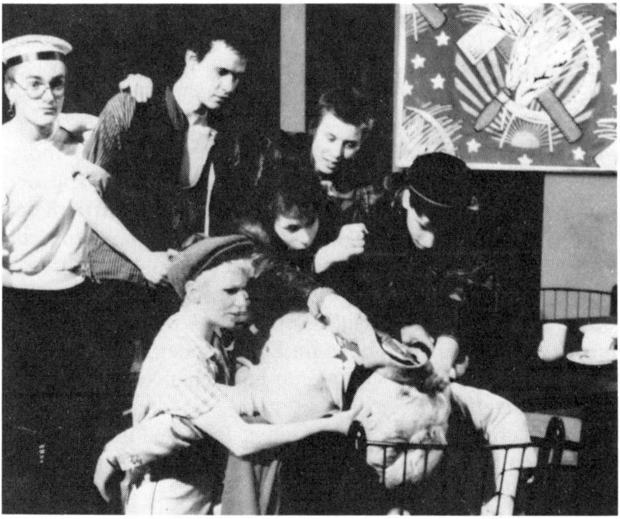

Rote Liebe

und traf sich deshalb noch 1977 mit dem Disco-Sound-Produzenten Giorgio Moroder im Beverly-Hills-Hotel. Die Besprechung zeitigte keinen Erfolg. 1978 verfolgte Praunheim den Plan, die Liebesgeschichte der Kollontai mit Negern zu besetzen (Black Panther und schwarze Bourgeoisie). Als die Nachricht kam, daß Coca Cola nach Rotchina importiert wird, wollte er den Film unter Chinesen spielen lassen. Tatsächlich fing er jedoch in New York zu drehen an. Die ersten Aufnahmen mit Lindzee Smith und Betsy Sussler (RED LOVE) wurden jedoch abgebrochen, als Gelder von der berliner Filmförderung kamen.

Nina Hagen machte einen Soundtrack für den Film, Titelsong: »Red Love« (»Die Partei hat immer recht / Alle sind sie geile Tiere«). Dieser durfte jedoch nicht verwendet werden, nachdem sich Nina Hagen und Praunheim entzweit hatten. Sie konnte nicht verwinden, daß er mit ihr die Wolodja-Rolle besetzen wollte, welche sie ja grade für ihren Freund Ferdinand begehrte. Praunheim war nunmehr entschlossen, den Part selbst zu spielen. Die Muster fielen katastrophal aus. So gelangte im letzten Moment der Rockmusiker Mark Eins (Din A Testbild) zur Hauptrolle. Praunheim war mit seinen

Hauptdarstellern und mit sich unzufrieden: »Die beiden konnten nie sich selbst spielen, es war furchtbar. Ich dachte, jetzt ist alles aus. Ich konnte mich kaum noch aus dem Bett bewegen, fraß Unmengen von Schokolade und dachte an meinen frühen Tod.«[128]

Der 3. Oktober 1980 war als offizieller Kinostart angekündigt worden (Studio am Kurfürstendamm). Praunheim zog den Film jedoch zurück. »Das ist das Ende meiner Karriere, ich will mit dem Film nichts mehr zu tun haben. Wer gibt dir denn nochmal Geld, wenn du son beschissenen Film machst.«[129]

Im Januar 1981 zeigte er den Film in Amsterdam, im Sommer 1981 auf der Volksuniversität Berlin. Im Kino war er bisher nur in wenigen Vorstellungen im Kid zu sehen, Kapazität des Kinos: 25 Personen. Die geplante Fernsehausstrahlung fand noch nicht statt.

Dann änderte sich alles zum Guten. Praunheim schnitt die 92 Minuten Film auf 35 zurück und kombinierte sie mit einem Videointerview mit Helga Goetze.

Rote Liebe, 2. Fassung. 1980/81

Der Titelsong schlägt das Thema an. Annette Humpe von der Gruppe Ideal singt »Rote Liebe«. Der erste Auftritt der Lenin-Ministerin Kollontai endet mit den Worten »Nicht die sexuellen Wünsche bestimmen den Wert der Frau, sondern ihr Wert im Arbeitsleben«. Das ist das Stichwort für den Einschnitt eines Videointerviews mit Helga Goetze. Die Endfünfzigerin mit schadhaften Zähnen, gänzlich unaufgemacht, plaudert auf das fröhlichste, ungezwungenste und mütterlichste mit Rosa von Praunheim über ihr Lieblingsthema: das Fikken. Sie erwähnt ihre späten Lehrjahre in der Sexkommune des Otto Mühl, weist der Kamera ihre Puddingbrüste vor, gedenkt ihrer sieben Kinder und nennt Namen. »1974 bin ich von zu Haus weggegangen und habe in Hamburg sechs Monate bei Wolfgang gelebt und seinen schwulen Freunden. Gearbeitet hab ich als Wirtschafterin. Herr Adler hat mich aber fristlos entlassen« usw. – Ganz offensichtlich vertritt Helga Goetze die Ansicht, daß nicht ihr Wert im Arbeitsleben, sondern ihre sexuellen Wünsche ihre Existenz ausmachen. Sie gibt die Replik auf den Kollontaisatz.

Im Wechsel zwischen Film (Kollontai) und Video (Goetze) nimmt der Film seinen Fortgang. Während Wassilissa und Wolodja ebenso abstrakt wie unglaubhaft und dilettantisch-gekünstelt von großen Gefühlen sprechen, spricht Helga Goetze ebenso konkret wie überzeugend und sehr natürlich-fröhlich von Michael, der beim Ficken immer kotzt, so daß sie jedesmal vorher einen Eimer holen muß.
Wassilissa läßt keinen Zweifel daran, daß die Partei sich auch um das Privatleben der Sowjetmenschen kümmern muß, denn »die Partei hat immer recht«. – Helga Goetze verkündet, daß sie, Helga Goetze, recht habe. Sie will selbst an ihren (sexuellen) Gefühlen arbeiten, und allenfalls sind es die Frauen allein, die die hl. Handlung des Sexualakts organisieren müssen, zum Beispiel indem sie die Schulen schließen und die Kinder ficken lassen.
Helga Goetze erzählt, daß sie selbst die Bilder gemalt habe, die im Hintergrund zu sehen sind. – Wassilissa tut nichts, sie wird beschenkt, mit Seidenstoff. – Helga Goetze entwickelt ihr Leitbild (»Die geile Frau«). – Wassilissa nimmt ein Buch zur Hand. Es ist Bucharins *ABC of Communism*. – Helga Goetze zeigt ihr rechtes Krampfadernbein vor und rezitiert ein eigenes Gedicht: »Um Ästhetik zu genügen, zeige ich mein Balzebein/Ei, das linke ist das hübsche/Ficker balz ins linke

Rote Liebe, 2. Fassung

rein/denn das rechte hat so Adern/Adern und Narben, Adern und ein Überbein.«
Unmittelbar nachdem die Goetze vom Behinderten Josef erzählt hat, dem sie es mit Mund und Hand gemacht habe, spricht Wolodja feierlich und gestelzt die Worte: »Komm laß uns schlafen gehen.« Aber Wolodja bleibt, der Oberkörper ist nackt, vor einem roten Fahnentuch stehen. Daran schließt das Goetze-Gedicht über den »sexuellen Knast« an, womit sie freilich ihren Exgatten, den Prokuristen bei der Deutschen Bank meint. – Wassja kommt zur Einsicht: »Etwas stimmt zwischen uns nicht.« – Helga Goetze berichtet vom Chef, der 1939 wegen eines homosexuellen Akts ein Jahr Zuchthaus bekommen hat. – Im Wassilissa-Film steht der Mond am dunkelblauen Himmel, der Schattenriß eines Paares im Vordergrund, Jacob Lichtmans Geige schluchzt. – Helga Goetze berichtet von den Erfahrungen, zu denen ihr die Kontaktanzeigen in den *St. Pauli-Nachrichten* verholfen haben. »Ficken ist zack, zack, zack, zack oder aber ahh, ahh, ahh, ahh! Wenn wir das gut können, dann ist das das gleiche wie Vögeln, aber mit Information.« – Wolodja beglotzt in der NEP-Bar die große Kleinkünstlerin Nina Konstantinowa (Bettina Sukroff). – Helga Goetze sagt das Gedicht auf, das sie der Frau des Ortsamtsleiters gewidmet hat, von der sie beim Schulkonzert beglotzt worden war: »Frau Nachbarin, was schauen Sie: ich sitze brav und stille/und links ein Mann und rechts ein Mann/das ist so frech mein Wille/.../Das Auge Blut, die Lippe Blut und Blut aus beiden Ohren/Das wärmt so schön, sieht lustig aus/...« – Wassilissa hat schon ihre rote Maske aufgesetzt, schlitzt den ungetreuen Geliebten auf und zerhackt ihn, daß das warme rote Blut die schöne Ausstattung (Uli Bergfelder) besudelt. – Dann bekommen beide noch das Schlußwort: die Kollontai und die Goetze.
Im Vergleich zur ersten Fassung ist der Filmanteil von 92 auf 35 Minuten gekürzt. Es fehlen Sequenzen wie die Abfahrt vom Bahnhof Spandau und der Arbeiter/Betoncombo-Auftritt in der Direktorsvilla sowie einige Dokumentarfilmeinschübe und die RED LOVE-Szenen. Helga Goetze dominiert nicht nur der Zeit nach (50 Minuten Video), sie nimmt auch die blassen Filmfiguren des WASSILISSA-Teils ein. Die 2. Fassung ist ein Helga Goetze-Film.
Praunheims Aufmerksamkeit war von der Selbstdarstellerin

Goetze im August 1973 erregt worden, als sie – zusammen mit Volker Elis Pilgrim[130] – in einer Talkshow des NDR ihren sensationellen Auftritt hatte. Vor hundert Fragestellern wurde zunächst ein 20-Minuten-Film über die Spätemanzipation der kinderreichen Mutter vorgeführt (*Hausfrau sucht Kontakte*). Neben ihr saßen Sachverständige, eine Staatsanwältin, ein Nervenarzt. Und Helga Goetze beherrschte die Szene, denn neben ihr saß Volker Pilgrim: »Ich hatte in der Nacht mit ihm Liebe gemacht – und saß also wie auf einer Wolke« (Goetze). Es kam zum Eklat; Werner Höfer forderte die fristlose Entlassung der Gesprächsleiterin (Lisa Krämer).
1980/81 nahm Praunheim von Helga Goetze in deren kreuzberger Wohnung ein dreistündiges Halbzoll-Videotape auf, noch ohne zu wissen, was er mit dem Material anfangen würde. Die drei Stunden wurden ohne Vorbesprechung und ohne Unterbrechung gedreht. Hinterher fühlte Helga Goetze sich getäuscht: der Interviewer wollte sie nicht ficken. Er speiste sie mit einem Honorar ab und kam sich spießig und konventionell vor.
Den strahlendschönen ROTE LIEBE-Rest (Mike Kuchars Hollywoodqualität) mit dem schmutzigen Videomaterial zu verschränken – das erwies sich als Geniestreich. Es ist, als ob die Materialien sich gegenseitig fröhlich befruchten. Im Videoteil schwärmt die Goetze vom pickligen Christoph, der eine schöne schwingende Art hatte; sie bewegt ihre Hände im Fickrhythmus, die Videokamera tut es ihr nach. Der Schnitt, der diese Szene in den WASSILISSA-Film einbettet, nimmt den Rhythmus auf. Der Film selbst ist des pickligen Christoph Schwingung geworden.
Das Schnittkontrastprogramm produziert Neues, das in den Einzelprogrammen beileibe nicht angelegt war. Helga Goetze wirkt wie eine Antwort, allerdings eine falsche, auf die Sowjetfrau, die der Kollontai, realistisch genug, vorschwebte. Natürlich läßt sich das auch umdrehen, nämlich daß die Sowjetfrau das Falsche war, dem die Kollontai nachlief. Jedenfalls ist ein aktueller wie historischer Bezug in die Fragestellung gekommen. Es herrscht wechselseitiger Verkehr.
Dieser Verkehr ermöglicht einige Vergleiche. Dabei schneidet Helga Goetze gut ab, weil sie als Betroffene und (Sex-)Kämpferin nicht nur über etwas spricht, sondern sich gleichzeitig darstellt. Sprache und Tat werden gestisch eins und bringen

das zusammen, was dem zickigen und unsinnlichen Paar Wassilissa/Wolodja offensichtlich fehlt. Neben der Goetze verschwindet sogar Annette Humpes »Rote Liebe«-Song in der Beliebigkeit einer Popsendung. Im Kontrast dieses Films werden auch emotionale Defizite der allerneuesten Deutschen Welle deutlich.

Das Manifest, das sonst den Schluß der Praunheim-Filme auszeichnet, ist in ROTE LIEBE, 2. FASSUNG in den Kontrast-

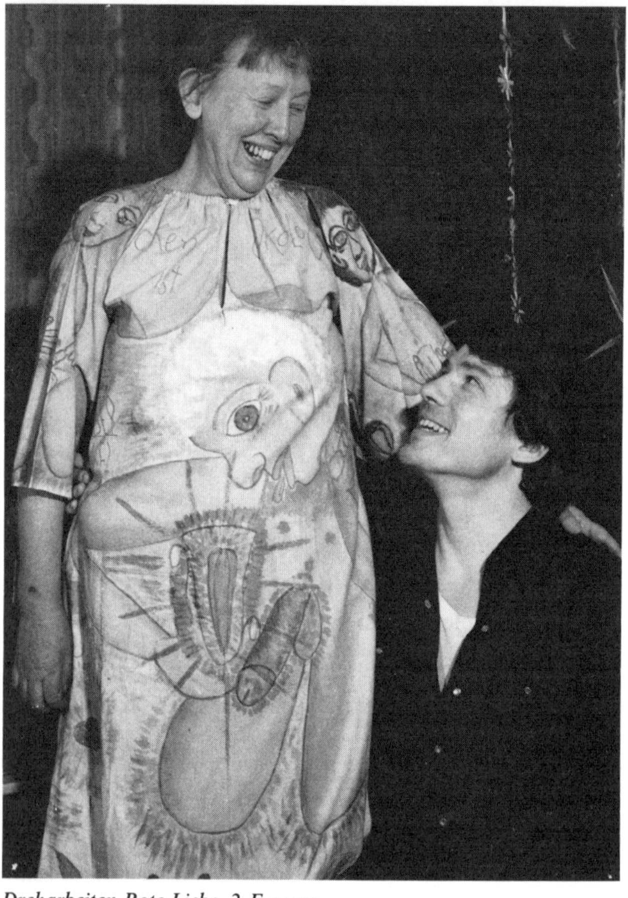

Dreharbeiten Rote Liebe, 2. Fassung

schnitt vorverlegt. Dessen demonstrativer Charakter ergibt sich aus den inhaltlich gemeinten Anschlüssen. Die 2. Fassung der ROTEN LIEBE ist ein Lehrfilm: über die Panzer, die unsere (sexuellen) Wünsche und Gefühle einschließen; über die Unmöglichkeit, ohne Ausbruch aus dem Gefühlsknast institutionell irgend etwas dauerhaft zu verändern, vom Bolschewismus zum New York von 1980, vom sowjetischen Futurismus bis zur Neuen Deutschen Welle; über die Möglichkeit, privat, individuell, aber vor Kameras und Publikum den Ausbruch zu wagen. Beschädigungen sind, das lehrt der Film, in Kauf zu nehmen, sei es der Zustand des Videomaterials, sei es der (entsetzliche) Zustand des Goetze-Gebisses. ROTE LIEBE, 2. FASSUNG ist ein Aufklärungsfilm, getragen von Praunheims unerschütterlichem Glauben an die Systemveränderung. Er ist ein quer dastehender Film – gegen den Strom der Filme, die sich mit Gewalt und Verderben befassen und die den Optimismus, den Glauben an Liebe und Leben der praunheimschen Art längst verloren haben.

Praunheim selbst will diesen singulären Mutmachereffekt seines Aufklärungs- und Lehrfilms erst während der Montagearbeiten erkannt haben. »Ich erkannte, wie spießig ich mich mit meiner Sexualität eingerichtet hatte, wie wenig Perspektiven ich persönlich sah, für eine befreite Sexualität einzutreten. Ich hatte die allgemeine Resignation um mich herum akzeptiert. Die 68er Generation war zu den konventionellsten Lebensformen zurückgekehrt. Wohngemeinschaften sind ohne Anspruch geworden. Das Patriarchat triumphiert auch bei den Hausbesetzern. Zweierbeziehungen sind mit allen üblichen Konflikten der einzige Ausdruck der Zeit, Kinder und Jugendliche sexuell so verklemmt wie immer. Das Rollenspiel funktioniert perfekt, trotz aller Scheinliberalisierung. Helga mit ihren revolutionären Ideen scheint eine Verrückte. Ich erkannte, daß wir die Verrückten, Festgefahrenen, Neurotischen sind und Helga eine der wenigen klaren, intelligenten, konstruktiven Menschen ist. ... In einer anarchistischen Regierung wäre Helga Goetze für mich die einzig adäquate Gesundheitsministerin. ›Ficken für den Frieden‹ könnte ihr und unser Wahlspruch sein.«[131]

Neben der Ministerin Goetze machten die Verklemmungen von Wassilissa und Wolodja, den Protagonisten der Ministerin Kollontai, plötzlich Sinn. Die 2. Fassung der ROTEN LIEBE

wurde ein Erfolg. Sie lief im Februar 1982 auf dem Internationalen Forum des Jungen Films in Berlin. Der Film wurde sogleich zum Filmfestival nach Los Angeles eingeladen. Selbstredend ging es der Kritik in erster Linie um die wahre Hauptdarstellerin: Helga Goetze. Sie erfuhr in einigen Fällen deutliche Ablehnung. Die *Neue Zürcher Zeitung* diagnostizierte eine »extremste Form von Altersradikalismus«[132]. Wolf Donner war nicht zu bekehren: »Ich glaube dieser Frau ihre Geilheit gar nicht.«[133] Für Gertrud Koch war die ROTE LIEBE, 2. FASSUNG »weniger befreiend als stalinistisch«; ein neuer Dogmatismus stehe ins Haus.[126] Und Lotti Huber, eine der Darstellerinnen von UNSERE LEICHEN LEBEN NOCH, qualifizierte die Goetze als »armes Schwein«.[135]
Wenn das, was mal links war, zum spießigen New Wave-Kitsch und dekorativen Wandschmuck verkommt, dann wirft Wolf Donner das überraschenderweise Rosa von Praunheim vor. Der Grund dieses Mißverständnisses: er unterstellt in seiner professionellen Kritik, Praunheim habe die Absicht gehabt, professionell »mit Schauspielern zu arbeiten«. Diesem Dilemma der konventionellen Kritik gab Werner Mathes in derselben *tip*-Nummer Contra: »Als Stil und Absicht hat er [Praunheim] nie sein Unvermögen kaschiert, mit Schauspielern umzugehen. Allenfalls die Kritik hat ihre nie eingelösten Erwartungen damit kaschiert, daß sie Praunheim Absicht unterstellte ... Mit ROTE LIEBE ist der Filmemacher, unbeholfen wie er ist, gleich in mehrere Fettnäpfchen gestolpert. Eins davon ist das ranzige der Helga Goetze, ein anderes ist tiefer: Was passiert eigentlich hinter revolutionärer Fassade mit Eifersucht, Haß, Aggression und Liebe? Der Kulturbetrieb jedenfalls weiß das nicht.«[136]
Im übrigen fand der Film die schmeichelhaftesten Urteile. Er wurde als »Lehr-Beispiel«[137] gerühmt, »im besten Sinne ein Kunstwerk«[138]. Praunheims »menschlicher Sozialismus« führte für den *Tagesspiegel* zur Forderung: »Praunheims starke Frauen an die gesellschaftliche Front!«[139] Die *Tageszeitung* bejubelte »Helga Goetze Superstar« und sah im Film die »gesprochene Geschichte einer Generation von Frauen, der meine Mutter angehört«[140]. Für Peter Buchka vermischten sich im Erscheinungsbild der Helga Goetze »Sprache und Tat zur sexualrevolutionären Sprechweise«, denn der »berühmte erste Satz aus Roland Barthes *Am Nullpunkt der Literatur* paßt wie

die Faust auf den Mund der Helga Goetze«[141]. »Daß Rosa von Praunheim auf den ›aufklärerischen‹, erzieherischen, befreienden Impetus seiner Kunst, seiner Filme setzt, gibt ihnen eine ansteckende Fröhlichkeit, einen wirklich mitreißenden Optimismus«: Hellmuth Karasek[142].

Unsere Leichen leben noch. 1981

Keine zwei Wochen mehr bis zur Eröffnung der Foto-Ausstellung »Die Frau der dreißiger Jahre« in einer berliner Galerie (mit Unterstützung des Senats). Lotti Huber beherbergt vier Frauen, deren Lichtbildmaterial Exponat geworden ist. Dauergast in ihrer Wohnung ist auch die aus der ROTEN LIEBE bekannte Schlange. Sie heißt Esmeralda, spielt mit einer weißen Maus und verzehrt sie mit Genuß. Die fünf Frauen, alle über sechzig, plaudern, erzählen aus dem Leben, trinken, kiffen, schlafen und werden von Rosa von Praunheim in einen grotesken Krimi verwickelt. Als liebestoller Polizist läßt er die Hosen fallen. Doch schließlich wird das geile »Bullilein« als Täter der fantasievollen Mordversuche entlarvt. Die Frauen, während des Films in Stimmung geraten, fallen am Ausstellungsabend über ihn her und stimmen ihr Kampflied an: »Wir sind vital und wild und klug und schön und sexy voller Glut .../Unsere Leichen leben noch, unsere Körper sind noch warm./Unsere Leichen leben noch, tragen den Kopf nicht unterm Arm.«

Lotti Huber weiß mit ihren Augendeckeln zu klappern, daß einem warm ums Herz wird. Die Zimmer hat sie für Gäste individuell und exzentrisch ausstaffiert. Die Dekoration macht alle Geschichten möglich. Und doch sind die vielen fantastischen Geschichten, die wir im Film erzählt bekommen, die reine Wahrheit. Der Film ist Dokument, Selbst-Ausstellung der Frauen, welche sichtlich am Leben sind. Die Ausstellung der (toten) Fotografien braucht der Film verständlicherweise nicht mehr zu zeigen.

Lotti Huber ist Jüdin, war im KZ, kam nach Palästina, arbeitete in Cabarets, heiratete mehrere britische Offiziere, wurde als Lotti of Kyrenia mit ihrem Lokal auf Zypern bekannt, übersetzt heute in Berlin Bücher, lebt vom Zimmervermieten, vom

Unsere Leichen leben noch

Handlesen und der Filmstatisterie. Sie träumt im Film den Knochen-Blues, den Helen Adams tanzt: »Gonna wear out my sunday shoes/Beating up those Pounding Bone Blues.« Die amerikanische Lyrikerin, als Bikini-Worm-Queen im TODESMAGAZIN vorgestellt, schrieb den Bluestext im Jahre 1909. Zum Knochen-Blues ist, im Gegenlicht, der Wannsee vom Sommer 1981 zu sehen. Am Schilksee der 20er Jahre, im gleißenden Sonnenlicht, posiert die Tänzerin Lotti Huber, nackt: auf einem Foto.

Madlen Lorei war als Lesbierin während der Nazizeit genötigt, Berlin zu verlassen und nach Frankfurt zu ziehen. Den ehrenvollen Vorschlag, dort nach 1945 als Stadtabgeordnete der CDU zu kandidieren, lehnte sie mit ihrer kräftigen rauhen Stimme ab und machte sich einen Namen als Kriminalrepor-

Unsere Leichen leben noch

terin der *Frankfurter Neuen Presse* (später der *Abendpost/ Nachtausgabe*). In den 50er Jahren schrieb sie Kriminalromane *(Die Hölle hat nur eine Tür)*. Den Titel UNSERE LEICHEN LEBEN NOCH hat sie erfunden – für ein privates Drama. Die Pistole hatte sie schon besorgt, um sich und die Freundin zu erschießen. Sie ist rüstige Rentnerin und trinkt einen Cognac drauf.
Maria Christiana Leven, ausgebildet von Mary Wigman, trat in den 30er Jahren als Solotänzerin auf. 1943 wurde sie in Tschenstochau von der Gestapo festgenommen und der Spionage verdächtigt. Sie wurde einem erniedrigenden und demütigenden Verhör unterzogen und ist heute noch auf der Suche nach dem »Ungeheuer«, dem SS-Untersturmführer Eßig (»Diesen Kerl hätte ich mit einer Pistole erschießen können«). Nach einem schweren Verkehrsunfall machte sie in den 50er Jahren das erste Künstlerlokal Frankfurts auf, den Globetrot-

Unsere Leichen leben noch

ter, und schmiß jeden Gast raus, der Minderheiten angriff. Sie ist leidenschaftliche Humanistin und leitet die Römerberggespräche in Frankfurt (Thema 1982: Diskriminierung). Für die Entfaltung ihrer impulsiven und intensiven Natur wird jeder Ort zur Bühne. Im 24. STOCK tanzte sie auf dem Hochhausdach. In UNSERE LEICHEN LEBEN NOCH wird ihr die Altbauwohnung zur Kulisse. Sie braucht einen Szenenwechsel. Sie telefoniert mit Johannes, dem Freund in Frankfurt.
Inka Köhler kommt aus Dillenburg. Sie teilte die Begeisterung ihres ersten Mannes, eines SA-Manns, für Hitler und hätte sich für letzteren mit einer V 2 auf den Mond schießen lassen. Nach dem Krieg konnte sie allerdings das Engagement für die NPD nicht teilen und heiratete einen Antifaschisten, dem zuliebe sie ihre Schauspielausbildung aufgab und als Sekretärin arbeitete. Heute ist sie pensioniert und von jüngeren Männern umschwärmt, die sie erfolgreich zu faszinieren weiß. Lotti weist ihr das Tausend-und-eine-Nacht-Gemach zu, in dem der indische Student gewohnt hat (Lotti, sentimental: »Er stand mir sehr nah«).
Luzi (Lucy Kryn, wie sie sich privat schreibt) hat am wenigsten zu erzählen. Sie repräsentiert sich selbst. Sie ist bekannt, aus den BETTWURST-Filmen. Ein Zwischentitel (»Nachts um halb drei«) unterstreicht die Zeit, zu der sie vom Café Keese zurückkommt, wo ein Sudanneger mit ihr tanzte. Leben und Beruf sind ihr eine Einheit. Sie arbeitet in der kieler Universitätsklinik in einem Institut für Vaterschaftsbestimmung. Sie hält die anderen Frauen nicht mehr aus, insbesondere da der – bis dahin unbekannte Täter – Salzsäure in das Shampoo gemischt hat. Luzi ohne Locken? Luzi verzweifelt: »Mein Verlobter wird mich nicht mehr lieben.«
UNSERE LEICHEN LEBEN NOCH ist die praktische Therapie für die Alten im 24. STOCK, deren Befund Praunheim im 1. Teil jenes Films gezeigt hatte. Im 2. Teil der politisch-theoretischen Lösungsmöglichkeiten griff allein der Freilufttanz der Maria Christiana Lewen auf UNSERE LEICHEN LEBEN NOCH vor. Der Optimismus und die Kraft dieses neuen Films überschwemmen jede intellektuelle Argumentation. Praunheim leistet mit seinen fünf lebenden Leichen Lebenshilfe. Sein Talent ist es, Menschen beobachten, entdecken und aus sich herausbringen zu können. Er weiß darüber am besten Bescheid: »Es gibt viele, die über ihre eigene Qualität gar nicht Bescheid wissen, gar

nicht wissen, wie toll sie sind. Wenn man ihnen das klarmacht und ihnen das auch wiedergibt, daß sie sich so auch vor der Kamera produzieren können, wie sie wirklich sind, das ist dann meine Begabung.«[143] Lotti Huber sagte zu Olaf Stüben: »Er [Praunheim] ist nicht ein Facelifter, sondern ein Morallifter, verstehst du? Was nützt es, wenn du dein Gesicht liften läßt und deine Psyche zerknittert am Boden liegt.«[144]

Die Fröhlichkeit und Lebenslust der fünf Frauen steckt an, der frühe Widerstand gegen bürgerliche Konventionen und Zwänge zahlt sich offenbar aus. Es lebt sich völlig ungeniert. Das ist eine Praunheim-Moral, mit der sich etwas anfangen läßt. Hinter Provokation, Travestie und Vexiererei kommt Aufrichtiges zum Vorschein: eine Mission. Sie gilt auch dem Filmkomponisten, Hans Wittstadt, der in den 50er Jahren sehr bekannt war (»Pepe«) und »den man auch wieder entdecken muß« (Praunheim).

Aber UNSERE LEICHEN LEBEN NOCH ist fröhlicher Lehrfilm nicht nur für alte Frauen, sondern für alle Minderheiten oder für die Minderheit, die in einem steckt. Olaf Stüben brachte dies in der Schwulenzeitschrift *DU & ICH* auf die direkte Formel »... können auch wir schwulen Männer eine Menge von einer Frau wie Lotti Huber lernen«[145]. Denn es fasziniert die Stärke, die, den Unterdrückungsmechanismen der Gesellschaft zufolge, eigentlich Schwäche sein müßte. Die Stärke der lebensfrohen Alten, die keine gütigen, verzagten Omis sind, ist eine andere Stärke als die der schwulen Machos, die sich an der Mehrheit orientieren und diese simulieren. Unsere Leichen leben, sie simulieren nicht, und sie antworten auch auf den Machotrend und andere Pseudoversuche, sich als Mehrheit zu gerieren. – Die Antwort des Praunheim-Films entspricht nicht den Erwartungen der schwulen Minderheit. Die Leichen, die noch leben, spielen kein Drama, sie leben es. Das ist eine Lebenskunst, die Provokation und Angriff, Rückzug und Verteidigung, alles zur gleichen Zeit, beherrscht. Der Film macht diese Strategie erlernbar. Voraussetzung ist, sich über gesellschaftliche und ästhetische Dogmen hinwegzusetzen. Der Film hat diesen unbekümmerten Gestus. Er ist nicht Dokumentarfilm, auch keine Kriminalkomödie, und doch beides zugleich. Er ist home movie und Lehrfilm und beides wieder nicht. Er ist stilistisch nicht vorhanden. »Die ästhetische Kacke« (Praunheim) gibt es bei ihm nicht.

Unsere Leichen leben noch

Die Kamera (Stephan Köster) macht brave Schwenks, artig dem Geschehen folgend; liebevoll erstarrt sie, um sich auf einen Sketch, eine Darbietung einzurichten. Sie ist passiv. Und so kann sich, ohne repressiven Eingriff, die Leichenlebendigkeit frei entfalten. Praunheim behauptet, er habe dennoch »nur zehn Prozent« der vitalen Wirklichkeit einfangen können. Auch diese sind immerhin eigene Wirklichkeit, die Wirklichkeit seiner Wohnung, in der der Film aufgenommen

ist. (Das Studio wäre freilich der Inbegriff der Repression gewesen.)
Die Probe aufs Exempel machte ein Staatsanwalt, der nach einer Kinoaufführung vom Regisseur Aufschluß begehrte, was im Film Fiktion und was Realität sei. Maria Christiana Leven wurde als Zeugin für ein Ermittlungsverfahren gegen den SS-Untersturmführer Eßig zitiert, dem Mordtaten, begangen 1943, vorgeworfen werden. Was der Film von ihrem Tschenstochau-Erlebnis protokollierte, setzt sich im Protokoll der Staatsanwaltschaft fort. SS-Untersturmführer Eßig ist Realität, die noch lebt. Frau Leven hat ihn mit Hilfe des Films gefunden. Ihr Nachteil ist, daß sie keinen Waffenschein bekommt für die Pistole, mit der sie ihn hätte erschießen können.
Maria Christiana Leven, Inka Köhler und Lucy Kryn hatten schon ein Jahr zuvor in einem Hörspiel Praunheims intensiv ihr Leben geschildert: *Frauen zwischen Hitler und Goethe*. Ursendung war am 31. Mai 1980 im RIAS II. Zur Fortsetzung und Erweiterung des Lebens-Spiels lud Praunheim die drei Frauen zusammen mit Madlen Lorei und Lotti Huber nach Berlin ein und nahm auf einem Videoband 15 Stunden lang ihre Geschichten auf – einschließlich improvisierter Spielszenen, die Stimmung und Laune machten: aktive Lebensge-

Unsere Leichen leben noch

schichten durch aktive Handlungen. Als Animateur trat Praunheim selbst auf. Mit den 80000 Mark, die der Hessische Rundfunk gab, wurde der Film im Frühjahr 1981 in derselben Wohnung gedreht.

Gleich mit der Uraufführung auf den Hofer Filmtagen fand der Film breite Zustimmung. Wobei die Resonanz weniger dem Film als dem von ihm transportierten Optimismus galt. Die Zustimmung galt den fünf Frauen, die sich auch gegen die Zwänge des Films und gegen den Regisseur-Dompteur Praunheim zu behaupten wußten. Praunheim berichtet von einem Disput mit Madlen Lorei während der Dreharbeiten: »Sie dachte, ich wolle sie verarschen, weil ich eine Szene einbaute, wo sich Luzi und Inka über die dominierende Madlen beschweren.«[146] Doch wenn Praunheim seine Darsteller »ausnutzte« – ein Vorwurf, dem er ausgesetzt ist –, dann ging das nicht zu deren Lasten. Lotti Huber wurde Superstar in Berlin. Wo sie hinging, ging man auf sie zu. »Sogar im Supermarkt, die Verkäuferin hinter dem Fleischstand, die Käsetanten, die, die Sardinen auspacken. Und ein vielleicht Dreiundzwanzigjähriger gab mir auf der Straße eine Baccara-Rose mit einem langen Stiel. Ist das nicht groß? Es sind aber auch ältere Frauen gekommen, die gesagt haben: Mann, Sie haben aber Mut. Da sagte ich: Na, Sie hoffentlich auch.«[147]

In der Presse findet sich die Stimme des professionellen Kritikers, der dem Film mangelnde Professionalität vorwirft (»fantasielos und dilettantisch wie noch kein Film Rosa von Praunheims«[148]). Demgegenüber gestanden viele Kritiker ein, daß der Film sich offensichtlich mit dem üblichen Handwerkszeug nicht handhaben lasse und daß es ebenso offensichtlich nicht darum gehe, zu kontrollieren, ob der Film die Regeln des Filmhandwerks beachte. Gitti Hentschel streckte die Waffen, gab es auf, eine Kritik zu schreiben, und formulierte als Betroffene den Satz: »Muß da ein Schwuler kommen, der mir vor Augen hält, daß ich die Frauen in Klischees, die Norm presse.«[149]

Schwule Kritiker fanden den Frauenfilm »genial« (Olaf Stüben)[150] und »mit Abstand die beste Produktion Praunheims«[151]. Die Superlative wurden von der Heteropresse geteilt. Hellmuth Karasek schrieb: »Mit diesen fünf Frauen arrangierte Rosa von Praunheim einen Film, dessen fiktiv gestellte Plaudereien sämtliche Talkshows der letzten Jahre mühelos verblassen lassen ... eine Ausstellung deutscher Lebensläufe, Träume und nachbarlicher Beziehungen.«[152] Helmut Schödel lobte den Film unter der Überschrift »Der fröhliche Widerstand«[153], und Gertrud Koch sah »ein ironisch-poetisches Zauberstück gelungen, dessen Witz und Leichtigkeit fasziniert« und notierte »einen der schönsten Filme der letzten Zeit, die ein Mann über Frauen gemacht hat«[154]. Gottfried Knapp nannte UNSERE LEICHEN LEBEN NOCH »einen der humansten Filme über das Altern, über die Möglichkeiten und Unmöglichkeiten, sich im Alter als Mensch zu verwirklichen«[155], und Kraft Wetzel hielt »Rosas graue Panther« für »eine gar nicht so utopische Therapie für die damals (im 24. STOCK) diagnostizierten Beschädigungen«[156]. Schließlich streckte auch die *Stuttgarter Zeitung* die Kritikerwaffen: »Ein ganz und gar unmöglicher Film. Den muß man gesehen haben.«[157]

Die fünf Frauen traten als Altspontis in einer populären Fernsehsendung auf, am 28. Februar 1982 in »Bios Bahnhof«, und trugen einem Millionenpublikum live den Song vor »Unsere Leichen leben noch/Wir sind vital und wild und klug ...«. Praunheims Lebenshilfemotor funktionierte.

Für eine Fortsetzung des Films hat Praunheim sich die Besetzung mit Leni Riefenstahl und Annemarie Renger gewünscht. Sie soll im Sommer 1984 gedreht werden. Der Titel steht fest (»Intelligenz ist eßbar«), die Besetzung noch nicht. – Mit Madlen Lorei hat Praunheim inzwischen weiter gearbeitet. Sie schrieben das Hörspiel *Die Hölle hat nur eine Tür,* das am 25. Oktober 1982 im RIAS II gesendet wurde. Neben der Dramatisierung des alten Lorei-Fortsetzungsromans aus dreißig Jahre alten *Quick*-Nummern ist es die Verfasserin selbst, deren Lebensgeschichte den Ton angibt, aufgenommen in Privatwohnungen und Kneipen. Die Geschichten gehen über den Film hinaus. Unsere Leichen leben weiter.

Mein New York. 1982

Liza Minelli singt »New York, New York«, während die Kamera über die große Bühne der Skyline von Manhattan entgegenfährt. Dann rekapituliert Praunheim seine New York-Filme. Die Gay Parade vom Juni 1971 in der Christopher

Street (HOMOSEXUELLE IN NEW YORK). Der Digest aus UNDERGROUND AND EMIGRANTS, TALLY BROWN, NEW YORK und DAS TODESMAGAZIN werden im off als historisches Material kommentiert. Sieht man die Kratzer und Laufschrammen auf dem Bild, hört man Praunheim sich erinnern, wie vor Zeiten Filmkratzer zur Ekstase des Publikums führten: »Sie waren das Ideal der frühen 70er Jahre.«

Ein Film für die Fernsehserie »Auslandreporter«. Die Eingangssequenz ist das Klischee der New York-Reportage. Andy Warhol erscheint wieder auf der Party des deutschen Uno-Botschafters Alexander von Wechmar. Praunheim plaudert mit ihm vor einer Collage, die Willy Brandt zeigt. Praunheim-Ton 1982 (über Warhol): »Jahre später kroch er nur noch Reichen in den Arsch.« Jack Smiths *Plaster in Paradise* ist jetzt direkt an die Warhol-Sequenz geschnitten und gibt diesem eine verrückt/geniale Antwort. Ein Ausschnitt vom Einakterfestival (Tom und Divine in der *Neonfrau*), dann resigniert Tally Brown mit »You Can't Always Get What You Want«; leider ist das Mikro nicht o. k., und Praunheim kommentiert im off, daß Tally Brown, die er in den 60er Jahren auf einer Parkbank kennengelernt hatte, heute fast vergessen sei und von Sozialhilfe lebe. Sie war die Kultfigur der 60er Jahre.

Mein New York

Ihren Platz nimmt in MEIN NEW YORK akustisch ein deutscher Star ein. Marianne Rosenberg singt mit ihrer Chinesenstimme das (schon im PORTRÄT MARIANNE ROSENBERG wiedergegebene) Lied »Wenn es Nacht wird in Harlem«. Glaubt man der Bild- und Tonmontage von MEIN NEW YORK, besetzen deutsche Frauen Positionen in New York. Vera Graf und Luetze (berliner Subkulturstar, bekannt aus Filmen von Ulrike Ottinger) fühlen sich vor Praunheims Kamera in New York zu Haus. Luetze will dort bleiben, »und wenn ich als Putzfrau arbeiten müßte«.

Daran anschließend, bekommt der Ausschnitt mit der »Dr. Jazz«-Nummer von Holly Woodlawn den Stellenwert einer Darbietung für deutsche Touristen. Und was ist aus dem Kampfrock der new yorker Punx geworden? Anja Philipps, die Punkchinesin aus dem TODESMAGAZIN, wird zitiert. Auf der Tonspur sind anfangs noch James Chance und die Contortions mit »Design to Kill« zu hören, aber schon kommt im off Praunheims resignativer Kommentar. Anja, gleich nach den Aufnahmen für das TODESMAGAZIN an Brustkrebs erkrankt, starb drei Monate später.

Die Schlußbilder zeigen Praunheim 1982 in New York, allein und depressiv. Nackt liegt er auf dem Bett und stellt sich vor, »wie ich von brutalen Unbekannten beraubt werde«. Er wird nicht beraubt. Er zieht sich an, schwarz, und hockt zum Adagio von Albinoni (ein akustisches Zitat aus ROTE LIEBE (WASSILISSA)) neben einem Kleinfernseher. Im off erfährt man das Resümee-Manifest. New York erschien 1982 »wie ein Horrortrip«; »Reagans harte Sozialpolitik hat Wunden geschlagen«. Die naiven Träume, Spaß und Spiel sind dahin. Ernst und Langeweile, der Kampf ums Überleben sind an ihre Stelle getreten. »Was bleibt, ist eine Erinnerung an die vergangenen zehn Jahre.« Zu diesem Abgesang zeigt das Bild das Schlußklischee einer Stadtreportage: langsam entfernt sich die Skyline.

Mit MEIN NEW YORK ist Praunheim um die große Hoffnung von UNDERGROUND AND EMIGRANTS ärmer, des Films, der die (new yorker und praunheimsche) »Alternative zum langweiligen deutschen Kulturbetrieb« darstellen sollte. MEIN NEW YORK zeigt das Scheitern dieser Alternative. Der Film findet seinen Zweck nicht in der Kompilation, sondern in der Umwertung der alten Bilder. New York ist keine Alternative mehr,

allenfalls abschreckendes Beispiel. Das kommt nicht in den Bildern zum Ausdruck (abgesehen von der Schlußsequenz), sondern in den Sätzen des Kommentars. Lähmung des new yorker Untergrounds und Anpassung an die Reagan-Wende. »Ich hoffe, daß *wir* jetzt stärker sind und wirklich vehement dagegen sind.« Das hat Praunheim freilich nicht mehr im Film gesagt.[158]
»Wir« – das waren während der (wenigen) Filmaufnahmen in New York Mike Shephard, sein fester Freund, und Marianne Enzensberger, seine Freundin. Bilder dafür zu finden – daran hinderte ihn der Frust, der ihn während der Drehtage in New York erfaßt hatte.

Stadt der verlorenen Seelen. Berlin Blues. 1982/83

Acht amerikanische Subshowstars in Berlin: Musiker, Tänzer, Akrobaten. Die Nummern des praunheimschen Musical-Klischees geben die willkommene Gelegenheit, Minderheitenidentitäten auszustellen und zu pflegen: die des Ausländers, des Schwarzen, des Juden, des Schwulen, des Transvestiten, des Transsexuellen oder aller zusammen. Leila, nämlich Jayne (exWayne) County, transsexuelle Ladyrocksängerin,

Stadt der verlorenen Seelen

Stadt der verlorenen Seelen

hat im New-Wave-Ham-Burger-Laden ihren großen Auftritt mit dem Burger-Queen-Blues. Auf englisch singt sie »I'm a looser«, auf deutsch spricht sie ein schnelles »Ich blas dir deinen Schwanz« dazwischen. Das Burger-Queen-Personal muß sich die Miete verdienen. Für die Pension. – Vermieterin Angie Stardust, die schöne schwarze Sängerin, ist in ihrer Pension (in Wilmersdorf, Potsdamer Straße) Mittelpunkt der Szene. Sie ist resolut und herzlich und hat ihre Gäste im Griff. In den Songs »Sand«, »Once« und »Exil« und in Originalaufnahmen aus New York ist einiges von ihr zu erfahren: über ihre Jugend in den Slums von Harlem, ihre Transsexualität mit der lesbischen Variante und ihre Karriere in den Clubs der Weißen. Schwierigkeiten hat sie mit dem Mieter Gary Miller, dem schwarzen Tänzer mit dem Edelkörper, der mit nackten jungen Weißen die rituellen Ekstasen seiner schwarzen Messe zelebriert. – Wirtin Stardust tröstet Loretta (Lorraine Muthke). Erfolglos. Loretta weint den ganzen Film hindurch, bis endlich der Intendant des Theaters des Westens den Tränenfluß stoppt: er bietet eine Rolle am etablierten Theater an: »Du hast so große Augen; spiel ein Mondkalb oder so.« – Bis dahin hat Loretta es schwer; sie wechselt Zimmer und Bett umschichtig mit Tara O'Hara. Diese holt sie erbarmungslos von der Matratze, wenn ein Kunde erscheint. Tara, 27, »ist die erste Transsexuelle mit Supertitten«. Sie sieht, mit Tigerfell und Peitsche, sehr wie eine Frau aus, und doch muß sie dem schönen Manfred Finger, den sie aus einer Heterodisco abgeschleppt hat, auf rotem Plüsch zuguterletzt etwas gestehen: ihren Schwanz. »Ich bin doch nicht schwul«, sagt Macker Manfred, 27, und reckt ihr den Signalschnauzer ins Gesicht, um sich dann doch auf eine recht verlockende Sexvariante einzulassen. Tara hatte schon im Burger Queen demonstrativ an der dicken Salzgurke gelutscht. »Wir sind das dritte Geschlecht«: Tara, hinterher, stolz. Angie Stardust, alte Schule, hat sich allerdings das Machogenital längst wegoperieren lassen. Sie schwärmt von Katja, 17. – Die Trapezkünstler Tron (Tron von Hollywood) und Judith (Judith Flex) kommen auseinander. Judith, Vollweib, Kalifornierin, Jüdin, greift sich einen männlich-jungen Berliner: Gerhard (Gerhard Helle), Sohn eines SS-Manns, und fährt mit ihm, ganz in Leder, auf dem Motorrad »die alten Nazibotschaften« ab. Die Dogmen der Elterngeneration kümmern sie nicht (Judith: »Mir ist egal, ob dein Großvater Nazi war oder nicht. Irgendwie war mein Großvater auch Nazi: bei ihm mußte immer alles jüdisch sein«); das gibt dem Film Gelegenheit zu Außenaufnahmen: die Siegessäule, der Tiergarten, das Dienstgebäude der Ausländerpolizei. – Auch Tron, der schöne blonde beach boy, verliebt sich in Berlin, zum erstenmal in einen Mann, den jungen Klempner Rolf (Rolf Holzhütter). »Du kannst nicht mal mit deinem kleinen Jungen ficken, deinem Klempner«, provoziert ihn die Eifersüchtige. Doch Tron ist das Dogma schwul/hetero genauso egal, wie der Trapezpartnerin die Alternative Semit/Antisemit. Tron: »Ich bin nicht homosexuell, nicht bisexuell, ich bin einfach sexuell«; dann tritt er mit seiner Stripteasenummer auf. – Joaquin La Habana, dessen Körper und Stimme zur Vollkommenheit verschmelzen, bringt die Botschaft vom dritten Geschlecht in Songs unter: »My Own Free Way« und daher »I Love Berlin«. Berlin antwortet im Film durch städtische Beamte, die reaktionäre und nazistische Sprüche ablassen, sowie durch eine BILD-Schlagzeile: »Skandal im SFB: Frau zog sich aus«. Dann kann nur noch Helga Goetze leibhaftig erscheinen. (Sie hatte 1982 in einer Livesendung des SFB – Arena – ausgiebig und logisch ihren nackten Körper gezeigt. Zum Entsetzen der spießigen Freikörperkulturfunktionäre.) Sie gibt den publikumswirksamen

Spruch ab: »Nur wenn die Ökologen ficken, kann die Bewegung glücken.« – Der amerikanische Präsident vereint noch einmal die amerikanische Subkultur in Berlin – vor dem Fernsehschirm. Während er und seine Frau sich in das Goldene Buch eintragen, vollziehen Nackte ein anderes Ritual – mit der Reaganmaske vermummt. Doch dann verlieren sich die Seelen. Jayne County erliegt den Reizen eines communist fukkers sowie einer Flasche echten Rotkäppchensekts und brilliert als Verdiente Künstlerin des Volkes im DDR-Fernsehen. Vor einer roten Fahne mit Hammer und Sichel, umflankt von Marx- und Leninporträts, gibt sie den Spitzensong »I Fell in Love with a Russian Soldier« zum besten, ein Kampflied: »Wir gehen nach Afghanistan und weiter dann in den Iran«. – Tron, im rosa Lendenschurz, führt eine Sekte über den belebten Kurfürstendamm zur einsamen Mauer, wo die Nackten nicht mehr wissen, wie weiter. Er findet den Flammentod, zusammen mit Gary, dem Altguru, welcher der Ausweisung die Brandstiftung vorgezogen hat. – Angies Pension ist nicht mehr. – Judith ist beim Deutschen Gerhard. – Lorraine am Deutschen Theater des Westens. – »Verlorene Seelen« – es ist Jayne County's Titelsong – »warten im Dunkel der Zeit«. – Da erscheint Angie Stardust als reitender Bote des deus ex machina oder so ähnlich und holt Seelen und Körper in die Wirklichkeit zurück. In einem rauschhaften vitalen Finale triumphiert die Lebenslust, der Vorhang fällt, die Jalousie senkt sich vor der großen Scheibe des Burger Queen. Beifall und Schluß.

Wieder balanciert der Film zwischen Musical und Dokument, Spiel und Botschaft, Realität und Utopie. Der Akt gelingt, weil STADT DER VERLORENEN SEELEN kein Thema hat. Gegenstand des Films ist nichts anderes: es sind die Darsteller selbst, ihre Eigenheiten. Wieder bewährt sich das Talent Praunheims, Typen zu finden, denen der Film die dankbare Gelegenheit gibt, sich von der Kamera zum Spiel ihres Lebens animieren zu lassen. Praunheim fördert das Spiel durch allerlei Aktionsvorgaben. Dann tritt er hinter das Geschehen zurück, das er in Gang gesetzt hat, und Angie Stardust kann logischerweise sagen: »Nicht Rosa, sondern wir führten Regie.«[159]

Dem Zuschauer bleibt überlassen, ob er das, was er sieht, als Lebensgeschichte (authentische Biografie) glaubt oder als

Filmgeschichte (Inszenierung) – was nicht zum Problem wird, weil sich Kraft, Stärke und Vitalität der Minderheitenidentitäten gleichermaßen vermitteln, ob getürkt oder nicht. Spielt es eine Rolle, daß Tara O'Hara ihren Schwanz nur im Film verteidigt hat (gegenüber Angie Stardust) und ihn in Wirklichkeit in London wegoperieren lassen will? Daß sie nur im Film Heteros nachläuft, in Wirklichkeit aber einen Schwulen im Bett haben will? Daß sie im Film selbständig anschafft, in Wirklichkeit aber für feste Häuser gearbeitet hat (als Schwester im Hospital, da kennt sie sich aus; vor Jahren war sie noch als Pfleger im berliner St. Josef-Krankenhaus aktiv)?
Manfred Finger, der Schnauzbart, lügt im Film, wenn er sein »Ich bin doch nicht schwul« sagt. Das spielt so wenig eine

Stadt der verlorenen Seelen

Rolle wie die Nachricht, daß Rolf Holzhütter, der Klempner, dem blonden Tron von Hollywood später in die Staaten gefolgt ist. Es spielt deshalb keine Rolle, weil die Typen, und was sie tun und lassen, vom Film intakt gelassen worden sind. Und da sie nicht auf Argumente, Beweise oder Belege für anderes reduziert sind, hört und sieht man auf sie, wie auf jemanden, den man grad kennenlernt, und dabei ist sicherlich nicht der oberflächliche Worteaustausch, sondern die emotio-

Stadt der verlorenen Seelen

nale, breitere Subkommunikation das Entscheidende. Man schaut auf den Körper, die Augen, den Mund, der mag doch sagen, was er will. In STADT DER VERLORENEN SEELEN fließt ein solcher, unter der Oberfläche rinnender Kraft- und Wärmestrom. Die Vitalität der Darsteller, die Praunheim wie auch immer stimuliert hat, kommt mit Hilfe des Films über die Leinwand. Praunheim hat wieder einmal Lebenshilfe geleistet, und dem Film kommt das Attribut moralisch zu.

Wenn man von einer praunheimschen Ästhetik sprechen will, dann besteht sie darin, sich als Kategorie zum Verschwinden zu bringen. Sie sucht sich keinen Gegenstand, sondern läßt sich vom Gegenstand – den Darstellern – finden. Sie ist allenfalls Mittel, dem Film die Temperatur zu geben, bei der der Vi-

Stadt der verlorenen Seelen

talitätsstrom zu fließen beginnt: eine ins Euphorische, Manische zielende Stimmung. Die formale Gestaltung, die so auffällig hinter den acht Amitypen verschwindet, verhindert aufs menschenfreundlichste, daß uns ästhetische oder sonstwie leblose Wesen präsentiert werden. – Ein Vergleich mit anderen Filmen bietet sich an, die dann prompt eine Gattung machen – »Transvestitenfilme« –: Transvestiten kalter Lust und kalten Leids, die Transvestiten-»Narren« aus Italien, preisgegeben dem Gelächter; die Transvestitensimulation *Tootsie,* preisgegeben der ästhetischen Bewunderung (wie spielt er das nur?); die Transvestitentragödie von *In einem Jahr mit 13 Monden,* preisgegeben dem Mitleid der Fassbinder-Zuschauer. – Die Originalität Praunheims ist, von der (stimulierten) Stärke und Vitalität der Transvestiten, Transsexuellen und anderen Normvarianten etwas abzugeben, mit ihnen zu teilen und eine Art Gemeinschaft herzustellen, deren Verständnis es wie selbstverständlich verbietet, über die Darsteller zu lachen. Wir lachen *mit* ihnen, und das ist, verglichen mit dem, was sonst im Kino zu sehen ist, eben nicht selbstverständlich.

Praunheim also denunziert die Subshowleute nicht: er geht liebevoll mit ihnen um, so komisch das auch wird. In den engen Grenzen, die uns Medien, Filme, Kunst, Erziehung definiert haben, erscheinen die schrillen toten Seelen als aufreizende Grenzgänger. Die Provokation Praunheims ist konkret und praktisch und herrlich subversiv. Sie ist kein (argumentativer) Frontalangriff aufs System, sondern unverschämte Nähe: Grenzzone, in der Schleichwege begehbar werden und Grenzüberschreitungen. Nah ist die Form des (bürgerlichen) Musicals, das gleichermaßen geliebt und parodiert wird: die Strategie des camp (Susan Sontag). Nah sind die Kleinbürgerklischees, die Muster von Liebe und Eifersucht, die zum Spielen einladen – und zum Ernstnehmen. Nah kommen die Sub-Amis durch die Kamera (Stephan Köster), die ihre Bewegungen ungeniert verfolgt, und durch die Ausstattung (Inge Stiborski), die dreist die buntesten Farben nahm. Kein Stil tritt dazwischen, keine Stilisierung schafft Distanz; Praunheim ist kein Manierist.

Der Film STADT DER VERLORENEN SEELEN verschwindet in der Zuwendung ans Publikum. Praunheim ist naiv, er verzichtet auf ein Werk, auf Kontrolle. Die Filmaufführungen gingen in eine Live-Show über, in der Angie Stardust und ihre Mannen/Frauen ihre Nummern persönlich vorführten. Der Film hatte seine Schuldigkeit getan. Die Premiere des Films wurde Ende Februar 1983 in Berlin als »Filmball der verlorenen Seelen« gefeiert (im Metropol; in Konkurrenz zu den Festivitäten der Filmfestspiele) und keineswegs als Filmpremiere. Es war ein rauschendes Fest der Selbstdarstellung – aller Anwesenden und vor allem der Gäste.

Doch die Kritiker kamen, und das Gelächter stoppte. Sie suchten nach dem Gegenstand des Werks, legten die gängigen Normkriterien an (Inhalt, Aussage, Form) und fanden Norm-Verstöße (gegen die Gesellschaftskritik, gegen das professionelle Handwerk). Die Profikritiker, die objektiv und sachlich über ein Werk schreiben, gelangen nicht dazu, über sich etwas zu sagen, das heißt über die Wirkung des Films. Die Presse rieb sich an einem Thema, dem Berlin-Thema, und sah in der STADT DER VERLORENEN SEELEN »fast so etwas wie einen Werbefilm für Berlin, wahrscheinlich jedoch nicht im Sinne der offiziellen Fremdenverkehrsreklame«[160], einen »Reklamespot für Berlin«, zu dem »der eitle Märchenfilm ... degeneriert«[161] sei. »Sehn Se, das ist Berlin.«[162] Dem Film wurde vorgeworfen, »nichts, aber auch gar nichts mit sozialer Wirklichkeit zu tun zu haben«[163] und »zu oft zwischen aufklärerischem Gestus und glitzernden Showeffekten zu pendeln«[164]. Peter Buchka unterstellt Praunheim den Anspruch auf »politische Rigorosität« und »politische Avantgarde« und kritisiert, daß der Film diesem Anspruch nicht gerecht werde; er beanstandet die »Ansammlung selbstdenunziatorischer Klischees« und meint, daß diese »den Niedergang der Schwulenemanzipation deprimierend dokumentiert«[165]. Gertrud Koch vermißt die »Reibeflächen ..., die Verletzungen, die Verfolgung, die Erfahrung der Ausgrenzung, die Wut der Ohnmacht gegen die Stahlspitzen gehässig um sich tretender Moral«, lobt dann aber doch die »über weite Strecken ... amüsante Show«[166] und leitet damit zu den Stimmen über, die trotz der »dilettantischen Halbdokumentation« feststellen: »Rosa von Praunheim ist und bleibt einer der eigenwilligsten deutschen Filmemacher«[167]; oder: »Rosas Sammeleifer hat sich gelohnt: ein schräges Spektakel, ein ausgeflipptes exhibitionistisches Potpourri«[168]; oder: »Eine spritzige Komödie mit lockerer Sozialkritik«[169]; oder: Rosa von Praunheim ist dem »Sujet gerecht geworden, hat die Story intentionsgetreu voll rübergebracht und die Akteure ins beste Licht ihrer Selbstdarstellung gerückt«, was zu dem überraschenden Fazit führt: »Der Film ist professionell«[170]. Weiteres Lob blieb nicht aus: »Stephan Kösters Kamera ist im besten Sinne professionell. ... Von allen Berlin-Filmen neuerer Mache scheint mir dies der charmanteste und authentischste.« In derselben Kritik allein findet sich ein Hinweis auf die *Nähe* der Darsteller: »Wie gesagt, Transsexuelle oder Transvestiten waren nie mein Bier. Seit diesem Film sind sie mir näher gerückt. ... Es lebe das dritte Geschlecht.«[171] Und die *Frankfurter Allgemeine Zeitung* notiert zu den Live-Shows, die sich der Kinoaufführung anschlossen: »Die Hälfte des Publikums tanzte mit. Es hatte den Anschein, daß der Film jene Qualitäten besitzt, die einen Film zum Kultfilm machen.«[172]

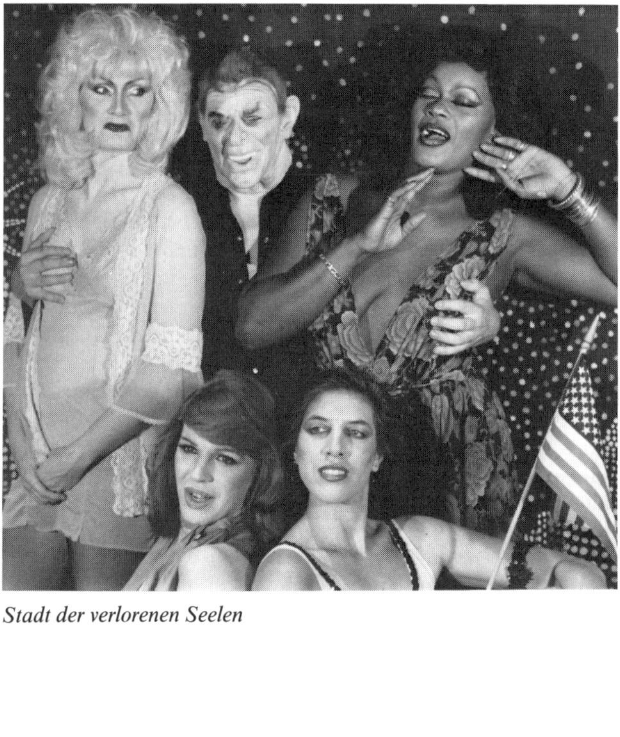

Stadt der verlorenen Seelen

Horror Vacui. 1983/84

Von Rosa von Praunheim

Madame C (Lotti Huber) ist Besitzerin eines magischen Cabarets, in dem sie die Zukunft voraussagt, die meist negativ ausfällt, aber Madame C ist auch die Gründerin einer Sekte, die den Optimalen Optimismus lehrt. Nur die OO vermag es, jedes Schicksal wieder zum Guten wenden zu lassen. Madame C ist eine wichtige politische Person. Sie hält die Fäden der Politik und Kultur zusammen. Sie ist geheimnisvoll, unberechenbar und hat charismatische Fähigkeiten. Politiker verfallen ihr, Hausfrauen, Kinder. Auf geheimnisvolle Weise geraten zwei junge Studenten, Hannes (Thomas Vogt) und Frank (Folkert Milster), in ihr Cabaret. Frank wird auf die Bühne gebeten und sagt sich im Zustand der Hypnose selbst voraus, daß er an Krebs leidet. Hannes als angehender Mediziner lehnt diesen Humbug sofort ab, er bezichtigt Madame C der Scharlatanerie, während sich Frank, ein verträumter, versponnener Maler, ihrer Faszination nicht entziehen kann. Sie streiten sich. Ihre ganze Beziehung wird in Frage gestellt. Frank verläßt Hannes und schließt sich der Sekte an. – Über Franks Aufnahme in die Sekte erfahren wir, wie Madame ihr Imperium leitet, überwacht, kontrolliert. Ihr Ehemann Friedrich (Friedrich Steinhauer), eine geduckte einsame Kreatur, gehorcht ihr blind. Nur ein einziges Mal kann er sich ihrer Macht entziehen. Eine Journalistin (Ingrid van Bergen), die angespannt das Treiben der Madame beobachtet, kann ihn für eine kurze Zeit für sich gewinnen und erfährt so die Mechanismen und Tricks von Madame C. Ihr Artikel in einer Zeitung greift Madame C scharf an. – Von all dem unberührt lebt die Sektengruppe. Die Mitglieder umhegen den Neuen, versprechen ihm das Paradies, das er glaubt greifen zu können. Nur langsam dringt in sein Bewußtsein, wie sich alle aushorchen, gegenseitig bespitzeln und hassen. – Sein Freund Hannes setzt unterdessen alle Hebel in Bewegung, um Frank dem Einfluß von Madame C zu entziehen. Er trifft die Journalistin. Er trifft seinen Professor. Bittet um Hilfe. Die Lage verschlechtert sich für Madame und die Sekte. Politiker müssen sie fallenlassen, Gerüchte über ihren Terror innerhalb der OO-Sekte überschlagen sich. Schließlich umstellt die Polizei das

Haus. Sie finden nur Tote. Madame hat dem Druck von außen mit einem spektakulären Massenselbstmord geantwortet. – Bevor sich die Dinge doch noch überraschend zu einem Happy-end wenden, erlebt der Zuschauer die merkwürdigsten Sachen, die aber erst im Kino verraten werden sollen.

Die Idee zu meinem Film bekam ich durch den alten Stummfilm *Das Cabinet des Dr. Caligari.* Besonders faszinierte es mich, einen Film nur in gemalten Kulissen zu drehen. Im Sommer 83 hatte ich selbst wieder angefangen zu malen und

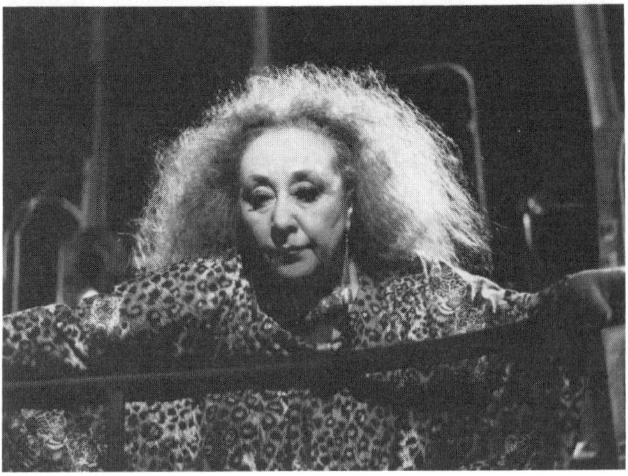

Horror Vacui

tat das sehr expressiv, so wie ich es zuletzt vor zwanzig Jahren leidenschaftlich betrieben hatte. Ich entwickelte mit meiner Ausstatterin Inge Stiborsky ein visuelles Konzept und schrieb mit meiner Lieblingsdarstellerin Lotti Huber ein erstes Treatment. Der WDR akzeptierte den Stoff, und ich konnte mir nun viel Zeit für die Ausführung nehmen. Ich beauftragte den schwarzen Schriftsteller Cecil Brown, ein Drehbuch nach meiner Idee zu schreiben, und ich war fasziniert, mit welcher Leichtigkeit er das tat. Es erschien bei ihm so organisch wie Scheißen und Kotzen, im Gegensatz zu der verklemmten intellektuellen Schreibe, die bei uns üblich ist. Trotzdem war ich inhaltlich noch nicht zufrieden, und angeregt durch Cecils Ar-

Horror Vacui

beitsweise, schrieb ich mit meiner Freundin Marianne Enzensberger ein völlig neues Buch in wenigen Tagen. Aber mit dem alten Stummfilm hatte es nun nichts mehr zu tun, und das war gut so, denn die Rechte an dem Stoff liegen in Hollywood begraben.

Mein Film sollte eine Komödie werden, und statt eines manipulierten hypnotisierten Opfers wurde es eine ganze Gruppe. Wir orientierten uns an vielen bekannten Sekten und verwendeten Materialien über Mun und Baghwan und Jones, dessen Massenselbstmord in Jonestown uns faszinierte. Von vornherein war klar, daß nicht ein Mann, sondern eine Frau die Hauptrolle des grotesken Guru spielen sollte, und sie war von uns für Lotti Huber geschrieben, die noch mit 70 so vital und optimistisch lebt, daß ihr die Therapie des Optimalen Opti-

Horror Vacui

mismus zu vermitteln nicht schwerfallen durfte. Als Partner war zuerst Eddie Constantine vorgesehen, mit dem ich befreundet bin, der aber im letzten Moment vor der Rolle des passiven vertrottelten Ehemanns von Madame C zurückschreckte. Stattdessen fand ich Friedrich Steinhauer, genannt die Nachtigall von Ramersdorf. In München kennt ihn fast jeder, denn er singt mit penetrant hoher und tiefer Stimme deutsches Liedgut in vielen Kneipen. Der dünne lange Friedrich, der mich immer an Karl Valentin erinnert, war der ideale Partner für die kleine runde Lotti. Beide verstanden sich auf Anhieb.

Ich mietete einen großen Raum in einer ehemaligen Brauerei, in dem wir in mehr als vier Monaten die Kulissen für den Film herstellten. Nach den Entwürfen von Inge Stiborsky waren es einige Schreiner und besonders zwei berliner Maler, die die Bilder wild und ungestüm auf große Flächen übertrugen. Fast jede Szene hatte gemalte Hintergründe. Für eine Partyszene wurden lebensgroße Personen aus Holz gesägt und bemalt. Für Autofahrten bauten wir Teile eines Autos nach und malten acht Meter lange Stadtlandschaften, die während des Drehens langsam vor der Autoscheibe vorbeigezogen wurden, um eine Fahrt vorzutäuschen. Für das magische Cabaret engagierten wir den schweizer Maler Jürgen zum Brunnen, der riesige Figuren und Formen und Möbel aus Pappe schnitt und in ein schwarzes Kabinett hängte. Dieser Entwurf kam dem alten expressionistischen Film am nächsten und wurde von uns sparsam eingesetzt, um ihn stilistisch nicht zu entwerten.

Die Musik zum Film schrieb Maran Gosov, der einstmals große Erfolge als Filmregisseur feierte und sich dann ganz der Musik verschrieb. Er schrieb für Friedrich wunderbare Lieder, die wir ihm lange einpauken mußten, denn er ist es nicht gewohnt, systematisch zu lernen. Beim Drehen improvisierte Friedrich seinen Text, und wenn er Fehler machte, bauten wir das mit ein, denn in seiner Rolle war er ja durch eine Gehirnoperation durch Madame C reduziert worden.

Wir drehten sechs Wochen im November und Dezember 83. Als Kamerafrau hatte ich Elfi Mikesch gewonnen, die ich seit über zwanzig Jahren liebe und verehre. Ich hatte mit ihr 1971 den Film LEIDENSCHAFTEN gemacht und einen Fotoroman, *Oh Muvie,* den sie fotografiert hatte und ich getextet. Inzwischen hatte Elfi angefangen, eigene Filme zu machen, und das mit großem Erfolg. Elfi macht wunderbares Licht, mit sehr einfachen Mitteln. Ihre Bilder sind warm und ihre Ausschnitte ungewöhnlich. Ihre Kameraarbeit hat meinen Film ungeheuer bereichert, und oft wurde ich sehr deprimiert, weil ich dachte, in meiner Regiearbeit ihren Bildern nicht zu genügen. Elfi ist eine sehr introvertierte, leise, magische Person, und sie schafft es, im Studio eine seltsam konzentrierte Atmosphäre herzustellen. Selbst ich, der sonst vor Nervosität Team und Schauspieler immer in Unruhe versetze, wurde sehr sanft und geduldig. Nur manchmal dachte ich, ich würde diese Ruhe nicht überleben, und sah an der Studiodecke einen großen Strick, den ich meinen einzigen Ausweg aus dieser Harmonie wähnte.

Für eine bedeutende Nebenrolle hatte ich Ingrid van Bergen engagiert. Ich war sofort begeistert von ihrer Ehrlichkeit und ihrer Kraft. Mir imponieren Menschen, die trotz aller Scheiße weitermachen, und das ist auch der Grund, warum ich Filme mache und was ich mit meinen Filmen ausdrücken möchte. Ich möchte vitale Menschen zeigen, Außenseiter und extreme Persönlichkeiten, die mit Fantasie und Kraft gegen alle Normen leben.

Während der Dreharbeiten verliebte ich mich in meinen Hauptdarsteller Folkert Milster, der mich aber sanft zurückwies. Dann verlagerte ich meine körperliche Lust auf den schönen Lichtmann Lars, der ebenfalls negativ reagierte. Der Kamera-Assi Pille hatte mir schon bei einigen früheren Dreharbeiten zu verstehen gegeben, daß er mich nicht scharf findet. So blieb mir nur der Tonmann Mike, mit dem ich fünf Jahre zusammen gelebt, von dem ich mich aber im letzten Frühjahr getrennt hatte. Er fing mein Zärtlichkeitsbedürfnis während der anstrengenden Arbeit auf. Trotzdem dachte ich oft, daß ich die Anstrengung und den Streß nervlich nicht durchhalten würde. Ich wünschte, es wäre mein letzter Film, und dann wollte ich heimgehen, so wie Fassbinder oder Pasolini oder Glauber Rocha. An meinem 40. Geburtstag wollte ich mich eigentlich von einem Krokodil fressen lassen und glaubte fest daran, daß ich dann als Erdbeerfrosch wiedergeboren würde. Jetzt bin ich 41 und, wie eine Dame aus meinem Film DER 24. STOCK so schön sagte, zu alt zum Sterben.

Berlin, 31. Dezember 1983

1 Betsy Sussler zu Rosa von Praunheim, in: East Village Eye, September 1979, S. 21
2 o. D. (Oktober 1968), Sammlung Praunheim
3 o. D. (Oktober 1968), Sammlung Praunheim
4 o. D. (Oktober 1968), Sammlung Praunheim
5 o. D. (Oktober 1968), Sammlung Praunheim
6 vom 2. November 1968
7 vom 12. Oktober 1968
8 Nr. 6, S. 52
9 Jörg Richard: Einführung in die Kulturarbeit. Kultur vom Subjekt aus/gegen die Kultur als ... – Pädagogik, in: Jahrbuch für die Ästhetische Erziehung. Berlin: Frölich und Kaufmann 1984; zit. nach dem vervielfältigten Manuskript.
10 Rosa von Praunheim: Sex und Karriere. Taschenbuchausgabe: Reinbek bei Hamburg: Rowohlt 1978. rororo Nr. 4214, S. 140
11 ebda.
12 ebda.
13 s. Interview in diesem Band, S. 64
14 Rosa von Praunheim: Männer, Rauschgift und der Tod. Die Leidenschaften der Rosa von Praunheim. Berlin: studio presse hans taeger 1967
15 R. v. P.: Sex und Karriere, a. a. O., S. 146
16 ebda.
17 ebda., S. 148
18 ebda.
19 ebda., S. 149
20 in: Die Welt vom 4. Juni 1971
21 R. v. P.: Sex und Karriere, a. a. O., S. 160 – Die Filmdialoge sind abgedruckt in: Filmkritik, 12/1969
22 Rosa von Praunheim hat die im off eingesprochenen Kommentare und Dialoge auch einem unveröffentlichten Interview entnommen, das die Zeitschrift Jasmin mit ihm und Carla Aulaulu anläßlich ihrer Hochzeit geführt hatte.
23 R. v. P.: Sex und Karriere, a. a. O., S. 158
24 ebda., S. 159
25 Die Poesie und die Trivialität, in: medium Praxis, Oktober 1972
26 R. v. P.: Sex und Karriere, a. a. O., S. 159
27 ebda., S. 170
28 ebda., S. 172
29 ebda., S. 173
30 ebda., S. 174
31 Effi Horn, in: Münchner Merkur vom 8. Juni 1972
32 Jörg Peter Feurich, in: Filmkritik, 2/1972, S. 85
33 G. G. (= Günther Grack), in: Der Tagesspiegel vom 4. Februar 1971
34 anon., in: Funkuhr, Woche vom 30. Januar-5. Februar 1971
35 W. W. (= Wilfried Wiegand), in: Frankfurter Allgemeine Zeitung vom 4. Februar 1971
36 in: Süddeutsche Zeitung vom 4. Februar 1971
37 E. N. (= Egon Netenjakob), in: Film + Fernsehen (Velber), Nr. 3, März 1971
38 Rosa von Praunheim: Armee der Liebenden. Ausgewählt und herausgegeben von Toni Wiedemann und Otto Frick. München: Trikont 1979, S. 7

39 Raimund Hoghe, in: Die Zeit vom 17. Juli 1981
40 R. v. P.: Armee der Liebenden, a. a. O., S. 9
41 »Gay is good and fuck so long as you get hepatitis«: Rosa von Praunheim am 12. März 1977 im George Washington Hotel, Lexington Avenue, New York City, im Gespräch mit Lindzee Smith, in: X magazine (New York), Januar/März 1978
42 Eva M. J. Schmid, a. a. O., S. 201
43 alle Zitate aus: R. v. P.: Sex und Karriere, a. a. O., S. 314 ff.
44 in: Die Zeit vom 28. Januar 1972
45 ab (= Alf Brustellin), in: Süddeutsche Zeitung vom 17. Dezember 1971
46 vgl. J. Hoberman: The Boys in the Bund, in: The Village Voice, Vol. 22, Nr. 48, vom 28. November 1977; Rob Baker: Rosa Responds, Buch Begins (and More ...), in: The Soho Weekly News vom 1. Dezember 1977
47 R. v. P.: Armee der Liebenden, a. a. O., S. 24; P. Gregory Springer: Perverse Polemic or Just Poodles and Permanents, 1978 (ohne weitere Angaben), Sammlung Praunheim
48 R. v. P.: Sex und Karriere, a. a. O., S. 280
49 P. Gregory Springer, a. a. O.
50 Tommi Avicolli: Rosa von Praunheim, Controversial Filmmaker, in: Gay Community News, Boston, Bd. 5, Nr. 44, vom 20. Mai 1978; erstveröffentlicht in: The Drummer, 25.4.-2.5. 1978
51 anon.: Rencontre avec Rosa von Praunheim, cinéaste. in: Le Berdache, September 1979
52 in: The Body Politic, November 1979
53 Vito Russo, in: Gay News, Nr. 167, 17.-30. Mai 1979
54 Douglas Edwards, in: The Advocate, Januar 1980
55 zit. nach Vito Russo, a. a. O.
56 Regie: Geza von Cziffra, 1950. Musik: Michael Jary
57 eige, in: Frankfurter Rundschau vom 6. Juli 1972
58 B. J. (= Brigitte Jeremias), in: Frankfurter Allgemeine Zeitung vom 6. Juli 1972
59 Rosa von Praunheim: Film der Welt, in: Filmkritik, 2/1972
60 Sheila Wyndham: Middle Classes His Target, in: South China Morning Post vom 3. November 1971
61 R. v. P.: Sex und Karriere, a. a. O., S. 215
62 vgl. Michael Thomas: Praunheim, durch seinen Homo-Film Diskussionsstoff Nr. 1, dreht in Berlin einen neuen Streifen (ohne weitere Angaben), Sammlung Praunheim
63 Szenenfotos in R. v. P.: Sex und Karriere, a. a. O., S. 219
64 Gottfried Knapp: Das Glück aus der Wundertüte, in: Süddeutsche Zeitung vom 5. August 1976
65 R. v. P.: Sex und Karriere, a. a. O., S. 234
66 ebda., S. 329
67 in: L'Express vom 1. Juli 1974
68 in: France-Soir vom 26. Juni 1974
69 in: Le Figaro vom 26. Juni 1974
70 in: Le Monde vom 26. Juni 1974
71 anon., in: Charlie Hebdo (ohne weitere Angaben), Sammlung Praunheim
72 R. v. P.: Sex und Karriere, a. a. O., S. 241
73 Gerhard R. Koch: Stars von gestern – Stars von heute, in: Frankfurter Allgemeine Zeitung vom 21. Mai 1974

74 Helmut Schmitz: Rosa von Praunheims Zwitterglitzer-Show, in: Frankfurter Rundschau vom 18. Mai 1974
75 Der Kitsch der frühen Jahre, in: Die Zeit vom 22. Mai 1974
76 R. v. P.: Sex und Karriere, a. a. O., S. 258
77 ebda., S. 256
78 ebda., S. 295
79 Rosa into the Streets, in: The Soho Weekly News vom 17. März 1977
80 R. v. P.: Sex und Karriere, a. a. O., S. 249
81 Durch Übertölpelung zur Wahrheit, in: Süddeutsche Zeitung vom 16. November 1978
82 in: Die Zeit vom 17. August 1979
83 Hans Schwab-Felisch: Wohin geht Bochum?, in: Frankfurter Allgemeine Zeitung vom 27. April 1976
84 Gerd Vielhaber: Zweierlei Orgien, in: Der Tagesspiegel vom 21. April 1976; Textvariante: Kult des Dilettantismus gepflegt, in: Basler Nationalzeitung vom 19. Juli 1976
85 a. a. O.
86 in: X magazine, New York, Januar-März 1978
87 R. v. P.: Sex und Karriere, a. a. O., S. 92
88 Beide Teile wurden später, am 12. und 13. August 1979, in den Dritten Programmen von HR, WDR, NDR, SFB und RB ausgestrahlt. (Anm. d. Hrsg.)
89 Mit Phantasie gegen die Betonwüste des ›Frankfurter Bergs‹, in: Frankfurter Allgemeine Zeitung vom 7. September 1978
90 Birgit Hein: Film im Underground. Von seinen Anfängen bis zum Unabhängigen Kino. Frankfurt, Berlin, Wien: Ullstein 1971. Ullstein Buch Nr. 2817, S. 85
91 Starke Frau, in: Süddeutsche Zeitung vom 3. Juli 1979
92 Tally Brown in New York, in: Der Tagesspiegel vom 4. Mai 1979
93 J. Hoberman: Rosa's Colored Glances, in: The Village Voice vom 10. Dezember 1979
94 in: East Village Eye, September 1979
95 deutsche Übersetzung: Berlin: Albino 1983
96 abgedruckt in R. v. P.: Armee der Liebenden, a. a. O., S. 320f.
97 vgl. Le Berdache, September 1979, S. 19
98 R. v. P.: Armee der Liebenden, a. a. O., S. 9
99 Vito Russo, a. a. O.
100 Douglas Edwards, a. a. O.
101 Ron Pennington, in: The Hollywood Reporter vom 16. März 1979
102 zit. nach: East Village Eye, a. a. O., S. 13
103 Vito Russo, a. a. O.
104 Douglas Edwards, a. a. O.
105 Le Berdache, a. a. O.
106 a. a. O.
107 a. a. O.
108 Le Berdache, a. a. O.
109 Brigitte Jeremias: Anders als die anderen, aber fröhlich, in: Frankfurter Allgemeine Zeitung vom 28. Juli 1979
110 Peter Buchka: Minderheiten sind nicht mythisch, in: Süddeutsche Zeitung vom 21./22. April 1979
111 Barry Graves: Wut und Hoffnung, in: Der Tagesspiegel vom 1. Juni 1979

112 nach Karsten Witte: Dunkle Erde, trübe Gäste, in: Frankfurter Rundschau vom 9. Oktober 1979
113 Rosa von Praunheim: Mich fasziniert der Tod, in: tip (Berlin), Nr. 21, 12.-25. Oktober 1979, S. 22
114 zit. nach: Christine: Sex & Crime: ja. Sinnlichkeit und Tod: nein, in: Die Tageszeitung vom 10. August 1979
115 ebda.
116 Mitschrift eines Interviews mit Rosa von Praunheim; liegt im Manuskript vor.
117 Rosa von Praunheim: Gibt es Sex nach dem Tode?, Köln: Prometh 1981, S. 56
118 R. v. P.: Mich fasziniert der Tod, a. a. O.
119 R. v. P.: Gibt es Sex nach dem Tode?, a. a. O., S. 85
120 Christine: Sex & Crime, a. a. O.
121 Karsten Witte: Dunkle Erde, trübe Gäste, a. a. O.
122 Carla Rhode: Akte der Selbstzerstörung, in: Der Tagesspiegel vom 13. Oktober 1979
123 Wenn alles vorbei ist, in: Süddeutsche Zeitung vom 2. November 1979
124 Ruprecht Skasa-Weiß: Mondo morte, in: Stuttgarter Zeitung vom 10. November 1979
125 Raimund Hoghe, in: Die Zeit vom 17. Juli 1981
126 zit. nach: R. v. P.: Gibt es Sex nach dem Tode?, a. a. O., S. 11
127 a. a. O.
128 zit. nach: Werner Mathes: Es war ein einziger Alptraum, in: tip (Berlin), Nr. 4, 12.-25. Februar 1982
129 zit. nach: Hardy Frank, in: zitty (Berlin), Nr. 5, 19. Februar-4. März 1982
130 vgl. Rosa von Praunheim: Auf der Suche nach dem neuen Mann. Eine Begegnung zwischen Rosa von Praunheim und Volker Elis Pilgrim; Hörspiel 1981
131 Rosa von Praunheim: Rote Liebe. Ein Gespräch mit Helga Goetze. Köln: Prometh 1982, S. 7
132 He., in: Neue Zürcher Zeitung vom 27. Juli 1982
133 Schlager der Saison, in: tip (Berlin), Nr. 4, 12.-24. Februar 1982, S. 28
134 Aus dem Sexualpolitbüro, in: Frankfurter Rundschau vom 23. April 1982
135 Peter Schneider: Rosa und Lotti über sich und die Welt, in: Tages-Anzeiger (Zürich) vom 23. Juli 1982
136 Wer leckt sich die Lippen?, in: tip, a. a. O.
137 Ruprecht Skasa-Weiß: Kommunikation, hautnah, in: Stuttgarter Zeitung vom 30. April 1982
138 Paul W. Schmits: Provokation – und ein Kunstwerk, in: Spandauer Volksblatt vom 23. Februar 1982
139 Wolfgang Stieler, in: Der Tagesspiegel vom 20. Februar 1982
140 Magnus Körner, in: Die Tageszeitung vom 25. Februar 1982
141 Im sexuellen Knast, in: Süddeutsche Zeitung vom 17./18. April 1982
142 Rosas Zeiten für alte Damen, in: Der Spiegel, Nr. 5, 1. Februar 1982
143 zit. nach: Peter Schneider, a. a. O.
144 zit. nach: Olaf Stüben: Ich war auf einem Trip ..., in: DU & ICH, Januar 1982
145 ebda.
146 Rosa von Praunheim: Unsere Leichen leben noch. Bericht zu meinem Film mit fünf ungewöhnlichen Frauen, in: Frankfurter Rundschau vom 16. Januar 1982

147 zit. nach: Peter Schneider, a. a. O.
148 Carla Rhode, in: Der Tagesspiegel vom 17. Dezember 1981
149 in: Die Tageszeitung vom 17. Dezember 1981
150 a. a. O.
151 Peter Grohlich, in: DU & ICH, Januar 1982, S. 63
152 a. a. O.
153 in: Die Zeit vom 15. Januar 1982
154 Gar nicht graue Panther-Tanten, in: Frankfurter Rundschau vom 22. Januar 1982
155 Fünf späte Heldinnen, in: Süddeutsche Zeitung vom 23. Januar 1982
156 in: Frankfurter Allgemeine Zeitung vom 5. Februar 1982
157 Gerhard Stadelmaier: Rette sich wer kann (das Kino, das Leben, die Frauen), in: Stuttgarter Zeitung vom 13. Februar 1982
158 Mitschrift eines Interviews mit Rosa von Praunheim; liegt im Manuskript vor.
159 zit. nach Guido Schirmeyer: Transis und Transusen, in: Torso, Nr. 2, Februar 1983
160 Peter Jebsen: Parade der Ausgeflippten, in: Kölnische Rundschau vom 5. März 1983
161 Heiko Rosner: Lange Nächte im Chaos, in: Höchster Kreisblatt vom 5. März 1983
162 Joachim Hauschild, in: Münchner Merkur vom 14. März 1983
163 Heiko Rosner, a. a. O.
164 F. L. (= Freddy Langner): Die Außenseiter aus der Pension Stardust, in: Frankfurter Allgemeine Zeitung vom 8. März 1983
165 Schmuddelkino, in: Süddeutsche Zeitung vom 12. März 1983
166 in: Frankfurter Rundschau vom 6. März 1983
167 Heinz Dietl, in: Generalanzeiger (Bonn) vom 7. März 1983
168 win: Praunheim, Zirkus der Exoten, in: Kölner Stadtanzeiger vom 5. März 1983
169 Guido Schirmeyer, a. a. O.
170 Barry Graves: Endstation Sehnsucht?, in: tip (Berlin), Nr. 5, 25. Februar-10. März 1983
171 anon.: Berlin – Du Traum von einem Traum, in: Die Tageszeitung vom 25. Februar 1983
172 a. a. O.

Daten

Von Wolfgang Jacobsen

Biografie

Rosa von Praunheim
(eigentlich: Holger Mischwitzky)
geboren am 25. November 1942 in Riga.
1944 flieht die Familie Mischwitzky aus Riga nach Teltow, in der Nähe Berlins. Mit sechs Jahren, 1948, wird Holger Mischwitzky in Westberlin eingeschult. Wenige Jahre später wechselt die Familie erneut den Wohnsitz, weil der Vater, Angestellter einer großen Fabrik, versetzt wird; sie läßt sich 1954 endgültig im frankfurter Stadtteil Praunheim nieder.
Holger Mischwitzky besucht mittlerweile ein humanistisches Gymnasium, das er mit der mittleren Reife abschließen wird. Er bewirbt sich 1961 an der Werkkunstschule Offenbach und wird, nach einer ersten Ablehnung, zum Studium zugelassen. Er absolviert zwei Semester in Offenbach, belegt in den Ferien einen Sommerkurs bei Oskar Kokoschka in Salzburg und wechselt schließlich, 1962, an die Hochschule der Künste Berlin, um ein Studium der Malerei zu beginnen. Bis 1967 bleibt er Student der Hochschule, hat 1964 eine erste kleine Ausstellung im »Club de l'une«, Berlin: »großflächige Bilder, meist ermordete Könige und Königinnen«. Er gründet die Galerie C. L. O., die ein Treffpunkt für junge Künstler wird, und nimmt neben dem Malereistudium an Kursen der Akademie für Tanz in Frankfurt und der Internationalen Sommerakademie in Köln teil. – In diesen Jahren beginnt er, sich Rosa von Praunheim zu nennen, nach seiner Lieblingsfarbe und dem Stadtteil Praunheim, in dem er aufwuchs.
Das Jahr 1967 ist ein persönlicher und künstlerischer Einschnitt in seinem Leben. Er bricht das Malereistudium ab und macht erste schriftstellerische Versuche. Ein Roman, »Tagebuch in Rosa«, entsteht, der aber unveröffentlicht bleibt; das Manuskript »Männer Rauschgift und der Tod« wird in einem kleinen berliner Verlag veröffentlicht, und schließlich dreht er seinen ersten Kurzfilm VON ROSA VON PRAUNHEIM mit Carla Aulaulu (eigentlich: Carla Egerer), die er 1969 heiratet. (Die Ehe wird 1971 geschieden.) – In dieser Zeit wird sich Rosa von Praunheim seiner Homosexualität bewußt.
Während des Experimentalfilmfestivals in Knokke 1967 lernt er Werner Schroeter kennen. Gemeinsame Arbeiten entstehen. 1968 assi-

stiert er dem amerikanischen Avantgardefilmer Gregory Markopoulos bei zwei Produktionen für das Bayerische Fernsehen. Mit Oh Muvie (i.e. Elfi Mikesch) veröffentlicht er 1969 den Fotoroman OH MUVIE; zwei andere gemeinsame Fotoserien »Sex einer Idiotin« und »Todesarten« bleiben unveröffentlicht, ebenso ein zweiter Fotoroman, der parallel zu den Dreharbeiten von SCHWESTERN DER REVOLUTION entsteht. Der Film wird auf der Internationalen Filmwoche in Mannheim 1969 mit einem Golddukaten ausgezeichnet.
Der Film DIE BETTWURST (1970), in dem er zum erstenmal seine Tante Luzi Kryn und den Freund Dietmar Kracht, beide schauspielerische Laien, in Hauptrollen einsetzt, macht ihn auch einem größeren Publikum bekannt. Der endgültige Durchbruch aber gelingt mit dem halbdokumentarischen NICHT DER HOMOSEXUELLE IST PERVERS, SONDERN DIE SITUATION, IN DER ER LEBT (1970), mit dem er das gesellschaftliche Tabu Homosexualität durchbricht und eine breite öffentliche Diskussion auslöst. Der Film, zunächst nur im 3. Programm des Westdeutschen Rundfunks ausgestrahlt – bei der Wiederholung im 1. Programm der ARD ein Jahr später schaltet sich das Bayerische Fernsehen aus der Sendegemeinschaft aus –, erreicht durch das öffentliche Aufsehen eine Signalwirkung für die gesellschaftliche Emanzipation der Homosexuellen. Rosa von Praunheim bekennt sich zur Homosexualität.
Die Sendeanstalten der ARD und das ZFD werden zu einem wichtigen Co-Produzenten seiner Filme, die, in ihrer Aussage und Form bewußt provokativ, allerdings auch immer wieder Opfer zensierender Maßnahmen der Sender werden: AXEL VON AUERSPERG etwa wird gekürzt gesendet, der Film DAS TODESMAGAZIN kurzfristig aus dem Programm genommen.
Verschiedene Versuche, auch am Theater zu arbeiten, scheitern, bis Rosa von Praunheim 1974 Gelegenheit erhält, eine Show am Theater am Turm, Frankfurt/M und zwei Jahre später auf Einladung Peter Zadeks Vicki Baums *Menschen im Hotel* am Schauspielhaus Bochum zu inszenieren.
Seit Anfang der 70er Jahre lebt und arbeitet Rosa von Praunheim immer wieder in den USA. Aus der amerikanischen Underground-Scene erhält er Anregungen für seine Filme. Amerikanische Regisseure und Kameramänner wie Michael Oblowitz, Mike Kuchar und Edvard Lieber arbeiten mit ihm zusammen. Er dreht einen Dokumentarfilm über die Sängerin Tally Brown, der 1979 mit einem Bundesfilmpreis (Filmband in Silber) ausgezeichnet wird. Vor allem aber entsteht in den USA von 1972-79 der Dokumentarfilm ARMEE DER LIEBENDEN ODER REVOLTE DER PERVERSEN, der ein ausführliches Porträt der amerikanischen Schwulenbewegung zeigt. 1977 erhält er einen Lehrauftrag für Film am San Francisco Art Institute.
Privatleben und künstlerische Produktion stehen bei Rosa von Praun-

heim eng beieinander. Sein 1976 veröffentlichtes Buch SEX UND KARRIERE ist dafür ein Beleg; auch seine Freundschaft mit der Sängerin und Schauspielerin Evelyn Künneke. Seine oft aggressive und provokative Haltung ist nicht unumstritten; auch in der Schwulen-Szene nicht. Er bekennt sich zu kleinen, auch »dilettantischen« Filmen, glaubt, daß ein großes Produktionsbudget Fantasie korrumpieren kann.
Rosa von Praunheim lebt in Berlin (West).

Filmografie

Die Filmografie enthält Daten zu den Filmen, bei denen Rosa von Praunheim Regie geführt hat, bei denen er als Regieassistent oder Kameramann beteiligt war und zu den Produktionen anderer Regisseure, in denen er als Darsteller mitgewirkt hat. Außerdem enthält die Filmografie Hinweise zu seinen Theaterinszenierungen und Hörspielen.
Ausgangspunkt für die filmografischen Recherchen waren die credits der Filme. Ergänzungen der Stabangaben, die in den Filmen z. T. sehr knapp gehalten sind, konnten durch Produktionsunterlagen der Fernsehanstalten (vor allem Angaben zur Musik) und nachträgliche Hinweise Rosa von Praunheims vorgenommen werden. Die Schreibweise von Namen ist in den Stabangaben der Filme oft nicht zuverlässig. Es wurde in den fraglichen Fällen versucht, die jeweils richtige Schreibweise zu eruieren. Die Angaben zur Musik sind leider nicht in allen Fällen vollständig, da Unterlagen fehlen. Außerdem stützt sich diese Filmografie auf die wenigen vorliegenden filmografischen Arbeiten, die in der Bibliografie genannt sind.

Abkürzungen: R = Regie (wird genannt bei den Filmen, bei denen Rosa von Praunheim als technischer Mitarbeiter oder Darsteller beteiligt war). – B = Buch. – K = Kamera. – K-Ass = Kameraassistenz. – Sch = Schnitt. – T = Ton. – M = Musik. – Ba = Bauten. – A = Ausstattung. – Ko = Kostüme. – R-Ass = Regieassistenz. – D = Darsteller bzw. Mitwirkende. – P = Produktionsgesellschaft. – Pl = Produktionsleitung. – Dz = Drehzeit. – Do = Drehort. – Pd-Ko = Produktionskosten. – F = Format. – sw = schwarzweiß. – OL = Originallänge. – U = Uraufführung. – TV = Fernsehausstrahlungen in der Bundesrepublik. – V = derzeitiger Verleih in der Bundesrepublik.

Für Hilfeleistungen danke ich den Redaktionen Fernsehspiel des HR, WDR und ZDF, Cinegraph (Hamburg), Achim Klünder, Götz Naleppa, Rosa von Praunheim, Walther Seidler.

1967 VON ROSA VON PRAUNHEIM. – B, T, M, P: Rosa von Praunheim. – K: Dieter Krammig. – Sch: Fee Gürsching. – D: Carla Aulaulu, Helga Klostermann, Maibritt, Astrid und Nicole Klostermann. – Do: Wohnung von Donatus Bölkow, Frankfurt/M. – Pd-Ko: ca. 1000 DM. – F: 16 mm, sw. – OL: 12 min. – U: 18.2.1968, Hamburger Filmschau. – Festival: 8.10. 1968, Internationale Filmwoche Mannheim. – TV: 12.10. 1968 (WDR III). – V: Freunde der Deutschen Kinemathek (16 mm).

1968 GROTESK – BURLESK – PITTORESK. – R, B, K: Werner Schroeter, Rosa von Praunheim. – Sch: Werner Schroeter. – D: Magdalena Montezuma, Rosa von Praunheim. – F: Normal 8, sw & Farbe, stumm. – OL: ungeklärt: Praunheim nennt ca. 40 min; Wim Wenders in Filmkritik 5/1969 ca. 60 min. – Do: Heidelberg. – Kopie verschollen.

1968 ROSA ARBEITER AUF GOLDENER STRASSE 1. Teil. – B, K, Sch, P: Rosa von Praunheim. – T: Collage aus Schlagertexten und DDR-Rundfunk; Zusammenstellung: Rosa von Praunheim. – D: Carla Aulaulu, Rainer Kranich. – Dz: Frühsommer 1968. – Do: Rosa von Praunheims damalige Wohnung, Crellestr. 17, Berlin. – Pd-Ko: ca. 100 DM. – F: Normal 8, sw & Farbe. – OL: 12 min. – U: Ende Juni 1968, am Rand der Berlinale. – V: –.
Nach Angaben Rosa von Praunheims gab es auch eine 16 mm-Fassung, die verschollen ist. Die vorhandene 8 mm-Fassung ist ohne Ton.

1968 ROSA ARBEITER AUF GOLDENER STRASSE 2. Teil. – B, K, T, P: Rosa von Praunheim. – Sch: Gisela Bienert. – D: Carla Aulaulu, Klaus Tino S. V. P., u. a. – Dz: Herbst 1968. – Do: Berlin: Bühne des SDS-Hauses, im Park bei Schloß Bellevue, S-Bahn-Brükken Yorckstr., Kurfürstendamm, in den Wohnungen von Klaus Tino S. V. P. und Hans Jürgen Saschmilewski. – Pd-Ko: ca. 2000 DM. – F: 16 mm, Farbe (Agfa). – OL: 11 min. – U: 7.3. 1969, Hamburger Filmschau; 28.3. 1969, Westdeutsche Kurzfilmtage Oberhausen. – TV: 9.5. 1969 (ZDF). – V: –.

1969 SCHWESTERN DER REVOLUTION. – B, K, Sch, T, P: Rosa von Praunheim. – Assistenz: Werner Schroeter. – M: Bruchstück »Duft soll Dich zärtlich umkosen« aus einem Caterina Valente-Schlager. – D: Carla Aulaulu, Johannes Flütsch, Luzi Kryn, Alix Buchen, Michael Bolze, Werner Schroeter, Dietmar Kracht, Eva Suffa, Sven Buscha, Steven Adamczewski, Thomas Vassilev, Ree Koch. – Do: Berlin. – Pd-Ko: ca. 10000 DM. – F: 16 mm, sw & Farbe (Agfa). – OL: 20 min. – U: 8.10. 1969, Internationale Filmwoche Mannheim. – TV: 18.11. 1969 (NDR III/RB III/SFB III/HR III). – V: –.

1969 SAMUEL BECKETT. – Idee, Sch: Rosa von Praunheim. – K: Daniel Schmid. – T: Werner Schroeter. – M: Türkische Volksmusik. – P: SFB. – Redaktion: Dagmar Fambach. – Do: vor dem Schillertheater Berlin. – F: 16 mm, sw. – OL: 12 min; ausgestrahlt eine auf 6 min. gekürzte Fassung. – TV: 5.12. 1969 (SFB III). – V: –.
Der verwendete Text ist ein Ausschnitt aus Dantes *Divina Comedia.*

1970 MACBETH OPER VON ROSA VON PRAUNHEIM. – B nach Motiven aus William Shakespeares Tragödie *Macbeth,* K, Sch, T: Rosa von Praunheim. – D: Magdalena Montezuma (Lady Macbeth), Berryt Bohlen (Duncan, König von Schottland), Volker Eschke (Macbeth), Steven Adamczewski (Macduff), Rainer Kranich (Ross), Lynn French (Sprecherin des Textes der Lady Macbeth). – P: WDR. – Redaktion: Josef Arweiler. – Dz: Januar 1970. – Do: Stonehenge, Corf Castle, Menac Theatre, Plymouth, Berlin. – Pd-Ko: ca. 40000 DM. – F: 16 mm, sw. – OL: 45 min. – U: Herbst/Winter 1971, Anthology Cinema, New York; diese Premiere liegt vermutlich noch vor der deutschen TV-Uraufführung. – Deutsche Kinoerstaufführung: 31.5. 1972, Hamburger Filmschau. – TV: 18.12. 1971, 14.3. 1974 (HR III); 29.12. 1971 (WDR III). – V: –.
Der Film wurde in englischer Sprache gedreht. – Die TV-Ausstrahlung erfolgte zusammen mit Werner Schroeters *Macbeth.*

1970 DIE BETTWURST. – B, K: Rosa von Praunheim. – K-Ass: Bernd Upnmoor. – Sch: Rosa von Praunheim, Gisela Bienert, Bernd Upnmoor. – T: Bernd Upnmoor. – M: »Das schöne Mädchen von Seite 1«, gespielt von einer Caféhaus-Kapelle; Strawinski: »Le sacre du printemps«; »Roter Mohn«; »Ich küsse Ihre Hand, Madame«. – R-Ass: Peter Hartwell, Christa Stock. – D: Luzi Kryn, Dietmar Kracht, Steven Adamczewski. – P: Rosa von Praunheim im Auftrag des ZDF. – Dz: 10 Tage im Sommer 1970. – Do: Kiel. – Pd-Ko: ca. 50000 DM. – F: 16 mm, Farbe (Ferrania). – OL: 78 min. – Kinoerstaufführung: 1.9. 1971, Hamburger Filmschau. – TV: 2.2. 1971, 10.6. 1975, 25.10. 1978 (ZDF); 4.9. 1976 (HR III/S 3). – V: Basis (16 mm).

1970 NICHT DER HOMOSEXUELLE IST PERVERS, SONDERN DIE SITUATION, IN DER ER LEBT. – B, T: Rosa von Praunheim. – K: Robert van Ackeren, Rosa von Praunheim (uncredited). – K-Ass: Dieter Milster. – Sch: Jean-Claude Piroué. – M: Archivaufnahmen. – Maske: Hans-Peter Knöpfle. – R-Ass: Pia Richter-Haaser, Johannes Flütsch. – Theoretische Mitarbeit: Martin Dannekker, Sigurd Wurl. – D: Bernd Feuerhelm (Daniel), Berryt Bohlen (Clemens), Ernst Kuchling (Der Reiche), Dietmar Kracht, Steven Adamczewski, Manfred Salzgeber (alle uncredited), u.v.a. – Sprecher: Volker Eschke, Michael Bolze, Rosa von Praunheim. – P: Bavaria Atelier GmbH im Auftrag des WDR. – Pd: Werner Kließ. – Herstellungsleitung: Lutz Hengst. – Pl: Dieter Minx. – Aufnahmeleitung: Peter Skwara. – Do: Berlin. – Pd-Ko: ca. 250000 DM. – F: 16 mm, Farbe (Kodak). – OL: 67 min. – U: 4.7. 1971, Internationales Forum des jungen Films, Berlin; 2.9. 1971, Hamburger Filmschau. – TV: 31.1. 1972 (WDR III); 15.1. 1973 (ARD, außer Bayern). – V: Freunde der Deutschen Kinemathek (16 mm).

1970 WAS DIE RECHTE NICHT SIEHT ..., KOMMT ERST RECHT AUS DEM OHR HINAUS. – B, Sch, T: Rosa von Praunheim. – K: Robert van Ackeren. – M: Händel: »Largo«, gespielt vom Orchester Mantovani; »Gabriela«, gesungen von Zarah Leander; polnisches Lied von Konieczny und Szmidt; u.a. – D: Carla Aulaulu, Magdalena Montezuma, Luzi Kryn, Steven Adamczewski, Rainer Kranich, Dietmar Kracht, Alix Buchen (uncredited). – P: Rosa von Praunheim im Auftrag des ZDF. – Dz: Sommer 1970. – Do: Berlin. – Pd-Ko: 20000 DM. – F: 16 mm, Farbe (Ferrania). – OL: 17 min. – Kinoerstaufführung: 3.11. 1972, Hofer Filmtage. – TV: 4.7. 1972 (ZDF). – V: –.
Der Film verwendet einen Ausschnitt aus ROSA ARBEITER AUF GOLDENER STRASSE 1. Teil.

1970/71 SYLVESTER 70/71. – B, K: Rosa von Praunheim. – D: Steven Adamczewski, Berryt Bohlen.
Unvollendet. Es existieren ca. 2 Stunden ungeschnittenes Material.

1971 HOMOSEXUELLE IN NEW YORK. – B, K, Sch, T, P: Rosa von Praunheim. – Dz: 27.6. 1971. – Do: New York. – F: 16 mm, Farbe. – OL: ca. 12 min; davon existieren nur noch ca. 4 min. – V: –.

1971/72 LEIDENSCHAFTEN. – B, Sch: Rosa von Praunheim. – K, T: Rosa von Praunheim, Elfi Mikesch. – M: Chinesische und thailändische Schlager, thailändische Militärmusik, Auszüge aus der rotchinesischen Oper »The White Haired Girl«, »Sucha Landscape« (polnisch?), »Choral Nr. 2 für Orgel« von César Franck, u.a. – Ko, Maske: Elfi Mikesch. – D: Frietz Mikesch, Tony Carol (»Mr. World«), Taylor Mead, Tally Brown, Diana, Yotuta Nagarakawa, Mino Kuruta, Roberto Queen of Sheba, Florence Sun, Janie To Tsang Zung Chang, Carmen Parecmita, Noini Git Git, Jonny Surabaja. – P: Rosa von Praunheim im Auftrag des ZDF. – Redaktion Ekkart Stein. – Dz: September-Dezember 1971. – Do: Glasgow, New York, Kalkutta, Tokio, Singapur, Hongkong, Hawaii, Mexico City, Acapulco, Bali, Innsbruck. – Pd-Ko: 60000 DM. – F: Super 8, auf 16 mm aufgeblasen, Farbe (Kodak). – OL: 73 min. – Kinoerstaufführung: 31.5. 1972, Hamburger Filmschau; 26.6. 1972, Internationales Forum des jungen Films, Berlin. – TV: 9.5. 1972 (ZDF). – V: –.

1973 BERLINER BETTWURST. – B: Rosa von Praunheim. – K: Rosa von Praunheim, Bernd Upnmoor, Aribert Weis. – Sch: Frau Kramski. – M: Holger Münzer. – Songs: »Berlin erwacht«; »Laß Dir die Liebe von mir schenken«, gesungen von Luzi Kryn und Lou van Burg. – Ba: Günter Lüdecke. – Ko-Beratung: Barbara Schilpp. – R-Ass: Rainer Crone, Michael Tauchert. – Technische Leitung: Bernd Upnmoor. – Mitarbeit: Wolfgang Macke, Charlie Prince, Achim Paede. – D: Luzi Kryn, Dietmar Kracht, Berryt Bohlen, Wolfgang Makke, Lotte Becker, Claus Cristofolin, Lou van Burg, Friedhelm. – P: Rosa von Praunheim Filmproduktion. – Pl: Regina Ziegler. – Dz: Frühjahr 1973. – Do: Berlin, Mallorca. – Pd-Ko: 250000 DM. – F: 35 mm, Farbe (Eastmancolor). – OL: 90 min; TV-Länge: 70 min, von Rosa von Praunheim erstellt. – U: 27.6. 1973, Astor Kurfürstendamm, Berlin. – Kinostart: 11.12. 1975. – TV: 30.12. 1975, 3.7. 1976 (WDR III/HR III/NDR III/RB III/SFB III); 11.9. 1976 (HR III). – V: Filmwelt (35 mm).

1973 AXEL VON AUERSPERG. – B: Rosa von Praunheim nach dem Theaterstück von Villiers de l'Isle-Adam in der Übersetzung von Hanns Heinz Ewers. – K: Bernd Upnmoor. – M: Holger Münzer. – Ba: Günter Lüdecke. – Ko: Barbara Paede. – Maske: Inka Jean-Jacques. – Licht: Karl Rostek, Eckehard Heinrich. – D: Gundula von Woyna (Prinzessin Sara de Mauper), Vincent Kluwe (Graf Axel von Auersperg), Evelyn Künneke (Archediakon), Peggy von Schnottgenberg, i.e. Frank Ripploh (Äbtissin), Milli Büttner (Schwester Aloisia), Michael Otto (Meister Janus), Willi Perlwitz, Max Müller, Gerhard Nadolny (Die Veteranen), Kurt Rudolph (Herr Zacharias), Roger Losch (Der Kommandant). – P: Rosa von Praunheim im Auftrag des ZDF. – Redaktion: Hajo Schedlich. – Pl: Regina Ziegler. – Do: Berlin. – Pd-Ko: 170000 DM. – F: 35 mm, sw & Farbe (Eastmancolor). – OL: ca. 75 min; TV-Länge: 45 min; letzte, von Rosa von Praunheim erstellte Schnittfassung: 28 min. – TV: 20.2. 1974. – V: –.
Der Film wurde vom ZDF in einer um die Kirchen-Szenen gekürzten Fassung ausgestrahlt, die nicht die Billigung des Autors hatte. Für das Filmmuseum München stellte Rosa von Praunheim eine dritte, 28-minütige Fassung her.

1974 ROSA VON PRAUNHEIM ZEIGT. – B, Sch, P: Rosa von Praunheim. – K, T: Albert Schöplin. – Musikalische Leitung, Pianist: Gerhard Weihe. – Songs: »Haben Sie schon mal im Dunkeln geküßt«, gesungen von Evelyn Künneke und Dietmar Kracht; »Straße ohne Ende«, gesungen von Dietmar Kracht; »Zeig mir noch einmal Deine Muskeln, Tommy«, gesungen von Evelyn Künneke; »Smooth Road«, »La vie en rose«, »Bitte geh nicht fort«, »Kannst Du mir verzeihen«, gesungen von Peter Schneider. – Ba: nach Ideen von Rosa

von Praunheim. – D: Dietmar Kracht, Evelyn Künneke, Mr. Frankfurt, Peter Schneider. – Do: Theater am Turm, Frankfurt/M. – F: 16 mm, Farbe (Kodak). – OL: 26 min. – TV: 1.6. 1975 (NDR III, RB III, SFB III). – V: –.
Aufzeichnung eines Probentags der Show ROSA VON PRAUNHEIM PRÄSENTIERT EINE INTERNATIONALE SCHLAGERPARADE am Theater am Turm, Frankfurt/M.

1974 MONOLOG EINES STARS. – B, K: Rosa von Praunheim. – Sch, T: Rosa von Praunheim, Hannes Eyber. – M: »Stardust«, gesungen von Pat Boone. – Technische Leitung: Eckehard Heinrich. – D: Milli Büttner (Milli Molton; in den credits wird der Rollenname als Darstellername angegeben), Evelyn Künneke (Schauspielerin), Hannes Eyber (Mörder), Mr. Frankfurt (Liebhaber), Peggy von Schnottgenberg, i.e. Frank Ripploh (Lehrer), Rosa von Praunheim (Dean), Anna Rosenberg. – P: Rosa von Praunheim im Auftrag des WDR. – Redaktion: Joachim von Mengershausen. – Dz: Frühjahr 1974. – Do: Frankfurt, Hollywood (Anfangssequenz). – Pd-Ko: 60000 DM. – F: 16 mm, Farbe (Kodak). – OL: 68 min; TV-Länge: 50 min., von Rosa von Praunheim erstellt. – TV: 22.5. 1975 (WDR III); 19.6. 1975 (HR III). – V: –.
In der TV-Fassung fehlen die Szenen mit Hannes Eyber und Peggy von Schnottgenberg.

1975/76 UNDERGROUND AND EMIGRANTS. – B: Rosa von Praunheim. – K: Edvard Lieber, Lloyd Williams, Scott Sorenson, Rosa von Praunheim. – Sch, T: Edvard Lieber, Rosa von Praunheim. – Assistenz: Alice Carey. – D: Rosa von Praunheim, Greta Keller, William S. Burroughs, Fred Newman, Lee Breuer, Charles Ludlam, John Vaccaro, Tony Carol (»Mr. World«), Holly Woodlawn, Alice Carey, Ellen Stewart, Fernando Arrabal, Grete Mosheim, Robert Wilson, Al Carminer, Stephen Holt, Stuart Sherman, Shusaku Arakawa, Yvonne Rainer, Lawrence Weiner, The Family, Danny Partridge, Paul Venase, Jack Smith, Tom Eyen, Divine, Lil Picard, Andy Warhol, u.a. – Sprecher: Rosa von Praunheim. – P: Rosa von Praunheim im Auftrag des SFB, des Berliner Künstlerprogramms des DAAD und der Berliner Festwochen. – Redaktion: Jürgen Tomm. – Dz: Oktober 1975-Juni 1976. – Do: New York. – Pd-Ko: 50000 DM. – F: 16 mm, Farbe (Kodak). – OL: 89 min. – TV: 25.10. 1976 (NDR III/RB III/SFB III). – V: Atlas (16 mm).

1976 PORTRÄT MARIANNE ROSENBERG. – K, T: unbekannt. – Sch: Suzanne Göbel. – M: »Fremder Mann«, »Wenn es Nacht wird in Harlem«, »Liebe kann so weh tun«, »Ich bin wie Du«, gesungen von Marianne Rosenberg; japanisches Lied. – D: Marianne Rosen-

berg, Rosa von Praunheim, Albert Krogmann, Tabea Blumenschein (Tänzerin). – P: SWF. – Dz: April 1976. – Do: Wohnung von Ulrike Ottinger, Berlin. – F: 16 mm, Farbe. – OL: 12 min. – TV: 26.5. 1976 (ARD).
Beitrag der TV-Serie »Treffpunkte«.

1976 ICH BIN EIN ANTISTAR. DAS SKANDALÖSE LEBEN DER EVELYN KÜNNEKE. – B: Rosa von Praunheim. – K: Edvard Lieber. – Sch: Gigi Hummel. – Licht: Eckehard Heinrich. – M: »Antistar«, »Sing Nachtigall sing«, »Karneval der Liebe«, »Stewardess«, »Surabaja Johnny«, »Kikilala Hawai«, »Ich bin wieder da«, »Als der Herrgott Mai gemacht«, »So lang noch die Hose am Kronleuchter«, »Bei mir bist Du schön«, »Allerdings, sprach die Sphinx«, »Ich bin nur ein armer Wandergesell«, »Menschen im Hotel«, »I am Young«, »Ich bin ein rosa Elefant«, gesungen von Evelyn Künneke; »Die Girls von Little Rock«, gesungen von Evelyn Künneke und Angèle Durand; »Haben Sie schon mal im Dunkeln geküßt«, gesungen von Evelyn Künneke und Dietmar Kracht; »Ich kann ganz ohne Menschen sein«, gesungen von Christina Kracht; Klavierkonzert Nr. 2 von Eduard Künneke, gespielt von Edvard Lieber. – D: Evelyn Künneke, Angèle Durand, Christina Kracht, Nicolai Rhein, Hilda, Dietmar Kracht, Dieter Hatje, Jürgen Hartmann, Luminitia, Martin Jason, Rainer Beckmann, Maurus Pacher, Walter Haas. – Sprecher: Rosa von Praunheim. – P: Rosa von Praunheim im Auftrag des WDR. – Redaktion: Joachim von Mengershausen. – Dz: Sommer 1976. – Do: Berlin, Emmerich. – Pd-Ko: ca. 40 000 DM. – F: 16 mm, Farbe (Kodak). – OL: 81 min. – U: 5.12. 1976, Kommunales Kino, Frankfurt/M; 2.7. 1977, Internationales Forum des jungen Films, Berlin. – TV: 28.5. 1977 (WDR III). – V: Filmwelt (16 mm).
Ausschnitte aus folgenden Filmen/Theaterinszenierung wurden verwendet: *Karneval der Liebe,* 1942, R: Paul Martin; AXEL VON AUERSPERG, ROSA VON PRAUNHEIM ZEIGT; *Stewardess* (Fernsehshow); *Menschen im Hotel* (Theater).

1977 FRÜHLING FÜR FRANKFURT. – K, Sch, T, P: Rosa von Praunheim, Bert Schmidt. – D: Inka Köhler, u.a. – P: Rosa von Praunheim im Auftrag des HR. – Redaktion: Dietmar Schings. – Do: Frankfurt/M. – F: 16 mm, Farbe (Kodak). – OL: 13 min. – U: am Rande der Filmfestspiele Berlin 1978. – V: –.
Vorstudie zum Dokumentarfilm DER 24. STOCK.

1977 DER 24. STOCK. – B: Rosa von Praunheim. – B-Mitarbeit: Bert Schmidt, Dorothee von Meding. – K, Sch, T: Rosa von Praunheim, Bert Schmidt. – Technische Mitarbeit: Dorothee von Meding, Axel Bücheler. – M: Berlioz. – R-Ass: Bert Schmidt. – Trick: Bernd

Rose. – Grafik: Vollrad Kutscher. – D: Maria Christiana Leven, Bewohner eines Hauses in Frankfurt-Praunheim, Mitarbeiter der Neuen Heimat, Lokalpolitiker. – Sprecher: Rosa von Praunheim. – P: Rosa von Praunheim im Auftrag des HR (1. Teil) und des WDR (2. Teil). – Redaktion: Dietmar Schings (HR), Joachim von Mengershausen (WDR). – Gesamtleitung: Rosa von Praunheim. – Dz: Herbst 1976-Herbst 1977. – Do: Frankfurt/M, Niederlande. – Pd-Ko: ca. 80000 DM. – F: 16 mm, sw & Farbe (Eastmancolor). – OL: 89 min. (1. Teil), 83 min. (2. Teil). – Kinoerstaufführung: 12.6. 1978, Harmonie, Frankfurt/M; 2.11. 1978 2. Duisburger Film-Woche. – TV: 29.12. 1977 (HR III, nur 1. Teil); 12.8. 1979, 13.8. 1979 (WDR III/HR III/NDR III/SFB III/RB III). – V: Filmwelt (16 mm).
Der 2. Teil verwendet Ausschnitte eines Fernsehfeatures über die »Grauen Panther« in Philadelphia.

1977 PORTRAIT GEORGE AND MIKE KUCHAR. – B, K, Sch, T, P: Rosa von Praunheim. – Mitarbeit: Werner Schroeter. – Dz: Sommer 1977. – Do: San Francisco. – F: 16 mm, sw & Farbe (Kodak). – OL: 12 min. – TV: 4.7. 1977 (SFB III/HR III). – V. –.
Der verwendete Filmausschnitt ist aus dem Kuchar-Film *Hold Me, While I'm Naked* (1966).

1977/78 TALLY BROWN, NEW YORK. – B, Kommentar, Interviews: Rosa von Praunheim. – Mitarbeit, R-Ass: Mike Shephard. – K: Lloyd Williams, Michael Oblowitz, Juliana Wang, Edvard Lieber, Rosa von Praunheim. – Sch, T: Rosa von Praunheim, Mike Shephard. – Songs: »Heroes«, »Love In Vain«, »Sweet Virginia«, »Surabaja Johnny«, »Herren«, »Lady Grinning Soul«, »Rock'n Roll Suicide«, »Goody Goody«, gesungen von Tally Brown; »Dr. Jazz«, gesungen von Holly Woodlawn. – D: Tally Brown, Divine, Holly Woodlawn, Taylor Mead, Robert und Elizabeth Kashy, Edward Caton, Gil Fontaine, Ching, Anja Philipps, Andy Warhol, Jack Smith, Lenny, Rosa von Praunheim, u. a. – Sprecher: Magdalena Montezuma, Rosa von Praunheim. – Deutsche Übersetzungen: Elizabeth Kashy. – P: Rosa von Praunheim für WDR. – Gesamtleitung: Rosa von Praunheim. – Redaktion: Joachim von Mengershausen. – Dz: 25.11. 1977-Ende Sommer 1978. – Do: New York, Las Vegas, Hollywood, New Orleans, Florida. – F: 16 mm, Farbe (Kodak). – OL: 97 min. – U: 4.5. 1979. – Amerikanische Erstaufführung: 29.12. 1979, Performing Garage Soho, New York. – TV: 23.1. 1980 (HR III), 2.3. 1980 (WDR III). – V: Filmwelt (16 mm).
Es existieren eine deutsche und eine amerikanische Version des Films. – Unterstützung für den Film wurde gewährt vom Nachtclub »Reno Sweeney's«, Hans Dudelheim und Pierre La Rouge.

1972-1979 ARMY OF LOVERS OR REVOLT OF THE PERVERTS. ARMEE DER LIEBENDEN ODER REVOLTE DER PERVERSEN. – B, Kommentar, Sch, T: Rosa von Praunheim. – Mitarbeit: Mike Shephard. – K: Rosa von Praunheim, Lloyd Williams, Juliana Wang, Michael Oblowitz, Ben Van Meter, Nickolai Ursin, John Rome, Bob Schub, Werner Schroeter. – M: Tom Robinson Band. – Songs: »I Need a Man«, gesungen von Grace Jones; »Power in the Darkness«, gespielt von Tom Robinson Band; »As Time Goes By«, »Dear Darling Dr. Magnus«, »Horst Wessel-Lied«, arrangiert und gesungen von Gay Sweatshop. – D: Harry Hay, Anita Bryant, Arthur Bell, Sarah Montgomery, Salih-Michael Fisher, John Silva, Rainbow Silverfire, Grace Jones, Rose Jordan, Del Martin, Phyllis Lyon, Ed Murphy, Seth Lawrence, Pink Satin Bomber, Bruce Voeller, Jean O'Leary, Fred Halstead, Russell Veh, Troy Perry, Sally Walker, Gordon Guy, Nancy Rough, Tom Reeves, John Rechy, John Briggs, Michael Kearns, Morris Knight, G 40 Plus, Gay Sweatshop. – Unterstützung und Mitarbeit: Gay Sweatshop, Joey Knutson, Fred Halstead, Tom Reeves, Alexander von Wechmar, Bill Rushton, Randy Shilts, Bettye Lane, Walter Gross, Brandon Judell, San Francisco Art Institute. – Sprecher: Rosa von Praunheim. – P: Rosa von Praunheim im Auftrag des WDR. – Redaktion: Michael Gramberg. – Dz: Sommer 1972-Sommer 1978. – Do: New York, San Francisco, Florida, Los Angeles, Boston, New Orleans. – F: 16 mm, Farbe (Eastmancolor). – OL: 107 min; TV-Länge: 52 min. – U: 12.3. 1979, Filmex Hollywood. – New Yorker Premiere: 30.12. 1979, Performing Garage Soho, New York. – Deutsche Erstaufführung: 20.4. 1979, Türkendolch, München. – Kinostart: 4.5. 1979. – TV: 14.8. 1979 (WDR III). – V: Filmwelt (16 mm).
Der Film verwendet Ausschnitte aus HOMOSEXUELLE IN NEW YORK. Der Titel des Films wird allgemein mit ARMEE DER LIEBENDEN ODER AUFSTAND DER PERVERSEN zitiert. Der hier genannte Titel ... REVOLTE DER PERVERSEN folgt den credits der Kopie. – Es existieren eine deutsche und eine amerikanische Version des Films.

1979 DAS TODESMAGAZIN ODER: WIE WERDE ICH EIN BLUMENTOPF? – B, Kommentar, Interviews: Rosa von Praunheim. – Mitarbeit: Michael Oblowitz, Mike Shephard. – K: Michael Oblowitz, Boy Inigies, Rosa von Praunheim, Bernhard Stampfer, Lloyd Williams. – Sch, T: Rosa von Praunheim, Mike Shephard. – Technische Assistenz: David Werner, David Goldberg. – M: Bill Helleman, James Chance and the Contortions, Pierre Henri, »Auf gläubige Seelen« (Kirchenlied), Mexikanische Volksmusik, Violinkonzert von Ludwig van Beethoven. – Songs: »Design to Kill«, »Disposable You«, »Throw Me Away«, gespielt von James Chance and the Contortions. – D: Al Goldstein, Helen Adam, Anja Philipps, James Chan-

ce and the Contortions, Lehrer und Schüler der John Dewey High School (New York), Jean-Pierre LaHary, Patienten und Schwestern des Riverside Hospital, Peggy von Schnottgenberg (i.e. Frank Ripploh), Rosa von Praunheim. – P: Rosa von Praunheim im Auftrag des ZDF. – Redaktion: Maya Faber-Jansen. – Do: New York, Kairo, Manila, Mexico, Stuttgart-Stammheim, Berlin. – Pd-Ko: ca. 80000 DM. – F: 16 mm, Farbe (Eastmancolor); Archivaufnahmen z.T. sw. – OL: 76 min. – U: August 1979, Festival Locarno. – Deutsche Erstaufführung: 18.9. 1979, Hamburger Filmfest. – New Yorker Premiere: 28.12. 1979, Performing Garage Soho, New York. – V: Filmwelt (16 mm).
Der Film sollte am 9.8. 1979 vom ZDF gesendet werden. Die Ausstrahlung wurde kurzfristig abgesetzt. – Die verwendeten Archivaufnahmen sind gesendete Reportagen der ZDF-heute-Redaktion zu Ereignissen in Kambodscha, Vietnam und Afrika. – Unterstützung für den Film wurde gewährt von Dr. Jericho und dem Institut für Thanatologie, New York; gezeigt wird ein Ausschnitt aus dem Dokumentarfilm *Dead Man*.

1979 GRÄFIN VON RICHTHOFEN. – B, K, Sch, T, P: Rosa von Praunheim. – D: Gräfin Sigrid von Richthofen. – Do: Hamburg. – F: 16 mm, Farbe (Kodak). – OL: 10 min. – V: –.
Der Film war ursprünglich eine Episode des TODESMAGAZINS und lief teilweise auch als Vorfilm zum TODESMAGAZIN.

1980 RED LOVE. – B: Rosa von Praunheim, nach Motiven des Romans *Wassilissa Malygina* von Alexandra Kollontai. – K: Michael Oblowitz. – Sch: Rosa von Praunheim, Elke Granke. – T: Mike Shephard. – D: Lindzee Smith, Betsy Sussler. – P: Rosa von Praunheim. – Do: New York. – F: 16 mm, Farbe (Kodak). – OL: 11 min. – U: 20.2. 1982, Internationales Forum des jungen Films, Berlin. – V: –.
Vorstudie zum Spielfilm ROTE LIEBE.

1980 ROTE LIEBE (WASSILISSA). 1. Fassung. – B: Rosa von Praunheim, nach Motiven des Romans *Wassilissa Malygina* von Alexandra von Kollontai. – K: Mike Kuchar, Rosa von Praunheim, Michael Oblowitz, Wolfgang Pilgrim, Bernhard Stampfer. – Sch: Rosa von Praunheim. – T: Michael Schäfer (i.e. Mike Shephard). – M: Ideal, Din A Testbild, Betoncombo, Mania D, Jacob Lichtman, Albinoni, Schostakowitsch. – A: Uli Bergfelder. – R-Ass: Anke Rixa Hansen, Dorothee von Meding, Ulrike Maares, Bert Schmidt. – D: Sascha Hammer (Wassilissa), Mark Eins (Wolodja), Eddie Constantine (Pawel Pawlowitsch), Rolf Eden (Sawaljef, Spekulant), Olga Demetriescu (Alexandra Kollontai), Rose Hammer (Haushälterin), Bettina Sukroff (Nina Konstantinowna), Barbara Gould (Frau in der Kommune), Tu Tu (Lisa), Sarah Pfeiffer (Gruscha), Wieland Speck

(Spekulant auf der Party), Betoncombo (Arbeiter und Matrosen). – Kommentar und Gesang: Rosa von Praunheim. – P: Rosa von Praunheim. – Herstellungsleitung: Renée Gundelach. – Pl: Bernhard Stampfer, Birgit Lelek. – Do: Berlin, Frankfurt, New York. – F: 16 mm, Farbe (Kodak). – OL: 92 min. – U: Januar 1981, Amsterdam. – Deutsche Erstaufführung: Sommer 1981, Volksuni Berlin. – V: –.
In den Film integriert ist die Vorstudie RED LOVE.

1980/81 ROTE LIEBE. 2. Fassung. – B: Rosa von Praunheim, nach Motiven des Romans *Wassilissa Malygina* von Alexandra Kollontai. – K: Mike Kuchar, Rosa von Praunheim, Michael Oblowitz, Wolfgang Pilgrim, Bernhard Stampfer. – Sch: Rosa von Praunheim. – T: Michael Schäfer (i. e. Mike Shephard). – M: Ideal, Din A Testbild, Jacob Lichtman. – Songs: »Rote Liebe«, »Rote Rolls Royce«, gespielt von Ideal. – A: Uli Bergfelder. – Objekte: Frietz Mikesch, Peter Fahrin. – R-Ass: Anke Rixa Hansen, Dorothee von Meding, Ulrike Maares, Bert Schmidt. – D: Sascha Hammer (Wassilissa), Mark Eins (Wolodja), Helga Goetze (sie selbst), Olga Demetriescu (Alexandra Kollontai), Rose Hammer (Haushälterin), Bettina Sukroff (Nina Konstantinowna), Barbara Gould (Frau in der Kommune), Tu Tu (Lisa), Sarah Pfeiffer (Gruscha), Eddie Constantine (Pawel Pawlowitsch). – P: Rosa von Praunheim. – Herstellungsleitung: Renée Gundelach. – Pl: Bernhard Stampfer, Birgit Lelek. – Do: Berlin, Frankfurt. – Pd-Ko: ca. 1000000 DM. – F: 16 mm, Farbe (Kodak); Video in den Goetze-Sequenzen. – OL: 86 min. – U: 20. 2. 1982, Internationales Forum des jungen Films, Berlin. – Kinostart: 21. 2. 1982. – V: Basis (16 mm).
Umgeschnittene, gekürzte und um die Interview-Passagen mit Helga Goetze ergänzte 2. Fassung des Films.

1981 UNSERE LEICHEN LEBEN NOCH. – B: Rosa von Praunheim, Lotti Huber, Inka Köhler, Luzi Kryn, Maria Christiana Leven, Madlen Lorei, nach einer Idee von Rosa von Praunheim. – K: Stephan Köster. – K-Ass: Wolfgang Pilgrim. – Sch: Rosa von Praunheim. – T, R-Ass: Michael Schäfer (i. e. Mike Shephard), Dieter Grönling. – M: Hans Wittstadt, Chopin. – A: Inge Stiborsky. – Ausführende Malereien: Giesela Klötzer. – D: Lotti Huber, Inka Köhler, Luzi Kryn, Maria Christiana Leven, Madlen Lorei, Helen und Pat Adam, Rosa von Praunheim. – R: Rosa von Praunheim im Auftrag des HR. – Redaktion: Dietmar Schings. – Dz: Sommer 1981. – Do: Berlin. – Pd-Ko: ca. 80000 DM. – F: 16 mm, Farbe (Kodak). – OL: 90 min. – U: 30. 10. 1981, 15. Internationale Hofer Filmtage. – Kinostart: 18. 12. 1981. – TV: 9. 5. 1983 (ARD). – V: Basis (16 mm).

1982 MEIN NEW YORK. – B, T, Kommentar: Rosa von Praunheim. – K: Edvard Lieber, Scott Sorenson, Lloyd Williams, Juliana

Wang, Rosa von Praunheim. – Sch: Rosa von Praunheim, Mike Shephard. – Mitarbeit: Mike Shephard. – Songs: »New York, New York«, gesungen von Liza Minelli; »Wenn es Nacht wird in Harlem«, gesungen von Marianne Rosenberg; »You Can't Always Get What You Want«, gesungen von Tally Brown; »Dr. Jazz«, gesungen von Holly Woodlawn; »Design to Kill«, gespielt von James Chance and the Contortions; u.a. – D: Holly Woodlawn, Andy Warhol, Jack Smith, Ellen Stewart, Tom Eyen, Divine, Tally Brown, Vera Graf, Luetze, Anja Philipps, Al Goldstein, Jean-Pierre LaHary. – P: WDR. – Redaktion: Dieter Kaiser. – Aufnahmeleitung: Siegfried Ibsch. – Pd-Ko: ca. 30000 DM. – F: 16 mm, Farbe (Kodak). – OL: 29 min. – TV: 28.7. 1982 (WDR III/HR III/NDR III/SFB III/RB III). – V: –.
Beitrag der TV-Serie »Auslandsreporter«. – Ausschnitt-Kompilation der Filme HOMOSEXUELLE IN NEW YORK, UNDERGROUND AND EMIGRANTS, TALLY BROWN, DAS TODESMAGAZIN.

1982/83 STADT DER VERLORENEN SEELEN. BERLIN BLUES. – B, Sch: Rosa von Praunheim. – K: Stephan Köster. – T: Wolfgang Pilgrim. – M: Holger Münzer, Alexander Kraut, Jayne County, Angie Stardust, Joaquin La Habana. – Songs: »City of Lost Souls«, »Russian Soldier«, »Burger Queen Blues«, gesungen von Jayne County; »Sand«, »Once«, »Exil«, gesungen von Angie Stardust; »My Own Free Way«, »I Love Berlin«, gesungen von Joaquin La Habana. – Dekoration: Inge Stiborsky unter Mithilfe von Frieder Müller, Giesela Klötzer, Heike Weidmann, Irmtraud Simon. – Mitarbeit: Marianne Enzensberger, Ian Wright, Mike Shephard. – D: Angie Stardust, Jayne County, Judith Flex, Gary Miller, Joaquin La Habana, Tara O'Hara, Tron von Hollywood, Lorraine Muthke, Sally Karter, Manfred Finger, Wolfgang Schumacher, Gerhard Helle, Rolf Holzhütter, Bert Henkels, Rainer Götz Otto, Burghard Mauer, Helga Goetze, Lotti Huber, Katja Kunik, Rosa von Praunheim. – P: Rosa von Praunheim in Co-Produktion mit dem HR und SFB. – Herstellungsleitung: Renée Gundelach. – Filmgeschäftsführung: Traute Göres. – Pl: Johannes Surek. – Redaktion: Dietmar Schings. – Do: Berlin, New York. – Pd-Ko: ca. 690000 DM. – F: 16 mm, Farbe. – OL: 91 min. – U: 5.2. 1983, Filmfestival Rotterdam. – Deutsche Erstaufführung: 27.2. 1983, Kant-Kino, Berlin. – V: Basis (16 mm).

1983/84 HORROR VACUI – DIE ANGST VOR DER LEERE, ein deutscher Gruselfilm, angeregt von Caligari, Mabuse und Baghwan. – B: Rosa von Praunheim, Marianne Enzensberger, Cecil Brown. – K: Elfi Mikesch. – K-Ass: Wolfram Pilgrim, Lars Bartel. – Sch: Rosa von Praunheim und Mike Shephard. – T: Mike Shephard, Ian Wright. – M: Maran Gosov. – A: Inge Stiborsky unter Mithilfe von Jürgen zum Brunnen, Volker März, Alexander Roob. – Ma: Ingrid Bendzuk. Mitarbeit: Heidi Springfeld, Ulrike Maares, Wolfgang Peetz, Stephan Breitel, Michael Fechner, Simone Simon. – D: Lotti Huber, Friedrich Steinhauer, Folkert Milster, Thomas Vogt, Ingrid van Bergen, Günther Thews, Joaquin La Habana. – P: Rosa von Praunheim in Co-Produktion mit dem WDR. – Redaktion: Joachim von Mengershausen. Dz: 15.11.–30.12. 1983. – Do: Berlin. – Pd – Ko: 350.000 DM. – F: 16 mm, Farbe. – Kinostart: vorauss. Herbst 1984.

Als Regieassistent und Kameramann

1968 *Die Schachtel* und *(A)lter (a)ction.* – R: Gregory J. Markopoulos. – K: Franz Ausböck. – E-Kamera: Gottfried Sittl, Jochen Meusel, Hans Kronier, Peter Czegley, Harry Pommerening, Hans-Klaus Petsch. – Szenenbild, Kostüme, Masken: Antonio Costa Pinheiro. – R-Ass: Holger Mischwitzky (i.e. Rosa von Praunheim), Georg Frommle. – P: Studienprogramm des BR.

1968 *Faces.* – R, B: Werner Schroeter. – K: Rosa von Praunheim (?). – D: Heidi Lorenzo, Knut Koch (?).

1970 *Rosa Lillies.* – R: Bernd Upnmoor. – K: Rosa von Praunheim, Krista Stock, Bernd Upnmoor. – P: Film-Up (Bernd Upnmoor). – OL: 12 min / Farbe. – Collage aus Schnittresten der BETTWURST.

Als Schauspieler

1969 *Eika Katappa.* – R, B, K: Werner Schroeter. – D: Gisela Trowe, Carla Aulaulu, Magdalena Montezuma, u.a. – In einer Nebenrolle: Rosa von Praunheim.

1975 *Die Betörung der blauen Matrosen.* – R, B: Ulrike Ottinger, Tabea Blumenschein. – D: Wally Busch, Rolf Gärtner, Valeska Gert, u.a. – In einer Nebenrolle: Rosa von Praunheim.

1981 *Rosa von Praunheim – ein Leben zwischen Karriere, Sex und Tod.* – R, K, Sch, T: Hardy Frank. – Vgl. Filme über Rosa von Praunheim.

Theaterinszenierungen

1974 ROSA VON PRAUNHEIM PRÄSENTIERT EINE INTERNATIONALE SCHLAGERPARADE. – Autor: Rosa von

Praunheim. – Musikalische Leitung, Pianist: Gerhard Weihe. – D: Dietmar Kracht, Evelyn Künneke, Mr. Frankfurt, Peter Schneider, Tally Brown. – U: 16.5. 1974, Theater am Turm, Frankfurt/M. Der Film ROSA VON PRAUNHEIM ZEIGT ist die Aufzeichnung eines Probentages.

1976 MENSCHEN IM HOTEL. – Autor: Vicki Baum. – Bearbeitung: Rosa von Praunheim, Peter Schwab und Ensemble. – Bühnenbild: Dirk von Bodisco. – Ko: Lioba Winterhalder. – M: Erwin Bootz. – Musikcollagen: Erwin Bootz, Rosa von Praunheim. – Produktionsdramaturgie: Peter Schwab. – R-Ass: Eva Niedermeiser, Christoph Eichhorn. – D: Evelyn Künneke (Eva Garden), Ute Cremer (Christine Flamm), Hartmut Warnecke (Otto Kringelein), Rüdiger Kuhlbrodt (Baron von Gaigern), Hans-Joachim Millies (Generaldirektor Preysing), Gotthard Kuppel (Dr. Otternschlag), Jai Lybel (Susan), Wolfgang Hagemeister (Zinnowitz), Peter Schwab (Portier/Barmixer/Stubenmädchen/Putzfrau), Christoph Eichhorn (Steptänzer), Hans Fasser (Chauffeur), Regine Schulte (Geigerin), Herr und Frau Porbeck, Herr und Frau Jessen (Tanzpaare). – Playback-Stimmen: Rosa von Praunheim, Marie-Luise Marjan, Wilhelm Steffens, Ernst Konarek, Sylvester Schmidt. – U: 17.4. 1976, Schauspielhaus Bochum.

1976 ROTE LIEBE. – Autor: Rosa von Praunheim, nach Motiven des Romans *Wassilissa Malygina* von Alexandra Kollontai. – D: Yvonne Maßmann (Wassilissa), Wolfgang Fründt (Wladimir), Frank-Thomas Mende (Sprecher der Zwischentexte). – U: 26.10. 1976, theaterstudio in der Zigarren-Fabrik, Stadttheater Gießen. – Szenische Lesung.
Eine englischsprachige Version wurde von Betsy Sussler in einem Off-Theater in Sydney (Australien) inszeniert.

1976 verwendet Edvard Lieber für seine Komposition *Berlinerstück* für electronic tape, Klavier, Viola und Sopran die Stimmen von Fernando Arrabal, Evelyn Künneke, Rosa von Praunheim und Andy Warhol.

Hörspiele

1977 WASSILISSA MALYGINA. – B: Rosa von Praunheim, nach Motiven des Romans *Wassilissa Malygina* von Alexandra Kollontai. – Dramaturgische Mitarbeit: Christiane Bauermeister, Sylvia Wetzel, Götz Naleppa. – M: Jacob Lichtman. – Liedertexte: Isak Weizmann. – D: Tamara Kafka (Wassilissa), Nikolaus Dutsch (Wladimir), Tabea Blumenschein (Gruscha), Evelyn Künneke (Marja Semjonowna),

Erika Skrotzki (Lisa Sorokina), Berta Drews (Kommentar), Sylvia Wetzel (Einführungstexte), Olga Demetriescu (Zwischentexte), Milli Büttner, Jacob Lichtman, Eduard Lubelfeld, Alexei Maly, Turja Mirnik, Isaj Schein, Isak Weizmann. – P: Rias Berlin, NDR, BR. – OL: 105 min. – Ursendung: 23.5. 1977 (Rias II).

1980 FRAUEN ZWISCHEN HITLER UND GOETHE. – B, P: Rosa von Praunheim. – R-Ass: Bert Schmidt, Yvonne Menne, Katrin Schilling. – D: Maria Christiana Leven, Nora Stolberg, Inka Köhler, Anneliese Künkel, Luzi Kryn. – OL: 83 min. – Ursendung: 31.5. 1980 (Rias II).

1981 EMMA GOLDMANN – DIE GEFÄHRLICHSTE FRAU DER WELT. – B: Rosa von Praunheim, Götz Naleppa. – M: Unlimited Systems, Jacob Lichtman. – D: Marianne Enzensberger (Emma Goldmann), George Stamkoski (Alexander Berkmann), Hans Nitschke (Johann Most), Ulrike Buschbacher (Anna Minkin), Arnold Seul (Fedja), Karl-Heinz Haase (Solotaroff), Robert Matejka (Ed Brady), Rudi Clasen, Heinz Diesing, Bernward Fengler, Dieter Grönling, Peter Grüning, Sebastian Hilbert, Karl Himmelmann, Will Hollers, Doris Huber, Hans-Jürgen Ihm, Sally Katz, Hans Kurth, Hubert Menz, Lorraine Muthke, Sigrun Neumann, Matteo und Pablo Pliego, Rosa von Praunheim, Michael Schoop, Mike Shephard, Esther Welter, Mitglieder des Teatro Mu. – P: Rias Berlin, SWF. – OL: 92 min. – Ursendung: 31.8. 1981 (Rias II).

1981 AUF DER SUCHE NACH DEM NEUEN MANN. Eine Begegnung zwischen Rosa von Praunheim und Volker Elis Pilgrim. – Redaktion und Gestaltung der Sendung: Götz Naleppa. – P: Rias Berlin. – OL: 87 min. – Ursendung: 9.11. 1981 (Rias II).

1982 DIE HÖLLE HAT NUR EINE TÜR. – B: Rosa von Praunheim, Madlen Lorei. – D: Cornelia Niemann (Kay Kent), Peter Kupper (Andy Schott), Gabriele Muschel (Lu Breitenbach), Melanie de Graaf (Frau Lohfink), Patricia Litten (Hilde), Rolf Beckmann (Kommissar Gerlach), Peer Wolfram (Karl Lohfink), Wolfgang Brehm (Kleiderschrank), Stephan Fehl (Kommissar Schreiber), Christel Brunn, Walter Krafft, Bärbel Schilling. – P: Rias Berlin, HR. – OL: 73 min. – Ursendung: 25.10. 1982 (Rias II).

Bibliografie

Die Bibliografie enthält zunächst Angaben zu den Buchveröffentlichungen und den Aufsätzen Rosa von Praunheims. Es folgen Anga-

ben zur Sekundärliteratur. Genannt werden eine Broschüre, ausgewählte Buchkapitel, Aufsätze und Interviews in Zeitungen und Zeitschriften sowie Materialien und Kritiken zu den Filmen, Theaterinszenierungen, Hörspielen und Buchpublikationen. Vervollständigt werden diese Angaben durch Hinweise auf Film- und Fernsehporträts.
Die Bibliografie berücksichtigt auch, soweit es zu recherchieren war, Aufsätze und Kritiken amerikanischer, kanadischer und deutscher Schwulen-Magazine. Dazu gehören: The Advocat (San Mateo, Calif.), Le Berdache (Montreal), The Body Politic (Toronto), The Drummer, GAA Newspaper (Gay Activists Alliance, New York), Gay Community News (Boston), Gay News (New York), him (Hamburg), Torso (Essen), Schwuchtel (Heidelberg). – Außerdem gibt es Verweise auf new yorker Underground- bzw. Szene-Blätter: East Village Eye, X-Magazine, The Soho Weekly News. Auch Materialien aus deutschsprachigen Alternativ-Zeitungen wurden in die Bibliografie aufgenommen.
Die bibliografischen Angaben sind zunächst in die Sprachbereiche Deutsch, Englisch, Französisch eingeteilt. In zwei Fällen sind zusätzlich Aufsätze der holländischen Filmfachzeitschrift Skrien aufgenommen. Innerhalb der Sprachen wurden die Texte chronologisch nach dem Erscheinungsdatum geordnet. – Als Quellen wurden vor allem die Pressearchive der Bibliotheken der Deutschen Film- und Fernsehakademie und der Landesbildstelle Berlin sowie das Privatarchiv Rosa von Praunheims genutzt. – Für Hilfeleistungen danke ich: den Mitarbeitern der Bibliothek der Deutschen Film- und Fernsehakademie und der Bibliothek der Landesbildstelle Berlin, Rosa von Praunheim, Hans Helmut Prinzler.
Fast alle genannten Materialien können im Original oder als Fotokopie in der DFFB eingesehen werden.

Texte von Rosa von Praunheim

Bücher

Männer, Rauschgift und der Tod. Die Leidenschaften der Rosa von Praunheim. Berlin: studio presse hans taeger 1967. – Oh Muvie. Fotoroman. Frankfurt/M: Heinrich Heine Verlag 1969. Streit-Zeit-Bücher Nr. 5 (zusammen mit Oh Muvie, i.e. Elfi Mikesch). – Sex und Karriere. München: Rogner & Bernhard 1976; Taschenbuch-Ausgabe: Reinbek bei Hamburg: Rowohlt 1978. rororo Nr. 4214 (daraus Auszüge in französischer Übersetzung in: Cinéma/Paris, Nr. 252, Dezember 1979). – Armee der Liebenden oder Aufstand der Perversen. Ausgewählt und herausgegeben von Toni Wiedemann und Otto Frick. München: Trikont 1979; englische Ausgabe: Army of Lovers. London: Gay Men's Press 1980. – Gibt es Sex nach dem Tode? Realisation: Johannes Josef Corsten. Gestaltung: Franz Epping. Köln: Prometh 1981. – Rote Liebe. Ein Gespräch mit Helga Goetze. Köln: Prometh 1982.

Aufsätze

Bericht über meines lieben Mannes letzte Zeit. in: Pardon, Nr. 10, Oktober 1967. – Von Rosa von Praunheim. in: Dokumente-Berichte-Kommentare. Broschüre zur XVII. Internationalen Filmwoche Mannheim 1968. – Rosa von Praunheim. in: Film (Velber), Nr. 7, Juli 1969 (auch Gestaltung des Titelblatts dieser Nummer). – Schwestern der Revolution. Filmtext. in: Filmkritik, Nr. 12, Dezember 1969. – Von Homosexuellen für Homosexuelle gemacht. Gay Power: Alle Rechte für die Schwulen. in: Programmblatt, Nr. 25, Internationales Forum des jungen Films, Berlin 1971. – Macbeth. in: Katalog documenta 5, Kassel 1972. – Film der Welt. in: Filmkritik, Nr. 2, Februar 1972. – Weibchen, Mutter und sympathische Schlange. Die skandalöse Lebensgeschichte der Evelyn Künneke. in: Mühldorfer Anzeiger, 3.4. 1975. – Kampfansage in San Francisco. in: him, 1977. – So schlagen uns die Etablierten tot. Fassbinder, Herzog und andere: Polemische Bermerkungen eines deutschen Filmemachers. in: Die Zeit, 13.5. 1977. – Mit herzlichem Gruß an Champagner-Schroeter. in: Filmkritik, Nr. 1, Januar 1979. – Das Todesmagazin. Gedanken zum kleinen Fernsehspiel und zu meinem Film. in: ZDF (Hrsg.): Das Fernsehspiel im ZDF. Heft 25. Juni, Juli, August 1979. Mainz 1979. – Mich fasziniert der Tod. in: tip (Berlin), Nr. 21, 12.-25.10. 1979. – Zur Konzeption des Films TODESMAGAZIN. in: Programmblatt der Internationalen Filmfestspiele Berlin 1980. Reihe Neue deutsche Filme. – Verkriecht Euch nicht. in: tip (Berlin), Nr. 18, 29.8.-11.9. 1980 (Über die Protestaktionen der schwulen Szene anläßlich des Films *Cruising* von William Friedkin; dazu Leserbriefe in: tip, Nr. 19, 12.-25.9. 1980 und Nr. 20, 26.9.-9.10. 1980, sowie eine Stellungnahme von Karsten Witte in seiner Kritik zu *Cruising* in: Filme, Nr. 5, 1980). – Schöne Sucht nach neuen Bildern. Über Elfi Mikesch. in: tip (Berlin), Nr. 23, 24.10.-6.11. 1980. – »Es ist ein ganz intimer Prozeß.« Über kreative Video-Projekte. in: tip (Berlin), Nr. 26, 19.12. 1980-1.1. 1981. – Schwule Tollwut. in: Der Spiegel, Nr. 7, 9.2. 1981 (Leserbrief zu einer Kritik Wolfgang Limmers über Frank Ripplohs *Taxi zum Klo*). – Die Baßamsel singt nicht mehr. Zum Tod von Zarah Leander. in: Der Spiegel, Nr. 27, 29.6. 1981. – Frauen werden ihre Männer wieder lieben, wenn diese schwul werden. in: Cult, Nr. 1, Sommer 1981. – Mutter der Anarchie. in: tip (Berlin), Nr. 18, 28.8.–10.9. 1981 (Zum Hörspiel EMMA GOLDMANN). – Die Erika aus Würzburg. Ein Porträt der Schauspielerin Magdalena Montezuma. in: tip (Berlin), Nr. 23, 6.-19.11. 1981. – Meine fünf verrückten Mütter. in: tip (Berlin), Nr. 26, 18.-31.12. 1981.

– Die meisten Filmemacher sind Spießer. in: filmfaust, Nr. 25, Dezember 1981/Januar 1982 (Antwort auf eine Umfrage zum »Sauberen und Schmutzigen im Film«). – ROTE LIEBE. in: Programmblatt, Nr. 10, Internationales Forum des jungen Films, Berlin 1982. – Schöne der Nacht. Über Angie Stardust. in: tip (Berlin), Nr. 2, 15.-28. 1. 1982. – UNSERE LEICHEN LEBEN NOCH. Bericht zu meinem Film mit fünf ungewöhnlichen Frauen. in: Frankfurter Rundschau, 16. 1. 1982. – Schönheit einer Lippe. in: tip (Berlin), Nr. 3, 29. 1.-11. 2. 1982 (über Elfi Mikeschs Film *Macumba*). – Sanftheit eines Leguans. Über Eddie Constantine. in: tip (Berlin), Nr. 4, 12.-25. 2. 1982. – Ein Roman aus dem Kloakenrohr. in: Konkret, Nr. 4, April 1982 (Über Klaus Manns Roman *Der fromme Tanz*). – Das Ende der Träume. in: Kölner Stadt-Anzeiger, 28. 7. 1982 (zu Auslandsreporter: MEIN NEW YORK). – Von Biest zu Biest. in: Der Spiegel, Nr. 41, 11. 10. 1982 (über neue Fassbinder-Bücher). – Total kaputt? in: tip (Berlin), Nr. 23, 5.-18. 11. 1982 (über Heide Breitels Film *Im Jahr der Schlange*). – Gehässig? in: tip (Berlin), Nr. 9, 22. 4.-5. 5. 1983 (Leserbrief zu Guido Schirmeyers Artikel »Reif für die Insel« über Bernd Feuerhelm, den Hauptdarsteller in NICHT DER HOMOSEXUELLE IST PERVERS, SONDERN DIE SITUATION, IN DER ER LEBT in: tip, Nr. 8, 8.-21. 4. 1983). – Meine fünf Hauptdarstellerinnen. in: ARD (Hrsg.): ARD Fernsehspiel. April, Mai, Juni 1983. Köln 1983. – Deutschlands Filmemacher wehren sich gegen den Ruck nach rechts. in: Stern, Nr. 26, 23. 6. 1983 (Stellungnahme zu einer Umfrage über die Wende in der Filmpolitik). – Jetzt kommt der Augenblick der Wahrheit. in: tip (Berlin), Nr. 16, 29. 7.-11. 8. 1983 (Stellungnahme zu einer Umfrage über die Wende in der Filmpolitik). – Das Weib des Pharao in: Enno Patalas, H. H. Prinzler (Hrsg.): Lubitsch. München, Luzern: Bucher 1984 (über Ernst Lubitschs Film).

Über Rosa von Praunheim

Broschüre

Eva M. J. Schmid, Horst-Diether Kalbfleisch (Red.): Rosa von Praunheim. Filme 1967-1972. Bochum: Studienkreis Film 1973. Masch. vervielf. 80 S., Bio-, Filmo-, Bibliogr.

Buchkapitel / Aufsätze

Birgit Hein: Film im Underground. Frankfurt/M, Berlin, Wien: Ullstein 1971. S. 162/63. – Lothar Lambert: Daniel und Clemens. in: Der Abend (Berlin), 18. 2. 1971. – Rudolf Krämer-Badoni: »Ihr seid Sozialisten ...« in: Die Welt, 4. 6. 1971. – Eva M. J. Schmid: Rosa von Praunheim und der »Vierte Stand«. in: Kirche und Film, Nr. 9, September 1972; unter dem Titel »Die Poesie und die Trivialität. Über den Filmemacher Rosa von Praunheim« nachgedr. in: Medium,

Nr. 10, Oktober 1972. – Daniel Dohter (i.e. Ulrich Kurowski): Das kleine und das große Glück. Stichworte zu den Filmen Rosa von Praunheims. in: Film-Korrespondenz, Nr. 6, 1. 6. 1973; nachgedr. in: Film + Ton-Magazin, Nr. 9, September 1973. – H. B. (Helga Belach): Der Kitsch, der zum Entsetzen führt. in: Süddeutsche Studentenzeitung, Nr. 3/4, Oktober/November 1973. – U. Storch (Ulrike Storch): Rosa von Praunheim. Filmografie. in: Die Information (Wiesbaden), Nr. 9, September 1975. – Arnim Borski: Rosa Zeiten. in: Der Abend (Berlin), 15. 7. 1975. – Peter Brügge: »Ich brauch' den Sex für's Publikum«. in: Der Spiegel, Nr. 5, 26. 1. 1976. – Michael Hopp: Das Glück in der Toilette. Rosa von Praunheim erzählt ihr Leben. in: Neues Forum (Wien), Nr. 276, Dezember 1976. – Gertrud Koch: Die Basis des Trivialen. in: Frankfurter Rundschau, 7. 12. 1976. – Ulrich Gregor: Das »Andere Kino«. in: U. G.: Geschichte des Films ab 1960. München: Bertelsmann 1978 (u. a. über RvP). – Hans Günther Pflaum, Hans Helmut Prinzler: Rosa von Praunheim. Bio-, Filmografie. in: H. G. P., H. H. P.: Film in der Bundesrepublik Deutschland. München, Wien: Carl Hanser Verlag 1979. – Helmut Schödel: Ich bin ein Antistar. Die Ästhetik der schwulen Subkultur: Es gilt nur eines – daß nichts gilt. in: Die Zeit, 17. 8. 1979. – Dieter Brumm: Toleranz statt Tabus. in: Süddeutsche Zeitung, 17. 8. 1979. – Evelyn Künneke: Sing Evelyn sing. Revue eines Lebens. In Szene gesetzt von Walter Haas. Hamburg: Hoffmann und Campe 1982. S. 232 ff. – Wilhelm Roth: Dokumentarfilme von Spielfilmregisseuren. in: W. R.: Der Dokumentarfilm seit 1960. München, Luzern: Verlag C. J. Bucher 1982 (u. a. über RvP). – Adolf Heinzlmeier, Jürgen Menningen, Berndt Schulz: Rosa von Praunheim. in: A. H., J. M., B. S.: Kultfilme. Hamburg: Hoffmann und Campe 1983.

Daryl Chin: Rosa into the Streets. in: The Soho Weekly News, 17. 3. 1977. – Rob Baker: Catoptromancia. Rosa Responds, Bunch Begins (and More ...). in: The Soho Weekly News, 1. 12. 1977. – K. Kelly: The Sexual Politics of Rosa von Praunheim. in: Millenium, Nr. 3, Winter/Frühjahr 1979. – J. Hoberman: Rosa's Colored Glances. in: The Village Voice, Vol. 24, Nr. 50, 10. 12. 1979. – Douglas Edwards: Rosa von Praunheim: Gay Cinema's Enfant Terrible. in: The Advocat, Januar 1980.

Eric de Kuyper: Ich bin ein Anti-Star. in: Skrien (Amsterdam), Nr. 108/9, Sommer 1981.

Interviews

Werner Kließ: Verdorbener Geschmack. Sätze zu Filmen, die bei der 18. Mannheimer Filmwoche liefen, und ein Gespräch mit Werner Schroeter und Rosa von Praunheim. in: Film (Velber), Nr. 11, November 1969. – Joachim S. Hohmann: Weil ich selber schwul bin ... in: him, 1973. – Elmar Kraushaar: Ich war schon immer etwas glamouröser... in: Schwuchtel, Nr. 5, Herbst 1976. – Werner Mathes: Schwule, werdet selbstbewußt! in: tip (Berlin), Nr. 11, 25.5.-7.6. 1979. – Roland Keller: Die Diskriminierung dauert an. in: Saarbrücker Zeitung, 22.6. 1979. – Jörg Altendorf: »Ein Schwuler hat mit sehr vielen Zwängen zu kämpfen«. in: Kino, Nr. 4, September 1980. – Raimund Hoghe: Rosa, das rote Tuch. in: Die Zeit, 17.7. 1981. – André Müller: Meine Seele ist weiblich. in: Die Zeit, 11.12. 1981 (dazu Leserbriefe in: Die Zeit, 8.1. 1982). – Benny J. Levenson: Kriegsfilme über Männer. in: Münchner Stadt-Zeitung, Nr. 4, April 1982. – Peter Schneider: Rosa und Lotti über sich und die Welt. in: Tages-Anzeiger (Zürich), 23.7. 1982. – Alois Bischof: Sehnsucht nach einer ganz anderen Welt. in: Die Wochenzeitung (Zürich), 10.6. 1983.

David G. Pike: Interview with Rosa von Praunheim. in: GAA Newspaper, 1978. – Tommi Avicolli: Lust of Opression. in: The Drummer, 25.4.-2.5. 1978; nachgedr. in: Gay Community News, Vol. 5, Nr. 44, 20.5. 1978. – Lindzee Smith: Rosa von Praunheim. in: X-Magazin, Februar 1978; dt. gekürzt nachgedr. in: Filmkritik, Nr. 9, September 1978. – Lindzee Smith, Betsy Sussler, Mike Shephard, Christof Kohlhofer, Ulli Rimkus: Rosa Electric. in: East Village Eye, Sept. 1979.

Noël Simsolo: Entretien avec Rosa von Praunheim. in: Ecran, Nr. 29, Oktober 1974. – Anon.: Rencontre avec Rosa von Praunheim, cinéaste. in: Le Berdache, Nr. 3, September 1979; engl. nachgedr. in: The Body Politic, November 1979. – Colette Godard: Le provocateur. in: Le Monde, 9.12. 1982.

Zu einzelnen Filmen

VON ROSA VON PRAUNHEIM
Kritiken: anon. in: Die Welt, 12.10. 1968. – anon. in: Neues Deutschland (DDR), 2.11. 1968. – Wolfgang Längsfeld in: Süddeutsche Zeitung, 7.7. 1969.

ROSA ARBEITER AUF GOLDENER STRASSE. 2. Teil
Kritiken: Thomas Schröder in: Die Welt, 12.3. 1969. – Wolfgang Längsfeld in: Süddeutsche Zeitung, 7.7. 1969.

SCHWESTERN DER REVOLUTION
Filmtext: Filmkritik, Nr. 12, Dezember 1969.
Kritiken: Jörg Peter Feurich in: Filmkritik, Nr. 11, November 1969. – Margot Brunner in: Mannheimer Morgen, 9.10. 1969. – i.s. in: Münchner Merkur, 28.10. 1969.

MACBETH OPER VON ROSA VON PRAUNHEIM
Kritiken: Jörg Peter Feurich in: Filmkritik, Nr. 12, Dezember 1971. – anon. in: Der Spiegel, Nr. 51, 13.12. 1971. – HS (Helmut Schmitz) in:

Frankfurter Rundschau, 18.12. 1971. – W.W. (Wilfried Wiegand) in: Frankfurter Allgemeine Zeitung, 21.12. 1971. – Jörg Peter Feurich in: Filmkritik, Nr.2, Februar 1972. – Effi Horn in: Münchner Merkur, 8.6. 1972. – Fast alle genannten Kritiken beschäftigen sich auch mit Werner Schroeters *Macbeth*-Verfilmung.

DIE BETTWURST
Kritiken: anon. in: Der Spiegel, Nr.6, 1.2. 1971. – G.G. (Günther Grack) in: Der Tagesspiegel, 4.2. 1971. – Günther Pflaum in: Süddeutsche Zeitung, 4.2. 1971. – W.W. (Wilfried Wiegand) in: Frankfurter Allgemeine Zeitung, 4.2. 1971. – Eike Wolff in: Stuttgarter Zeitung, 4.2. 1971. – A.W. in: Evang. Film-Beobachter, Nr.7, 13.2. 1971. – E.N. (Egon Netenjakob) in: Film + Fernsehen (Velber), Nr.3, März 1971. – Botho Strauß in: Theater heute, Nr.7, Juli 1971 (Bericht über die »experimenta«, u.a. über DIE BETTWURST). – A.F.S. (Arnd F.Schirmer) in: Der Tagesspiegel, 6.7. 1972. – EB in: Kölner Stadt-Anzeiger, 5.4. 1975.

NICHT DER HOMOSEXUELLE IST PERVERS, SONDERN DIE SITUATION, IN DER ER LEBT
Material: Programmblatt, Nr.25, Internationales Forum des jungen Films, Berlin 1971. – Frank J.Heinemann: Schwierigkeiten mit einem Film. in: Stuttgarter Zeitung, 14.1. 1972. – Günter Rohrbach: Ohne Maske und Tarnkappe. in: Der Spiegel, Nr.5, 24.1. 1972. – Heinz Klunker: Aus dem Schlaf gerissen. in: Deutsches Allgemeines Sonntagsblatt, 30.1. 1972. – Josef Rölz: Homosexualität im deutschen Fernsehen. in: Kirche und Fernsehen, Nr.8, 26.2. 1972 (auch über ... *und wenn Ihr Sohn so wäre?* von Eva Müthel und *§ 175 – Fragen an Homosexuelle und an uns selbst* von Claus Ferdinand Siegfried). – Peter Märthesheimer: Der Zuschauer ist besser als sein Ruf. Reaktionen auf Homosexuellen-Sendungen im Fernsehen. in: Medium, Nr.3, März 1972. – Werner Kließ: NICHT DER HOMOSEXUELLE IST PERVERS, SONDERN DIE SITUATION, IN DER ER LEBT. in: WDR (Hrsg.): Fernsehspiele Januar-Juni 1973. Köln 1973. – Jörgen Pöttschke: Zwist nach zwölf. in: Der Spiegel, Nr.4, 22.1. 1973. – Rupert Neudeck: Keine Diskussion – und doch nützlich. Zur Diskussion im Anschluß an den Film von Rosa von Praunheim. in: Funk-Korrespondenz, Nr.4, 24.1. 1973.
Interviews: Hellmut Kotschenreuther: Die Angst ist zu groß. in: Abendzeitung (München), 14.7. 1971. – Otto F.Riewoldt: Signaleffekt für die Homosexuellen. Gespräch mit Mitgliedern einer »Homosexuellen Aktionsgruppe« in Bonn. in: Vorwärts, 25.1. 1973. – Klaus Rainer Röhl: »Unsere Alternative: Angriff oder weiter mogeln«. Gespräch mit Rosa von Praunheim und Mitgliedern der »Homosexuellen Aktion Westberlin«. in: Konkret, Nr.5, 25.1. 1973.

Kritiken: Karena Niehoff in: Der Tagesspiegel, 6.7. 1971. – Wolfram Schütte in: Frankfurter Rundschau, 6.7. 1971. – Uta Gote in: Die Welt, 7.7. 1971. – anon. in: Der Spiegel, Nr. 29, 12.7. 1971. – Karena Niehoff in: Süddeutsche Zeitung, 31.7./1.8. 1971. – Jürgen Ebert in: Filmkritik, Nr. 9, September 1971. – Christine Koller in: him, September 1971. – ab (Alf Brustellin) in: Süddeutsche Zeitung, 17.12. 1971. – Wolf Donner in: Die Zeit, 28.1. 1972. – Urs Jaeggi in: Zoom, Nr. 1, 11.1. 1973. – Uwe Heye in: Süddeutsche Zeitung, 17.1. 1973. – W. W. (Wilfried Wiegand) in: Frankfurter Allgemeine Zeitung, 17.1. 1973. – Sibylle Wirsing in: Der Tagesspiegel, 17.1. 1973. – witz (Günther Kriewitz) in: Stuttgarter Zeitung, 17.1. 1973. – K. O. in: Neue Zürcher Zeitung, 20.1. 1973. – Klaus Rainer Röhl in: Konkret, Nr. 5, 25.1. 1973.
Rob Baker in: The Soho Weekly News, 24.11. 1977. – Vincent Canby in: The New York Times, 25.11. 1977. – J. Hoberman in: The Village Voice, Vol. 22, Nr. 48, 28.11. 1977. – Kevin Thomas in: The Los Angeles Times, 16.12. 1977. – Betsy Sussler in: X-Magazin, Januar 1978. – Gregory Springer in: The Advocat, 5.4. 1978.
Pierre Sefani in: Cinéma (Paris), Nr. 229, Januar 1978 (u. a. über NICHT DER HOMOSEXUELLE IST PERVERS, ...)

WAS DIE RECHTE NICHT SIEHT ..., KOMMT ERST RECHT AUS DEM OHR HINAUS
Kritiken: ff in: Stuttgarter Zeitung, 4.7. 1972. – eige in: Frankfurter Rundschau, 6.7. 1972. – esch (Eckhardt Schmidt) in: Süddeutsche Zeitung, 6.7. 1972. – JH (Joachim Hauschild) in: Münchner Merkur, 6.7. 1972. – B. J. (Brigitte Jeremias) in: Frankfurter Allgemeine Zeitung, 6.7. 1972. – Daniel Dohter (i.e. Ulrich Kurowski) in: Film-Korrespondenz, Nr. 21/22, 15.11. 1972.

LEIDENSCHAFTEN
Material: Ch. M. (Christa Maerker): Praunheim auf der Suche nach dem Sinn des Lebens. in: Münchner Merkur, 11.12. 1971; gekürzt bzw. erweitert nachgedr. in: Darmstädter Echo, 17.12. 1971, Spandauer Volksblatt, 28.12. 1971.
Kritiken: E. P. (Enno Patalas) in: Stuttgarter Zeitung, 9.5. 1972. – JH (Joachim Hauschild) in: Münchner Merkur, 12.5. 1972. – Kn- in: Der Tagesspiegel, 9.6. 1972. – Josef Rölz in: Kirche und Fernsehen, Nr. 19, 20.5. 1972.

BERLINER BETTWURST
Kritiken: A. F. S. (Arnd F. Schirmer) in: Der Tagesspiegel, 29.6. 1973. – Ulrich Kurowski in: Medium, Nr. 9, September 1973. – AJS in: tip (Berlin), Nr. 24, 28.11.-11.12. 1975. – Joachim Hauschild in: Münch-

ner Merkur, 5.3. 1976. – Gottfried Knapp in: Süddeutsche Zeitung, 5.3. 1976. – Ellen Grebe in: Die Welt, 23.3. 1976.
Holl. (Ron Holloway) in: Variety, Vol.286, Nr.2, 16.2. 1977.

AXEL VON AUERSPERG
Material: Koc. (Gertrud Koch): Kahlschlag. in: Frankfurter Rundschau, 25.1. 1974. – Wolfgang Limmer: Rosas Nonnen mußten raus. in: Zeit-Magazin, 15.2. 1974.
Kritiken: Brigitte Jeremias in: Frankfurter Allgemeine Zeitung, 24.1. 1974. – Friedrich Weigend in: Stuttgarter Zeitung, 25.1. 1974. – ern in: Süddeutsche Zeitung, 20.2. 1974. – Koc. (Gertrud Koch) in: Frankfurter Rundschau, 20.2. 1974. – B.D. (Brigitte Desalm) in: Kölner Stadt-Anzeiger, 22.2. 1974. – Valentin Polcuch in: Die Welt, 22.2. 1974. – K.O. in: Neue Zürcher Zeitung, 23.2. 1974. – Klaus Hamburger in: Funk-Korrespondenz, Nr.9, 28.2. 1974.
Louis Chauvet in: Le Figaro, 26.6. 1974. – Robert Chazal in: France-Soir, 26.6. 1974. – Colette Godard in: Le Monde, 26.6. 1974. – Gilles Jacob in: L'Express, 1.7. 1974. – Raphaël Bassan in: Telécíné, Nr.191/92, September/Oktober 1974. – Jacques Grant in: Cinéma (Paris), Nr.190/91, September/Oktober 1974. – N.S. (Noël Simsolo) in: Ecran, Nr.29, Oktober 1974. – Gérard Courant in: Cinéma (Paris), Nr.251, November 1979 (u.a. über AXEL VON AUERSPERG).

UNDERGROUND AND EMIGRANTS
Kritiken: L.L. (Lothar Lambert) in: Der Abend (Berlin), 16.9. 1976. – Carla Rhode in: Der Tagesspiegel, 17.9. 1976. – Karena Niehoff in: Süddeutsche Zeitung, 23.9. 1976.
Holl. (Ron Holloway) in: Variety, Vol.284, Nr.8, 29.9. 1976.

ICH BIN EIN ANTISTAR
Material: Broschüre »Neue deutsche Filme« 76/77. Internationales Forum des jungen Films, Berlin 1977.
Kritiken: Barry Graves in: Der Tagesspiegel, 21.8. 1977. – mw. (Martin Walder) in: Neue Zürcher Zeitung, 13.9. 1977. – p.b. (Peter Buchka) in: Süddeutsche Zeitung, 16.11. 1978.
Holl. (Ron Holloway) in: Variety, Vol.286, Nr.12, 27.4. 1977.

DER 24. STOCK
Material: Broschüre 2. Duisburger Film-Woche 1978. S.159f. – Jutta Stössinger: Frankfurter Berg: »Am Ende der Welt«. in: Frankfurter Rundschau, 1.4. 1978.
Kritiken: Karsten Witte in: Frankfurter Rundschau, 29.12. 1977. – Kraft Wetzel in: Frankfurter Allgemeine Zeitung, 7.9. 1978. – Norbert Jochum in: Der Tagesspiegel, 14.9. 1978. – Elisabeth Völker in: tip (Berlin), Nr.19, 15.-28.9. 1978. – hMa in: Film-Dienst, Nr.24, 21.11. 1978 (FD-Nr.20992).

TALLY BROWN, NEW YORK

Kritiken: Rudolf Thome in: Der Tagesspiegel, 4.5. 1979. – Jochen Brunow in: tip (Berlin), Nr. 10, 11.-24.5. 1979. – Joachim Hauschild in: Münchner Merkur, 29.6. 1976. – Vera Sommer in: Filmbeobachter, Nr. 14, Juli 1979; nachgedr. in: Lothar R. Just: Das Filmjahr '79. München: Filmland Presse 1980. – Doris Dörrie in: Süddeutsche Zeitung, 3.7. 1979. – Jan Schütte in: filmfaust, Nr. 16, Dezember 1979.
Holl. (Ron Holloway) in: Variety, Vol. 294, Nr. 11, 18.4. 1979. – Sean O'Connor in: Gay Life, 23.11. 1979.

ARMEE DER LIEBENDEN ODER REVOLTE DER PERVERSEN

Material: Werner Mathes: Schwule Szene USA. in: tip (Berlin), Nr. 11, 25.5.-7.6. 1979 (dazu Leserbriefe in: tip, Nr. 12, 8.-21.6. 1979).
Kritiken: Peter Buchka in: Süddeutsche Zeitung, 21./22.4. 1979. – anon. in: Der Spiegel, Nr. 18, 30.4. 1979. – Michael Föster in: Medium, Nr. 6, Juni 1979. – Barry Graves in: Der Tagesspiegel, 1.6. 1979. – Karsten Witte in: Frankfurter Rundschau, 21.6. 1979. – Jürgen Holwein in: Stuttgarter Zeitung, 30.6. 1979. – Stijepo Pavlina in: zitty (Berlin), Nr. 12, 1.-14.6. 1979; nachgedr. in: Psychologie heute, Nr. 12, Dezember 1979. – Brigitte Jeremias in: Frankfurter Allgemeine Zeitung, 28.7. 1979. – -sen in: Die Welt, 30.7. 1979. – Peter W. Jansen in: Kirche und Film, Nr. 8, August 1979 (Kino-Notizen 50). – Stefan Schädler in: Pflasterstrand (Frankfurt), Nr. 60, 11.-24.8. 1979. – J.M. Thie in: Filmbeobachter, Nr. 19, Oktober 1979; nachgedr. in: Lothar R. Just: Das Filmjahr '79. München: Filmland Presse 1980. – Beatrice Leuthold in: Tages-Anzeiger (Zürich), 26.10. 1979. – Verena Zimmermann in: Basler Zeitung, 21.10. 1980.
Ron Pennington in: The Hollywood Reporter, 16.3. 1979. – Har (J. Harwood) in: Variety, Vol. 294, Nr. 7, 21.3. 1979. – Vito Russo in: Gay News, Nr. 167, 17.-30.5. 1979. – Martyn Auty in: Monthly Film Bulletin, Vol. 48, Nr. 558, Juli 1980. – D. Sargent in: Cinema Papers, Nr. 32, Mai/Juni 1981.
J.-L. Cros in: La Revue du Cinéma/Image et Son, Nr. 355, November 1980. – Gérard Courant in: Cinéma (Paris), Nr. 264, Dezember 1980. – Henry Welsh in: jeune cinéma, Nr. 131, Dezember 1980/Januar 1981.
Manfred Salzgeber in: Skrien (Amsterdam), Nr. 89, September 1979.

DAS TODESMAGAZIN ODER: WIE WERDE ICH EIN BLUMENTOPF?

Material: K. W. (Klaus Wienert): »Ein Schock für unvorbereitete Zuschauer«. in: Süddeutsche Zeitung, 9.8. 1979. – Christine: Sex & Crime: ja. Sinnlichkeit & Tod: nein. in: Die Tageszeitung (Berlin), 10.8. 1979. – Peter Sager: Interview mit dem Tod. in: Zeit-Magazin, 21.9.

1979. – Programmblatt ›Neue deutsche Filme‹, Internationale Filmfestspiele Berlin 1980.
Kritiken: anon. in: Der Spiegel, Nr. 32, 6.8. 1979. – Michael Schwarze in: Frankfurter Allgemeine Zeitung, 13.8. 1979. – Helmut Schödel in: Die Zeit, 17.8. 1979. – Karsten Witte in: Frankfurter Rundschau, 9.10. 1979. – Carla Rhode in: Der Tagesspiegel, 13.10. 1979. – L.L. (Lothar Lambert) in: Der Abend (Berlin), 15.10. 1979. – anon. in: Die Neue (Berlin), 17.10. 1979. – Manfred Hobsch in: Filmbeobachter, Nr. 22, November 1979; nachgedr. in: Lothar R. Just: Das Filmjahr '79. München: Filmland Presse 1980. – Thomas Petz in: Süddeutsche Zeitung, 2.11. 1979. – Ruprecht Skasa-Weiß in: Stuttgarter Zeitung, 10.11. 1979. – Hans Gerhold in: Film-Dienst, Nr. 5, 5.3. 1980 (FD-Nr. 22360). – Thomas Hesterberg in: Kölner Stadt-Anzeiger, 8.3. 1980.
Koci (B. Kochian) in: Variety, Vol. 297, Nr. 5, 5.12. 1979.

ROTE LIEBE
Material: Michael Dittmar, Horst E. Wegener: Große Liebe – Rote Liebe. in: Der Tagesspiegel, 6.7. 1980; nachgedr. in: Film + Ton-Magazin, Nr. 9, September 1980. – Programmblatt, Nr. 10, Internationales Forum des jungen Films, Berlin 1982. – Pieke Biermann: Der geflügelte Eros. Über Alexandra Kollontai. in: tip (Berlin), Nr. 4, 12.-25.2. 1982.
Interview: Jörg Altendorf: »Ein Schwuler hat mit sehr vielen Zwängen zu kämpfen«. in: Kino, Nr. 4, September 1980.
Kritiken: Jörg Altendorf in: Kino, Nr. 4, September 1980 (1. Fassung des Films). – Hellmuth Karasek in: Der Spiegel, Nr. 5, 1.2. 1982. – Werner Mathes in: tip (Berlin), Nr. 4, 12.-25.2. 1982 (mit einer Kontroverse zwischen W.M. und Wolf Donner). – Hardy Frank in: zitty (Berlin), Nr. 5, 19.2.-4.3. 1982. – Wolfgang Stieler in: Der Tagesspiegel, 20.2. 1982. – Magnus Körner in: Die Tageszeitung (Berlin), 25.2. 1982. – Peter Buchka in: Süddeutsche Zeitung, 17./18.4. 1982. – Gertrud Koch in: Frankfurter Rundschau, 23.4. 1982. – Brigitte Jeremias in: Frankfurter Allgemeine Zeitung, 29.4. 1982. – Ruprecht Skasa-Weiß in: Stuttgarter Zeitung, 30.4. 1982. – Pieke Biermann in: tip (Berlin), Nr. 7, 26.3.-8.4. 1982. – TT. in: filmfaust, Nr. 27, April/Mai 1982. – Wolfram Knorr in: Weltwoche (Zürich), 30.6. 1982. – He. in: Neue Zürcher Zeitung, 27.7. 1982. – Hans Jürgen Weber in: Filmbeobachter, Nr. 19, Oktober 1982; nachgedr. in: Lothar R. Just: Das Filmjahr '82/83. München: Filmland Presse 1983.
Holl. (Ron Holloway) in: Variety, Vol. 306, Nr. 7, 17.3. 1982.

UNSERE LEICHEN LEBEN NOCH
Material: Carla Rhode: Frauen in schweren Jahren. in: Der Tagesspiegel, 5.7. 1981.

Interview: Olaf Stüben: »Ich war auf einem Trip ...« Gespräch mit Lotti Huber. in: Du & Ich, Januar 1982
Kritiken: Gitti Hentschel in: Die Tageszeitung (Berlin), 17.12. 1981. – Carla Rhode in: Der Tagesspiegel, 17.12. 1981. – Frank und Olaf Stüben in: zitty (Berlin), Nr.1, 22.12. 1981. – KP in: filmfaust, Nr.25, Dezember 1981/Januar 1982. – Peter Grohlich in: Du & Ich, Januar 1982. – Holger Twele in: Filmbeobachter, Nr.1/2, Januar 1982; nachgedr. in: Lothar R.Just: Das Filmjahr '81/82. München: Filmland Presse 1981. – Helmut Schödel in: Die Zeit, 15.1. 1982. – Gertrud Koch in: Frankfurter Rundschau, 22.1. 1982. – Gottfried Knapp in: Süddeutsche Zeitung, 23.1. 1982. – Hellmuth Karasek in: Der Spiegel, Nr.5, 1.2. 1982. – Kraft Wetzel in: Frankfurter Allgemeine Zeitung, 5.2. 1982. – Gerhard Stadelmeier in: Stuttgarter Zeitung, 13.2. 1982. – Wolfram Knorr in: Die Weltwoche (Zürich), 30.6. 1982. – Klaus Hamburger in: Funk-Korrespondenz, Nr.20, 18.5. 1983.
Holl. (Ron Holloway) in: Variety, Vol.305, Nr.8, 23.12. 1981.

MEIN NEW YORK
Kritik: Jochen Hieber in: Süddeutsche Zeitung, 30.7. 1982.

STADT DER VERLORENEN SEELEN
Material: Tony Ingrassia: Warnung vor einer heiligen Nutte. Interview mit Jayne County. in: tip (Berlin), Nr.16, 31.7.-13.8. 1981. – Carla Rhode: Intensives Leben in Berlin. in: Der Tagesspiegel, 3.10. 1982. – Jayne County: Macht Euch fertig! in: tip (Berlin), Nr.24, 9.11.-2.12. 1982.
Kritiken: Guido Schirmeyer in: Torso, Nr.2, Februar 1983. – anon. in: Die Tageszeitung (Berlin), 25.2. 1983. – Barry Graves in: tip (Berlin), Nr.5, 25.2.-10.3. 1983. – Carla Rhode in: Der Tagesspiegel, 27.2. 1983. – J.M.Thie in: Filmbeobachter, Nr.5, März 1983. – Win in: Kölner Stadt-Anzeiger, 5.3. 1983. – Koc (Gertrud Koch) in: Frankfurter Rundschau, 6.3. 1983. – F.L. (Freddy Langner) in: Frankfurter Allgemeine Zeitung, 8.3. 1983. – Helmut Schödel in: Die Zeit, 11.3. 1983. – Peter Buchka in: Süddeutsche Zeitung, 12.3. 1983. – Joachim Hauschild in: Münchner Merkur, 14.3. 1983. – Roger Graf in: Zoom, Nr.12, 15.6. 1983. – He. in: Neue Zürcher Zeitung, 23.6. 1983.
Wall. in: Variety, Vol.310, Nr.7, 16.3. 1983.

Zu den Theaterinszenierungen

ROSA VON PRAUNHEIM PRÄSENTIERT EINE INTERNATIONALE SCHLAGERPARADE
Kritiken: Gerhard R.Koch in: Frankfurter Allgemeine Zeitung, 21.3. 1974. – Helmut Schmitz in: Frankfurter Rundschau, 18.5. 1974. – Peter Iden in: Die Zeit, 24.5. 1974.

MENSCHEN IM HOTEL

Kritiken: Günter Zehm in: Die Welt, 20.4. 1976. – Joachim Straeten in: Neue Ruhr Zeitung, 20.4. 1976. – Gerd Vielhaber in: Der Tagesspiegel, 21.4. 1976; verändert nachgedr. in: Basler Nationalzeitung, 19.7. 1976. – Benjamin Henrichs in: Die Zeit, 23.4. 1976. – Hans Schwab-Felisch in: Frankfurter Allgemeine Zeitung, 27.4. 1976. – Benjamin Henrichs in: Theater heute, Nr. 6, Juni 1976.

ROTE LIEBE

Kritiken: hy. in: Gießener Allgemeine, 28.10. 1976. – Alfred T. Keil in: Herborner Tageblatt, 28.10. 1976.

Zu den Hörspielen

WASSILISSA MALYGINA

Kritiken: Wilfried Geldner in: Kirche und Rundfunk, Nr. 33, 4.5. 1977. – Norbert Jochum in: Der Tagesspiegel, 3.6. 1977. – Ruth Kotik in: Funk-Korrespondenz, Nr. 23, 8.6. 1977.

FRAUEN ZWISCHEN HITLER UND GOETHE

Kritiken: Hedwig Rhode in: Der Tagesspiegel, 31.5. 1980. – Ruth Kotik in: Funk-Korrespondenz, Nr. 23, 4.6. 1980.

EMMA GOLDMANN – DIE GEFÄHRLICHSTE FRAU DER WELT

Kritik: Carla Rhode in: Der Tagesspiegel, 29.8. 1981.

AUF DER SUCHE NACH DEM NEUEN MANN

Interview: Auf der Suche nach dem neuen Mann. Ein Gespräch zwischen Rosa von Praunheim und Volker Elis Pilgrim. in: Stadt-Revue Köln, 25.1. 1981.

Kritik: Ruth Kotik in: Funk-Korrespondenz, Nr. 47, 19.11. 1981.

DIE HÖLLE HAT NUR EINE TÜR

Kritiken: anon. in: Süddeutsche Zeitung, 25.10. 1982. – Ruth Kotik in: Funk-Korrespondenz, Nr. 44, 4.11. 1982. – Knut Hickethier in: Kirche und Rundfunk, Nr. 86/87, 6.11. 1982.

Zu den Buchpublikationen

MÄNNER, RAUSCHGIFT UND DER TOD. DIE LEIDENSCHAFTEN DER ROSA VON PRAUNHEIM

Kritik: Gerd Hoffmann in: General-Anzeiger (Bonn), 1.3. 1968.

OH MUVIE
Kritik: anon. in: Der Spiegel, Nr. 18, 28.4. 1969.

SEX UND KARRIERE
Kritiken: Werner Schroeter in: Der Spiegel, Nr. 47, 15.11. 1976. – V. B. (Volker Baer) in: Der Tagesspiegel, 28.11. 1976. – Eberhard Spieß in: Information (Wiesbaden), Nr. 11/12, November/Dezember 1976. – Thomas Hesterberg in: Kölner Stadt-Anzeiger, 11.12. 1976. – Walter Weber in: Schwuchtel, Nr. 6, 1977. – Horst Koegler in: Stuttgarter Zeitung, 8.1. 1977. – Peter Gorsen in: Frankfurter Allgemeine Zeitung, 11.1. 1977. – Peter Burri in: Basler Zeitung, 26.2. 1977. – Frieda Grafe in: Süddeutsche Zeitung, 30.3. 1977.

Filme über Rosa von Praunheim

1970 *Rosa Lillies.* – R: Bernd Upnmoor. – K: Rosa von Praunheim, Krista Stock, Bernd Upnmoor. – OL: 12 min./Farbe. – Collage aus Schnittresten der BETTWURST.

1972 *Studio 3 aus Hannover.* – Redaktion: Volker Zielke: – OL: ca. 10 min. – TV: 31.3. 1972? (NDR/SFB/RB III).

1973 *Rosas Factory.* – R: Wolf Gremm. – ca. 10 min. – TV: 2.3. 1973 (NDR/SFB/RB III), Sendereihe »Studio 3 aus Berlin«. – Über die Dreharbeiten zur BERLINER BETTWURST.

1981 *Rosa von Praunheim – ein Leben zwischen Karriere, Sex und Tod.* – R, K, Sch, T: Hardy Frank. – Videomaterial: Rosa von Praunheim. – D: Lotti Huber, Evelyn Künneke, Luzi Kryn, Carsta Parges, Dieter Bachnik, Bernd Feuerhelm, Karl-Heinz Grage, Dieter Grönling, Kurt Neuburger, Rosa von Praunheim. – Sprecher: Monika Elison, Hardy Frank. – OL: 90 min. – F: Super 8 mm, Farbe. – UA: 12.2. 1982, Nachtcafe Prinz Eisenherz, Berlin. – »Eine filmische Collage aus Interviews, Filmausschnitten, Impressionen während der Dreharbeiten, Buchzitaten und privaten Videotapes Rosas.«

Die Mitarbeiter dieses Bandes sahen eine Retrospektive der Filme Rosa von Praunheims bei der Stiftung Deutsche Kinemathek, Berlin, am 1., 2., 3. und 23. Juli 1983. – Für Hilfeleistungen und Bilder danken die Herausgeber den in den Filmografien aufgeführten Produktions- und Verleihfirmen, den Fernsehanstalten, Rosa von Praunheim sowie Peter Magdowski.